未来探究2050

東大30人の知性が読み解く世界

東京大学未来ビジョン研究センター

日本経済新聞出版

まえがき

科学技術が加速度的に進歩し、国際社会が激動する21世紀において、未来への関心はますます高まってきています。目まぐるしく進歩する情報通信技術やバイオテクノロジーの進展を見たり、2020年から始まった世界的な新型コロナウイルス禍で激動している国際社会を振り返っても、今までの経験や出来事から単線的に未来を展望するという考え方は役に立たなくなっているといえるでしょう。複雑で重層的な未来について深く考えることの必要性が増しているといえます。

未来に向かって確実に役割が増えると思われるのが知識です。現代社会は知識により新たな価値を作り出していく知識集約型社会の側面がますます強くなっており、未来社会を展望するためには、これから産み出されていくであろう知識について考える必要があります。本書は「知の未来」を議論することで、知識の世紀ともいわれる21世紀における未来社会について考えるきっかけを提供することを目的としています。

本書の編者は東京大学の未来ビジョン研究センターですので、本書には未来ビジョンか整理された未来像が描かれているかと思われるかもしれませんが、そうではありません。私たちは特定の未来像を描くという通常のアプローチと異なり、多様な学問分野の知の蓄積をカバーすることで30の知の未来、学問の未来を描き出します。さらに、よく取り上げられる科学技術やイノベーションに限らず、人文学・社会科学まで含めて広範に扱います。往々にして知識の進展は科学技術イノベーションを前提に語られますが、政治的な出来事や経済発展、社会の価値観の変化などが相互に作用してダイナミックに変化していきます。基礎科学の進展も影響を与えるかもしれません。知の未来を考えるには、より広く学問を捉え、自然科学だけではなく人文学・社会科学についてもカバーすることが必要だというのが私たちのスタンスです。知の未来を玩具のブロックのピースのように様々に組み合わせることで、多様な未来の姿が見えてきます。

本書は3部構成になっています。第1部では未来研究を中心に、未来に関連する学問について紹介していきます。また後半では本書のアプローチについて解説します。

第2部は本書のメインです。幅広い学問領域をカバーするために東京大学の様々な分野の30人の研究者にインタビューし、各学問分野の知の軌跡とそこから描き出される未来像について語っていただきました。経済学、脳科学、ウイルス学、データ工学、ロボット研究、数学、素粒子物理学から、日本史、西洋美術史、仏教学まで異なる分野の専門家30人に共通の質問を投げかけて答えていただくという、ユニークな企画となっています。その結果として見えてきたのは、全く無関係であるように見えていた分野同士でも、意外にも共通する面があったということです。

そして、第3部は第2部のインタビューをまとめ、五神真・東京大学総長と藤原帰一・未来ビジョン研究センター長の対談で締めくくります。

本書の読み方は様々です。ある特定の分野の展望を知りたい場合は、その分野のインタビューを読むと良いでしょう。未来研究について興味がある方は第1部を読んで、より深い文献への手がかりをつかむのが良いと思います。全体像を把握するには第3部が適しているでしょう。ただ、未来像の多様性を見るために、自分が詳しくない分野のインタビューも覗いてみることをお勧めします。未来は私たちが思うよりずっと多様で、興味深く、驚きに満ちているのですから。

それでは、未来について考えてみましょう。

目次

第1部

なぜ未来を学問するのか
——本書のアプローチ

1 強まる未来への関心

持続可能な未来へ

未来はいつの時代も人々の関心を呼びます。科学技術が加速度的に進歩し、それと同時に国際社会が激動する21世紀では、未来への関心も強くなっているようです。2015年に国際連合がまとめた持続可能な開発目標（Sustainable Development Goals, SDGs）は2030年という比較的近い未来に関する目標です。[1] 新型コロナウイルスの世界的な影響でSDGs達成は極めて厳しくなってきていますが、それでも国際社会はこの目標に向けて努力を続けています。もっと長期的には気候変動の問題があります。同じく2015年に合意されたパリ協定では2050年や2100年に向けた目標が打ち出されています。SDGsを含む国際的な地球環境の持続可能性などを研究するプログラムはフューチャー・アースと呼ばれます。日本では、第5期科学技術基本計画でSociety 5.0に即して、情報技術などを活用し、人間中心の社会を目指す未来像が浸透してきています。

以上はすべて政策に関係するものですが、社会一般においても、「未来」に関する話題は増えています。例えば日本経済新聞朝刊で「未来」と検索すると、2013年に965件であったものが2019年には1450件まで増加してきています。[2]

政府や国際機関、企業以外では、自治体や大学や様々なコミュニティにおいても、おそらくは、先を見通すのが困難な時代だからこそ、未来について考えたり、語ったりする機会が増えてきているのではないでしょうか。

しかし、少し立ち止まってみましょう。なぜ未来なのでしょうか。もちろん私たちは未来がより良いものであることを望んでいるはずです。より良い未来を期待するからこそ、また良くない未来を避けようと思うからこそ、私たちは、やりたくないことや難しいことであっても、何とか前向きに一歩踏み出せるのではないでしょうか。例えば、困難な勉強や仕事に打ち込むのは、困難を乗り越えれば何かが達成できるという未来への期待があるからです。未来についてのイメージは個人の行動に影響を与えています。

未来は個人だけでなく社会にとっても重要です。東京大学の中に未来ビジョン研究センターが設けられているのは、広く、そして深く、未来について学術の立場から考え、議論することは、社会的な意義が大きいはずだと私たちが信じているからです。未来を考えることを通じて、私たちが今、何をすべきかが明らかになると考えるからです。

未来の特徴について指摘しましょう。当たり前に聞こえるかもしれませんが、一般に未来を予測することは困難です。もしあなたが1年後の株価を正確に当てることができたら、大金持ちになれるでしょう。株価でなくても構いません。将来重要となる技術が分かれば、あなたは関連する会社の株を買えば良いのです。次の大地震がいつ来るかを正確に予測できればあなたは被害に遭うことがないでしょうし、家族や友達を救うこともできるかもしれません。しかし、現実にはそうした予測は非常に困難で、未来は不確実なのです。

また、未来は現在・過去と地続きです。未来に向けて現在どのような一歩を踏み出すかによって、未来が形作られるからです。過去から現在にかけての社会や環境の動向は未来にも影響するでしょうし、私たちは過去の経験を未来に活かすこともできます。

知識経済

ただ、私たちが住む21世紀は過去と違う側面もあります。20世紀後半から徐々にその傾向が強まってきましたが、21世紀の社会経済ではますます知識が重要となっており、土地や設備に加え、知識により新たな価値を作り出していく知識集約型社会の側面が強くなっています。この傾向はおそらくは本書が描く2050年までの未来においてもより強くなると思われ、未来社会を考えるためには、私たちが持っている、これから産み出されていくであろう知識について考える必要があります。

知識やそれに基づく製品やサービス、例えば、スマートフォンや人工知能、3Dプリンター、培養肉、宇宙旅行は、これまで社会を変えてきたように、未来社会を現代社会とは違った形で変えていくでしょう。フィンテックやエデュテック、アグリテックといった新たなビジネス領域が日々生まれているのも知識や技術が重要であることの証左でしょう。

知識や科学技術の進歩の度合いは日々の生活ではあまり意識することはないかもしれません。しかし、改めて振り返ってみるとそのスピードは驚くべきものです。情報技術では、ムーアの法則という半導体の集積密度が1年半から2年ごとに倍増するという法則が知られており、情報通信技術の性能の向上と大幅なコスト低減に貢献してきました。情報技術の進展により、データベースにデータを記録するコストは劇的に安くなりましたし、気象予測のような複雑な計算も高速で演算することが可能になりました。

図1　人の遺伝情報の解読にかかる費用の時系列❸

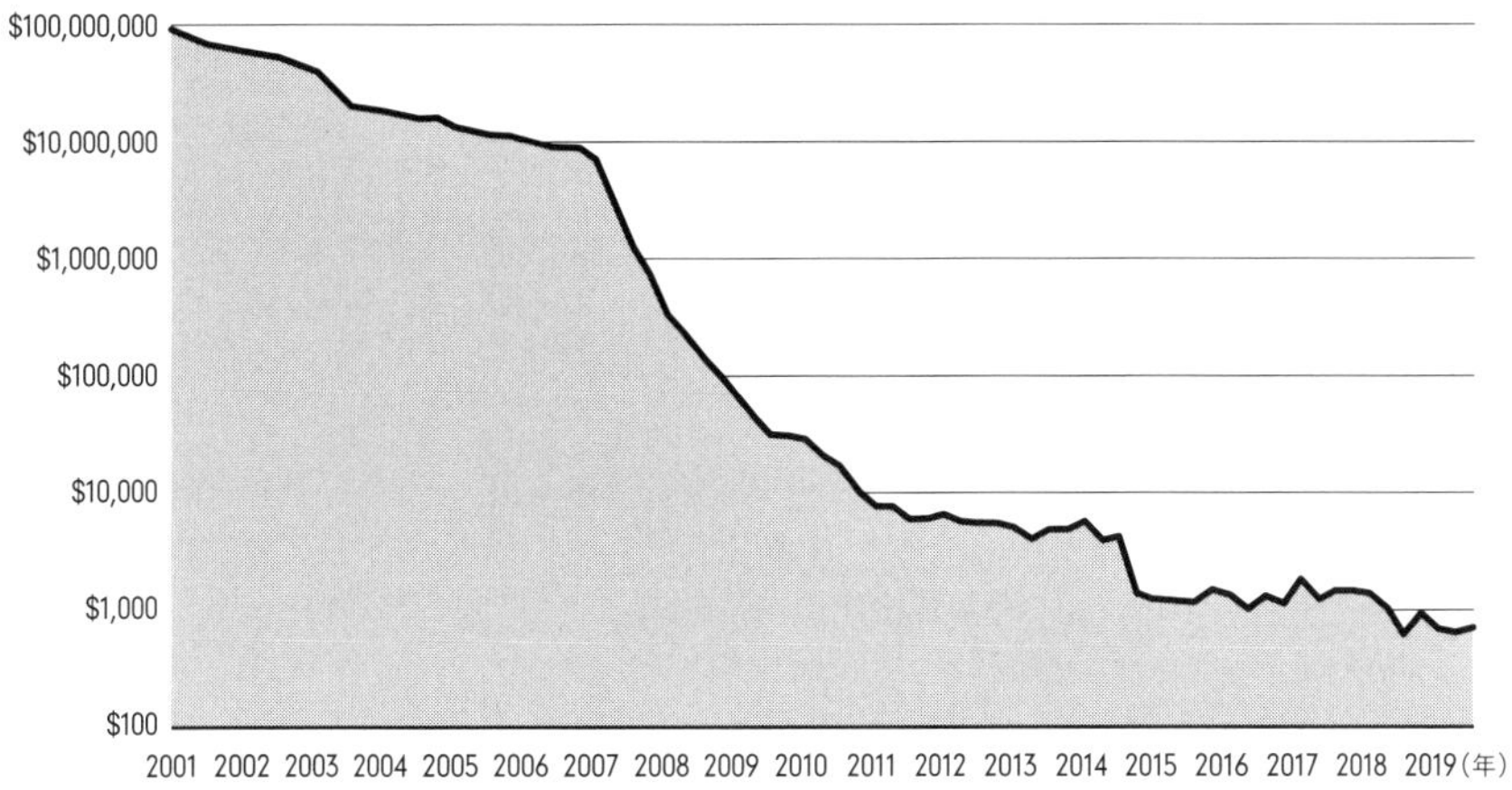

半導体のコスト低減は驚愕に値しますが、バイオテクノロジーの進歩も驚くべきものです。米国の国立衛生研究所によれば、人間一人のゲノム情報をすべて解読するのに2001年には1億ドル（105億円、1ドル＝105円）かかっていたところが、最近では次世代シーケンサーの普及など技術的な進歩のおかげで、1000ドル程度（約10万5千円）しかかかりません。最近ではゲノム情報を読むだけではなくゲノム情報を書き込むというゲノム編集技術の登場により、農産物の品種改良のコストなども急速に低下しています。特に2012年に発表され、2020年にノーベル化学賞（受賞者：エマニュエル・シャルパンティエ氏、ジェニファー・ダウドナ氏）の対象になったクリスパー・キャス9というゲノム編集技術は、簡便であり安価であることから非常に広範囲から関心を集めています。

コスト低下は半導体やバイオテクノロジーなどの一部の技術に限られるわけではありません。２０１３年のサンタフェ研究所とマサチューセッツ工科大学の研究グループが公表した論文では、非常に広範囲な分野で技術にかかるコストが時間とともにコスト低下することが示されました。❹ いわゆる習熟曲線・学習曲線というものですが、科学技術の進歩は当面は止まることなく、新たな技術の到来に加えて既存のものも性能が上がり、またコストの低下によってますます様々な対象に利用され、社会の在り方に影響を与えていくことでしょう。

未来社会を考えるうえで重要になるのは、自然科学に限りません。人文学や社会科学の知見もますます重要になるといえます。ユーラシア・グループというコンサルティング会社❺をご存じでしょうか。米国が世界の方向性を決めることが難しくなり、世界で中心的な国がなくなってくるという情勢を（主要先進国のＧ７でも新興国を含むＧ20でもなく）Ｇゼロという言葉で表現したイアン・ブレマー氏が率いるコンサルティング会社です。❻ ２０２１年1月には、２０２１年の世界の最大リスクにジョー・バイデン第46代米国大統領を挙げたことで話題になりました（2番目は長引くコロナ禍、3番目は気候変動対策でした）。❼ 国際政治学で博士号を取った彼は現在ニューヨーク大学やコロンビア大学で教鞭をとっています。グローバル企業も海外進出の際のリスク検討に、ユーラシア・グループによるアドバイスを活用しており、社会科学もビジネスや社会にとって重要であることの一つの例だと思います。

もちろん知識や技術が社会をより良くする方向にだけ使われるということはありません。拙速な商業化などによって人間を不幸にする方向に学問の知識が使われないようにするために、アカデミア自体でも知をどのように社会で活用していくかについて健全な議論が必要になるでしょう。

未来の考え方

未来はどのように考えれば良いのでしょうか。

未来に関する学問分野は非常に多様で、分野横断型のアプローチが求められます。科学技術を扱うイノベーション研究（innovation studies）や、科学技術社会論（science and technology studies）は重要な役割を果たします。未来に関するシナリオは環境学全般でもよく使われます。未来を考えるのは人間なので、人間の思考の癖や偏りについて理解する認知心理学の知見も重要でしょう。また未来を考えること自体に関する倫理学や政治学的な検討も必要になるでしょう。

少し未来に関する学問の特徴を述べておきましょう。折しも政策分野ではエビデンスに基づいた政策が求められています。社会科学の実験的・疑似実験的な手法の台頭やビッグ・データによって、労働政策、教育政策、健康・医療政策などにおいて非常に高い精度で政策効果の検証ができるようになり、目覚ましい進歩があることも事実です。

しかし、残念ながら未来に関する多くの研究領域はリトル・データで、また実験ができない場合も多いのです。地球やグローバル社会、日本はどれも一つずつしかないので、ある介入をした日本とそうしない日本の二つを作って確かめることはできません。したがって実験等による知見は活用できない場合もしばしばです。

例えば新型コロナウイルス対策としての都市封鎖を考えましょう。日本では2020年4月と2021年1月の二度にわたって緊急事態宣言が発出され（2021年2月現在）、ある意味で弱い都市封鎖を行ったわけです。これによって新型コロナウイルスはかなり抑え込むことができました。ただこれはもっと長く行った方が良かったのでしょうか？　もっと短い方が良かったのでしょうか？　厳しさは適切だったのでしょうか？　理想的にはこうしたことは実験をして確かめることが望ましいですが、日本は一つしかありませんので実験はできないのです。しかも緊急事態宣言を発出するときには疫学の数理モデル等の知見はあるものの、例えば緊急事態宣言のもとで人々がどのような行動をとるかなど非常に大きな不確実性がある中、意思決定をする必要性がありました。

実験ができなかったりデータが少なかったりしても、参考にすべきエビデンスや科学的知見はあります。また未来それ自体は実験ができなくても、未来を考える人間の脳の特徴やバイアスは、実験で確かめられてきています。本書でも度々繰り返しますが、人間には未来像を狭く捉えるバイアスがあるため、未来像は幅広く考えるべきという教訓は非常に重要なものです。

未来の学問は歴史と遠い関係にあると思うかもしれませんが、学問的にはそうではありません。望ましい未来社会に現代社会が移行していくあり方については、歴史の知見が大いに役に立ちます。例えば、なぜ20世紀初頭に都市の移動手段が馬車から自動車に変化していったかを歴史的・社会学的に研究することは、21世紀のＳＤＧｓの達成にも示唆を与えるのです（後で解説します）。

また、未来は過去・現在の影響を受けていることは忘れるべきではありません。２０３０年のスマートフォンについて予想することは非常に難しいですが、ほぼ一つのことは確実でしょう。それは英語入力の方法です。音声入力はより便利になっているでしょうが、英語入力の際はタッチパッドの場合QWERTY配列（キーボードの左側上段の並びがアルファベットでこのようになっている配列）のキーボード配列を多くの人が使い続けるということです。[8]　19世紀後半に生まれたタイプライターのキーボード配列が21世紀のスマートフォンに影響を与えるのです。技術発展が過去に依存する経路依存性の一例です。

より社会的な話をすれば、未来の地球温暖化の原因である二酸化炭素（CO_2）の排出量も過去の影響を受けます。エネルギーの利用には多くのインフラが絡んでおり、過去に建設された発電所や工場などと現在建設計画中のものを合わせると、今後想定されるCO_2排出量は、気温上昇が1・5℃を超える量に相当するということです。過去のインフラ整備を踏まえると、地球温暖化の国際枠組みであるパリ協定で示された1・5℃を超えてしまう可能性があるのです。[9]

未来像の扱い方についても注意が必要というエビデンスもあります。世界的に著名な歴史家、ユヴァル・ノア・ハラリ氏は著作『ホモ・デウス』で科学技術の進歩により人間がギリシャ神話の神々のような存在になる可能性を指摘しました。ハラリ氏は、劇的な技術進歩により、人類が神々のような力を備えることの問題について提起しているのですが、米国のイノベーションの中心地であるシリコン・バレーでは、こうした劇的な技術進歩に関してバラ色の未来像を提示する人が多数います。

未来像はただの言葉やイメージとして存在するのではなく、社会の現実に影響を与えます。素晴らしい未来のイメージに惹かれて多くの起業家が現れたり、ベンチャー・キャピタルが投資額を増やすかもしれません。時間が経つと、以前は予言として語られてきた未来像が自己成就することもあるでしょう。この未来像が誰にとっても好ましい結果をもたらせば良いですが、往々にして不利益を被る人がいたり、社会に負の影響を及ぼす可能性があります。したがって未来像についても、倫理的、社会的、政治的に注意深く見つめる必要性があるのです。

本書のアプローチと読み方

本書では未来のビジョンを検討する際に必要な学問分野の中で、未来像自体について扱う研究分野（未来研究）を中心に、広範に紹介したいと思います。その後、東京大学の30人の教員に知の未来の展望について語っていただきます。知の未来を考えることで、知識の世紀ともいわれる21世紀における未来社会について考えるきっかけを提供しようと思います。[10]

本書は未来社会に関する多くの論文や報告書とは違ったアプローチを取ります。未来社会の書物では俯瞰的な観点から多様な未来社会像を描くというアプローチがよく取られます。それ自体は重要なことではありますが、知識の世紀である21世紀では多様な学問分野の知の蓄積をカバーすることで知の未来、学問の未来を描き出すことが必要ではないでしょうか。既に科学技術やイノベーションについては様々な分野で検討が進められていますが、本書の特徴は人文学・社会科学まで含めて広範に扱っている点です。

それでは未来の関連研究分野の概観から始めましょう。

2 未来への学問的アプローチ

未来研究

そもそも未来を考える学問にはどのようなものがあるのでしょうか。すぐ思いつくのは「未来学」という領域ではないでしょうか。未来学は英語のfuturologyの日本語訳です。[11] サイエンス・フィクションと接近しながら未来のありうる姿を描くというものです。日本でも過去に優れた著作が生まれてきました。1973年に刊行された小松左京氏の『日本沈没』などはその一例で、高速道路の倒壊を描いていたこともあり、1995年の阪神淡路大震災後にも注目が集まりました。

しかし最近、英語圏ではfuturologyとは別のfutures studiesやfutures research[12]という言葉がよく使われます。有名な国際学術誌に*Futures*があります。未来がfutureではなくfuturesと複数形で表現されているところがポイントです。あえて日本語に訳せば未来群研究になるでしょうが、一般的には未来研究と訳されます。一つの未来を正確に予測するということではなく複数の未来像を考え、それから現在への含意を模索するといった試みです。

なぜ複数形なのでしょうか。科学技術が進歩した現在では正確に未来を予測できるようになったことがたくさんあります。例えば太陽の動きや地球の軌道は正確に計算できるため、皆既日食などといった天文現象は正確に予測でき、国立天文台は日食などについて「ほしぞら情報」を公表しています。[13] 気象予報も日々向上しています。時々外れることもありますが台風の気象予報も着実に向上していて、最近の96時間予報は1990年代後半の48時間予報の精度に迫ってきています。[14] もちろん自然科学でも首都直下地震のタイミングや震度など正確に当てることができないものもたくさんありますが、各学問分野の優れた研究によって全般的に理解が向上し、予測もよくなってきています。

しかし、冒頭で述べたような社会の未来像は、科学技術だけではなく社会や経済も相互に絡んだ複雑な（専門的にいえば非線性が強い）事象に関するものがほとんどです。持続可能な開発目標はそもそも社会と経済に関する指標が大半を占めます。科学技術についても技術開発は自然科学が中心になりますが、ある技術が社会に受容されるかどうか、どのように使われるかを考える際には社会について考えることが必須になります。

未来研究には確立された方法論があるわけではありません。経済学や工学に基づいて未来像を描くことも一つの研究の進め方ですし、未来像について、政治的・社会学的な批判を加えるのも研究のありうる姿です。未来研究には実に多様な研究のスタイルがあるわけですが、より具体的に多様性を示すために、技術予測から育ってきたフォーサイト[15]という領域での方法論を整理した、フォーサイト・ダイヤモンドを紹介します。[16]ここでは未来像を社会のステークホルダーと描き、共有し、アクションにつなげるための方法論が示されています。四角形の角はそれぞれ知識の種類に対応し、創造性（creative）、専門性（expertise）、対話（interaction）、エビデンス（evidence）のどこに重きが置かれるかが示されています。また通常の書体が定性的手法、太字が半定量的、斜体が定量的手法に対応します。

実に様々な方法論があるわけですが、個別には深入りせず、以下、レビュー論文でもよく用いられている未来像を描く手法の一つとして挙げられたシナリオを中心的に説明していきます。

図2 フォーサイト・ダイヤモンド

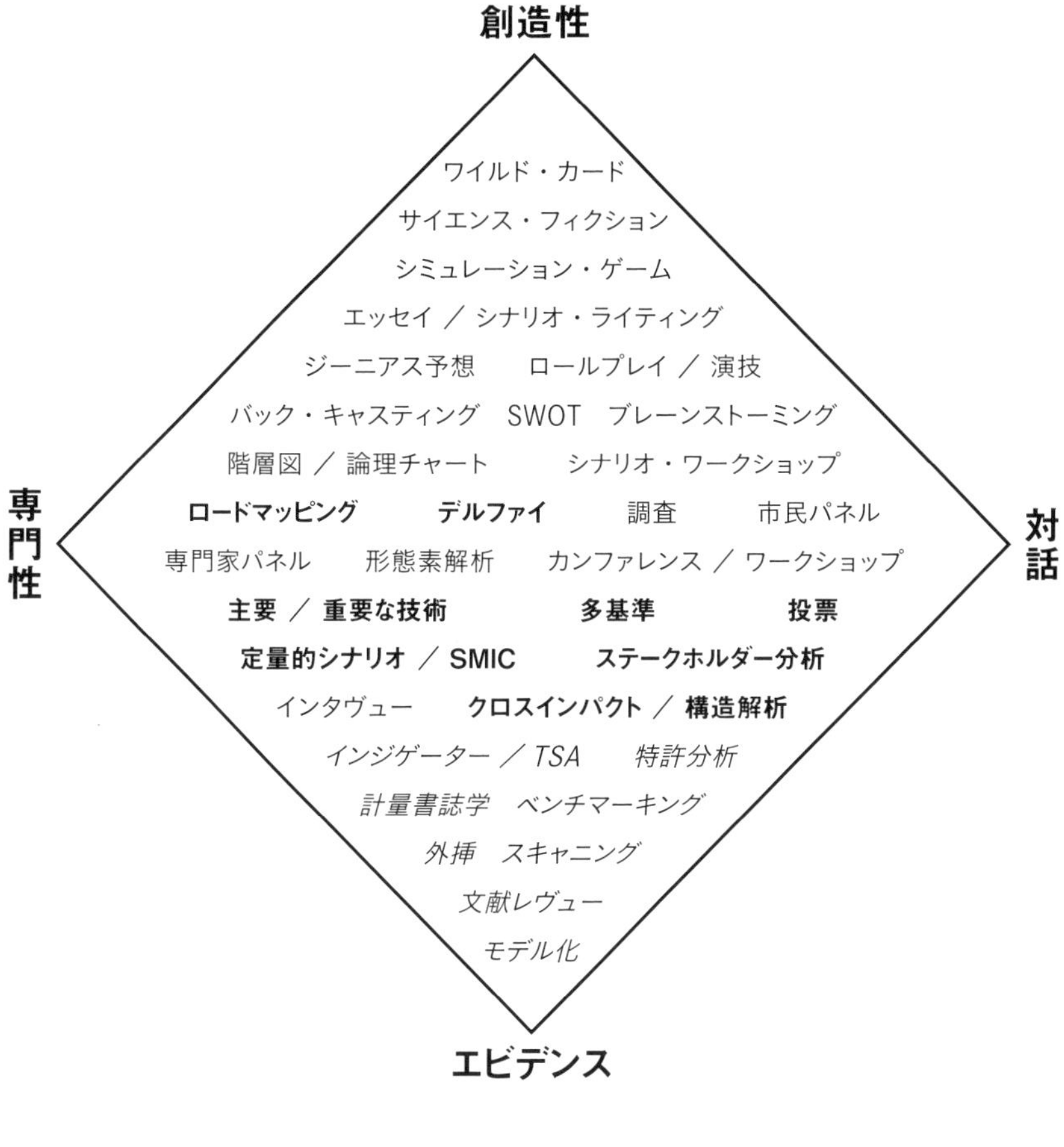

出所：フォーサイト・ダイヤモンド.Popper (2008)を参考に著者作成。

広い未来像を描くには

シナリオ分析もしくはシナリオ・プランニングと呼ばれる手法は、特定の未来の予測をするのではなく、幅広い様々な未来像を考え、政策やビジネスの意思決定に活用することを目指します。

では、どのような未来像があるのでしょうか。オーストラリアの未来学者のジョセフ・ボロス氏によれば、未来錐（futures cone、未来のコーン）という概念を用い、未来像の種類を6つの「P」で分類することができます。[17]

● **Projected（現在からの延長）**：現状をそのまま未来にのばしていくことにより得られる、一番起こりうる可能性が高いと推測される未来像。

● **Probable（起こる可能性が高い）**：より広いが起こる可能性が高い未来像。

● **Plausible（起こりうる）**：妥当な未来像。

● **Possible（起こる可能性が否定できない）**：可能性が否定できない未来像。

● **Preposterous（不可能！）**：ありえない未来像（ラテン語の前〈プレ〉と後〈ポスト〉をつなげた言葉からできています）。いわば「想定外」に相当。

● **Preferable（望ましい）**：人類社会が望む未来像。

ProjectedからPreposterousまでは未来の幅が狭いものから広いものに並べたものです。人間は心理学的などの理由で、どうしても狭い範囲に気を取られがちです（詳しくは後述します）。ありえそうもないような未来を考えるということは意味があるのでしょうか。これはシナリオ分析、シナリオ・プランニングの歴史をたどると分かります。

図3　未来錐（Futures Cone,未来のコーン）[18]

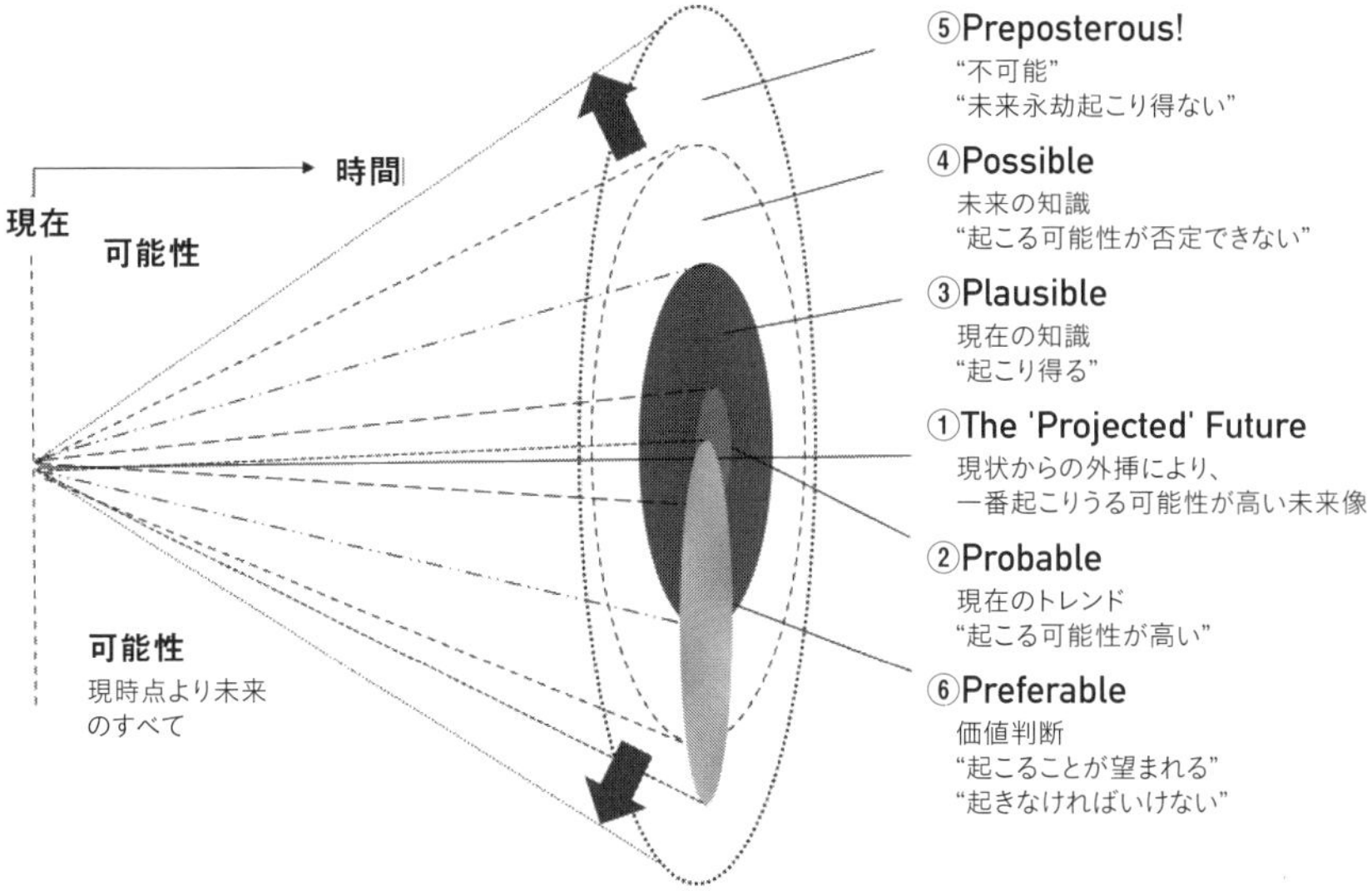

シナリオ分析は、もともとは第二次世界大戦後の米軍の軍事研究に遡るものです。米国のシンクタンクであるランド研究所は、戦時の戦略立案のために仮想的な未来像を複数考えるというシナリオ分析を導入しました。当初は軍の戦略という限られた領域に用いられていましたが、徐々に様々な領域へ広がっていきました。ビジネスについてはシェルの事例が有名です。1970年代初頭、石油メジャーの中でも弱小であったシェルは、シナリオ・プランニングを行い、石油価格高騰という事態についても備えていました。1973年に石油輸出国機構（OPEC）諸国による原油禁輸・減産をきっかけに始まった第一次オイル・ショック（石油危機）の際、他の会社が石油危機による困難に見舞われたのに対し、シェルは事前の備えができていました。石油危機を

乗り越え、その後セブンシスターズの中の2番目となりました。[19]

現代では、シナリオ分析はＳＤＧｓ関連の分析や地球環境分野で、定量的なモデルと組み合わされ、よく用いられます。その最初の事例は１９７２年のローマクラブの報告書「成長の限界」に遡ることができるでしょう。[20] ２０１８年のノーベル経済学賞受賞者の一人はウィリアム・ノードハウス博士ですが、[21] 彼も統合評価モデルというマクロ経済モデルを拡張したモデルでいくつものシナリオ分析を行ってきました。

より現代的には、２０１１年3月11日の東日本大震災と東京電力福島第一原子力発電所の事故の後、想定外という言葉がたくさん使われました。想定外とはいえ実際に起きてしまったわけです。また本書はコロナ禍のもとで書かれましたが、２０１９年にこのような世界全体でのコロナ問題を想定していた人はごく一部の専門家に限られるのではないでしょうか。ありえない未来も考える必要性があることはお分かりいただけるでしょう。

シナリオの作り方には様々なものがあります。持続可能な開発目標等に関連する研究分野でよく行われるのは、重要であり不確実だと思われる変数を軸として二つ取り、その二つの軸を振って、未来像を複数描くというものです。ある軸で高い水準、低い水準の2パターンを取ると、二つの軸でシナリオが四つになります。2軸だけでも4パターンになりますが、さらにバリエーションを増やせば簡単に8とか16とか多くのシナリオを作ることができます。目的にもよりますが、シナリオは数が多いことが重要ではなく、考えている問題について十分に広い未来像が提示できているかどうかが重要な判断基準になります。

図4　グローバル化と環境志向の2軸でシナリオを作成する例㉒

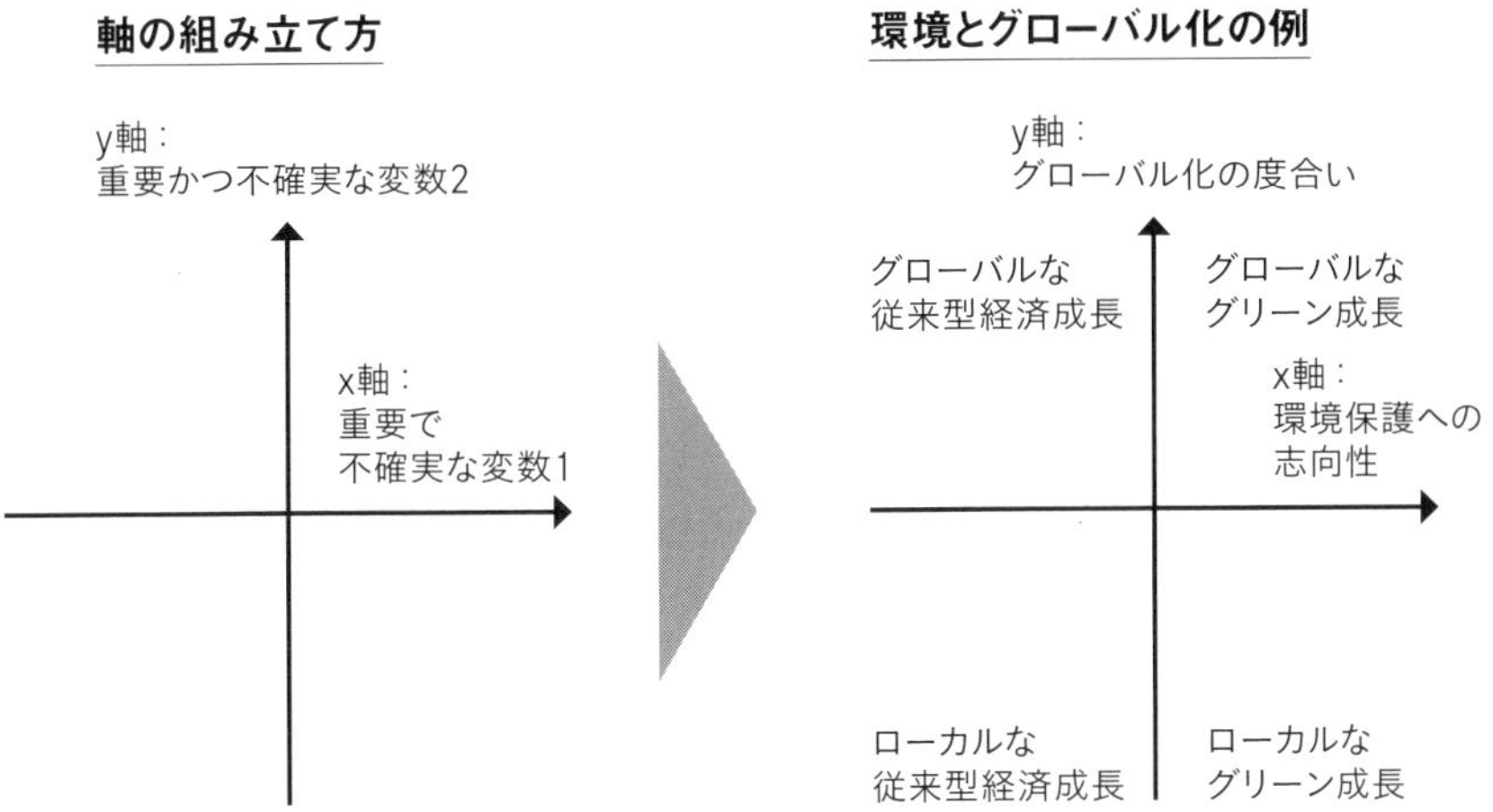

シナリオの作り込み方は様々です。専門家が短めのストーリーを作り、それに沿った形でコンピューター上のモデルで計算する場合もありますし、ワークショップを開催して参加者のアイデアをブレインストーミングによって生み出し、それをもとに物語を書いていく方法もあります。ある望ましい目標を達成するために未来から逆算してシナリオを描いていくバックキャスティングという方法もありますし、現在から延長して考えていく方法もあります。

また、シナリオの使い方も様々です。前述したシェルのシナリオは経営戦略に活かされているわけですから、シナリオ・チームが全社から知見を集め、また全社にシナリオの結果を還元する必要があります。幅広いシナリオを踏まえてレジリエントな経営戦略とその実施が求められ、いわば組織学習の一環としてシナリオが用いられるのです。

一方、政策に関するシナリオは専門家が作成し、一般市民やステークホルダーの意見を適宜反映して修正し、公共の場に議論の素材として提案されることが一般的です。

ここまでは物語や数値としてのシナリオについて述べましたが、未来像は何も言葉や数字などに限定されるものではありません。最近では特にスペキュラティブ・デザインといわれる、未来に関する芸術的な表現も関心を集めています。[23] 意見が割れそうな情報技術やバイオテクノロジーなどについて議論を喚起するようなデザインが公表されています。

心の癖と未来像のバイアス

それではなぜ、幅広い未来像を描くことが難しいのでしょうか。それは、未来像が人間の脳によって描かれるからです。ホモ・サピエンスの脳は長い時間を経て哺乳類、サル、人類へと進化してきました。人間の脳は非常に高度な知性を操ることができますが、進化の産物であることは否定しがたく、私たちの脳は必ずしも複雑な現代に適応していないのです。

認知心理学の進歩で、人間の脳には様々な癖があることがわかってきました。ノーベル経済学賞受賞者のダニエル・カーネマンの言葉を借りれば、人間の脳の思考は簡単に言えば直感的で、素早く判断をこなすシステム1と、きちんとゆっくりと思考するシステム2から構成されます。進化論的にはシステム1が先に育ち、後からシステム2ができてきました。システム2は努力と時間を要するため、人間はシステム1に往々にして依存します。[24]

進化論的に考えればシステム1に頼るのは当然ともいえます。人間が狩猟採集社会で過ごしていた時も環境は複雑でした。どこに獲物がいるか、危険な動物がいるかを自分が得られるすべての情報を総合的に考え行動するのは非常に難しいことです。こうした状況で人間は勘と経験に頼っていました。ほとんどの場合、この勘と経験は役に立つものです。

現代社会でも同様です。ランチを例にして考えましょう。ビジネスパーソンや大学生はお弁当を買ったり外食したりする人が多いでしょう。しかし、日々のランチで、インターネットで近場のレストランをすべて検索してメニューに目を通し、一緒にご飯に行く人がいたらその人の嗜好も考慮し、朝ご飯や前日の食事もすべて考慮して、最大限満足できるランチについて考える人は少ないでしょう。最適なランチを考えることは非常に手間と努力を要するのです。何となく中華がいいとか蕎麦がいいとか考えている人が多いのではないでしょうか。

これは専門家も例外ではありません。専門家は教育課程でトレーニングを受け、また日々研鑽を続けていますし、そうしたことについては徐々に経験が積み重ねられ、高度な判断も素早く的確に下すことができます。消防士や脳外科医、株式のトレーダーといった人もそうでしょうし、本書の著者である大学の教員もこの分類に入ります。

しかし、専門家といっても日々研鑽を積むことができない、（本当の意味で）初めての事象については間違えることもありうるのです。時々しか取り組まず、なおかつ何が正しいかフィードバックを受けない項目については、専門家であっても適切に対応することは難しい場合があります。

具体的な例として、世界経済フォーラムのリスク・レポートを挙げましょう。世界経済フォーラムは、スイスのスキーリゾートのダボスで毎年1月に世界の政治やビジネスの要人を招待し会議を開催します。世界経済フォーラムはこうした会議の開催以外にも様々な報告書を出しており、毎年継続して出されている報告書にグローバル・リスク・レポートがあります。

このレポートは、世界にとって重要なリスクについて、著名な研究者や識者に意見を述べてもらい集約し、リスクの可能性や影響の大きさで並べて評価するもので、2006年から毎年出版されています。興味深いことに、毎年重視されているリスクが変動しています。影響力の大きいリスクに着目すると、2015年が水の危機（water crisis）、2016年が地球温暖化対策の失敗（climate action failure）、2017年から2019年が大量破壊兵器でした。どうもその時々の社会情勢でリスク認知が変化しているように見えます。本稿執筆時点で直近の2020年1月に公表された報告書を見ると、そのトップには地球温暖化関連の問題が並んでいます。[25] もっとも起こる可能性が高いのが極端気象現象（extreme weather）、影響がもっとも大きいのは地球温暖化対策の失敗でした。

それではウイルスやパンデミックはどうでしょうか。影響が大きい分類の10位にかろうじて入っていました。トップ5の時系列を2007年まで遡ると、影響が大きい分類に2007年は4位、2008年は5位、2015年は2位でランクインしていますが、基本的にマイノリティーです。2016年からは入ってきていません。2020年に世界中で広まったコロナ禍に各国が十分に準備できていなかったのは、このような認識のレベルの低さに起因する側面もあるでしょう。

もちろん新型コロナウイルスといった問題を重視してきた専門家がいなかったわけではありません。ジョンズホプキンス大学は2018年にパンデミックのリスクについて詳細に検討した報告書を出しています。[26] しかし、こうした意見は部分的なものに限られており、多くの世界のリーダーはパンデミックを過小評価していたのでした。

なぜ世界のリーダーはこのようなミスをしたのでしょうか。その一つは認知心理学的なバイアスで、利用可能性ヒューリスティックでしょう。ヒューリスティックとは複雑な問題に対してだいたいあっている答えを簡単に導き出すための工夫で、利用可能性ヒューリスティックとは経験に即してすぐに思い出せるものの確率を高く見積もってしまう傾向をいいます。ここ数年の異常気象や、米カリフォルニア州やオーストラリアなどでの山火事、また特に欧米で議論が盛り上がっている気候変動対策などを見て、世界（といっても欧米中心）のリーダーは気候変動を重視したのでしょう。気候変動の重視自体は悪くないことですが、世界には気候変動以外にも様々なリスクがあるわけです。未来像を描くときには認識しやすいリスク以外に注意を払う必要性があります。[27]

もう一つ人の心理のバイアスで重要なのは、自信過剰（overconfidence）です。[28]若干言葉として誤解を招きやすいのですが、シナリオの文脈では、不確実な事象について不確実性の幅を真実よりも狭くとらえる傾向が人間にはあるということを意味します。実は光のスピード（光速）についても、過去の観測では誤差の幅が過小評価されてきたことが知られています。[29]人間の心は不確実性を忌み嫌うのです。

未来像自体が及ぼす社会への影響

今まで未来像自体について語ってきましたが、未来像は人々が語り、社会が描く言葉やイメージだけではありません。未来像を語ることによって社会自体が変わってしまうことも往々にしてあります。それが誰にも便益をもたらすのであれば良いですが、時に様々な不利益や副作用をもたらすこともあります。ここで原子力を例に考えましょう。

今、大阪では2025年の大阪万博に向けての準備が着々と進んでいます。2020年夏には細胞を想起させるような少し変わった感じのするロゴマークが選ばれ、[30] 世間の関心を集めました。

大阪が万博をホストするのは2回目です。前回は1970年でした。芸術家である岡本太郎氏がデザインした太陽の塔[31]や、アメリカ館の宇宙開発展で月から持ち帰られた石が展示されるなど様々な話題がありましたが、一つの見どころは原子力の灯でした。関西電力美浜発電所で作られた原子力の電気が万博の会場に届き、電光掲示板が灯されたのです。「夢のエネルギー」が現実となった瞬間でした。[32]

1953年の米大統領アイゼンハワーによる平和のための原子力という演説以後、[33] 原子力の平和的な利用については様々なところで推進がなされてきました。そこには核兵器との対比の意味もあり、明るい未来像が常についてまわりました。米国では、原子力発電は安すぎて電力メーターがいらない(too cheap to meter)という言葉も出ましたし、[34] 日本の新聞も明るい未来を描き、原子力学会もバラ色の時代を迎えていました。少し時間が空きますが、福島県双葉町には1988年に「原子力明るい未来のエネルギー」という標語の看板ができました。町の募集に対し小学6年生の児童(当時)が考案した標語です。[35] 3・11を機に有名になったのでテレビや新聞などでご覧になった方も多いでしょう。

原子力は高度な物理学・工学を駆使し、また化石燃料のような枯渇問題も(基本的に)ない夢のエネルギーと呼ばれたことは理解できます。こうした未来像の下に政治的・経済的・経営的資源が投入され、また人材もこぞって集まっていきました。しかし、この未来像は社会的、経済的、政治的、倫理的に正しかったのでしょうか。

言語学では、言葉が実際に社会に影響を及ぼすことを行為遂行性(performativity)と呼びます。[36] 言葉が現実を記述する事実記述性と対比されます。この概念は科学技術社会論でも活用されるようになり、言葉そのものから対象を広げて、期待や未来像などにも適用されており、期待や未来像の社会への影響が分析されてきています。期待・未来像の行為遂行性を分かりやすくいえば、未来像の語りが未来像自体を現実化してしまうという機能があるといえるでしょう。未来が語られることを通じて人々の行動が変わり、政治的・経済的・技術的な資源が導入され、それが本物になるのです。もちろん、予想通りにならない場合もありますが、その場合でも期待や未来像が社会に良い方にも悪い方にも影響を及ぼしてしまうことは変わらないでしょう。[37]

確かに日本の原子力発電は安価で安定した電力を提供し、日本の経済発展に貢献してきたことは事実です。一方、2011年3月11日の東京電力福島第一原子力発電所の過酷事故など、多くの被害も生み出してきているのも否定できません。このような立場に立てば、1960年代の原子力の未来像に問題があったかもしれないと思う方も多いかもしれません。

もちろん原子力発電所の事故は未来像が主要因だと断定できるものではありませんし、仮に同じような未来像が人々の心にあっても原子力発電所のリスクに対処する方法はいくらでもあったでしょう。例えば、非常用ディーゼル発電機が地下にあったため津波で浸水したのはよく知られていることです。高台に置いていたら違うことになっていたかもしれません。

ここで申し上げたいのは、様々な理由で未来像（科学者の描くイメージや具体的な政策ロードマップなども含む）が現実化し、大きなパワーを持ってしまうことがあるということです。未来像を語るということ、シナリオを作るということはそれ自体が政治的な権力作用を生むことがあるのです。

言い換えれば未来像を作り込む局面では政治的な影響力を及ぼす形で価値観が入り込むのです。場合によっては複数の価値が両立しない場合もあり、それらを未来像にどのように取り込むかは価値選択であり、そうした未来像は当然のことながら政治性・権力性を帯びてくることになります。

つまり、可能な限り価値観や多くの可能性を含めた未来像を提示していくことが必要になり、価値選択をするのであれば、民主的に透明性を高めて議論していく必要性があります。当然、誰が未来を語り未来像を作っていくかも政治的に重要な論点になりうるのです。こうした問題を期待の社会学といった学問分野が批判的に分析してきています。

誰が未来を語るべきか

一般市民が参画してシナリオを作る参加型シナリオという研究も行われていますが、シナリオを作る人には偏りがあります。

シナリオ研究の話をたくさん述べてきましたが、シナリオはこれまで基本的に西欧諸国や日本などの先進国を中心に研究されてきました。こうしたシナリオは世界全体に関係するものが多いにもかかわらずです。これまでのシナリオに発展途上国の意見は十分に反映されているとは言い難いです。

しかしもう一つ、取り残されているグループがあります。未来の当事者、未来世代です。私たちが様々な未来像を描きそれを選択するときに、時間が経った後に当事者としてその未来を経験する未来世代の声が反映されていないのです。こうした状況では、どのような未来を選び取るかという選択に関しては未来世代の意見をあまり反映しないことになるでしょう。前述したように、何が問題かを考える倫理の地域的な課題があるだけではなく、時間軸、つまり世代を超えた倫理的な課題もあるといえるのです。

未来世代は現在には存在しないので、未来世代の意見を直接的に反映することはできません。しかし、もし工夫をして未来世代の声を代理で反映することができたら、議論が一歩進むのではないのでしょうか。

高知工科大学の西條辰義特任教授と大阪大学の原圭史郎教授はフューチャー・デザインという方法で未来世代の意見を取り込む方法を考えてきています。

自治体などで未来の都市計画やまちづくりといった将来を検討することは頻繁にあります。そこでは様々なステークホルダー（利害関係者）を招待し、ディスカッションをして未来像を考えていきます。ここまでは様々な自治体等で行われている普通の計画立案のプロセスです。フューチャー・デザインがユニークなのは、現在には存在しない未来世代の声を反映することです。未来世代の意見を代弁する人が「仮想将来世代」として振る舞い、将来的な観点から都市計画やまちづくり、自治体の政策方針について意見を述べるのです。この時出来上がる意見は近視眼的な内容ではなく、長期的な視点を踏まえる傾向があるというのです。すでにいくつかの自治体で取り組みが始まっています。

原教授・西條特任教授のグループは２０１５年度に岩手県矢巾町にてフューチャー・デザインの試みを行いました。[38] 地方創生のためのビジョンを検討するために20代から80代までの約20名で議論を行いました。参加者は仮想将来世代（２グループ）と現世代（２グループ）に分かれて議論し、最後は仮想将来世代と現世代が混ざって議論しました。仮想将来世代は独創的なアイデアを提示するなど判断基準が違うことが分かり、また現世代にも仮想将来世代の視点が生まれる可能性があることが分かりました。

フューチャー・デザインは広く関心を集めており、アクティブな研究領域で今後の展開が期待されています。未来を語る際に大事なのは先進国の現世代だけではなく、新興国・途上国や将来世代の声も可能な限り反映することです。

望ましい未来へ移行することとは

望ましい未来像を社会が選択した後、現在の状態からどうやってそこまで移行していくことができるのでしょうか。これには持続可能性への移行（sustainability transition）と呼ばれる学問領域の知見が役に立ちます。[39] ＳＤＧｓ関連の様々な分野で研究がなされ、応用も少しずつ進んでいます。イノベーション研究や経済学、社会学など様々な分野の知見を取り込み研究が進んでいる学際的な研究領域です。

本書では、今まで社会と技術を別々に扱ってきましたが、実社会では技術がどのような役割を果たすのかは社会のあり方と密接に関連しており、これらを一体的なセットとして扱った方が良い場合がしばしばです。専門的には、社会と技術が相互作用して組み合わさったシステムのことを社会技術システム（sociotechnical system）と呼びます。狭義の技術だけでなく、法規制や技術を開発・販売する企業、ユーザーや文化などを含む概念です。スマートフォン一つをとっても総務省の政策からスマートフォンのメーカーや電話回線を提供する通信事業者、ソーシャルネットワークサービスで写真や動画を仲間と共有する文化など、技術と社会は密接に関わりがあります。

未来の話に戻しましょう。現時点の社会技術システムから、望ましい持続可能な社会技術システムへの移行とはどのようなものでしょうか。持続可能性への移行の理論の中心的な枠組みは重層的視座

図5　重層的視座（MLP）の模式図

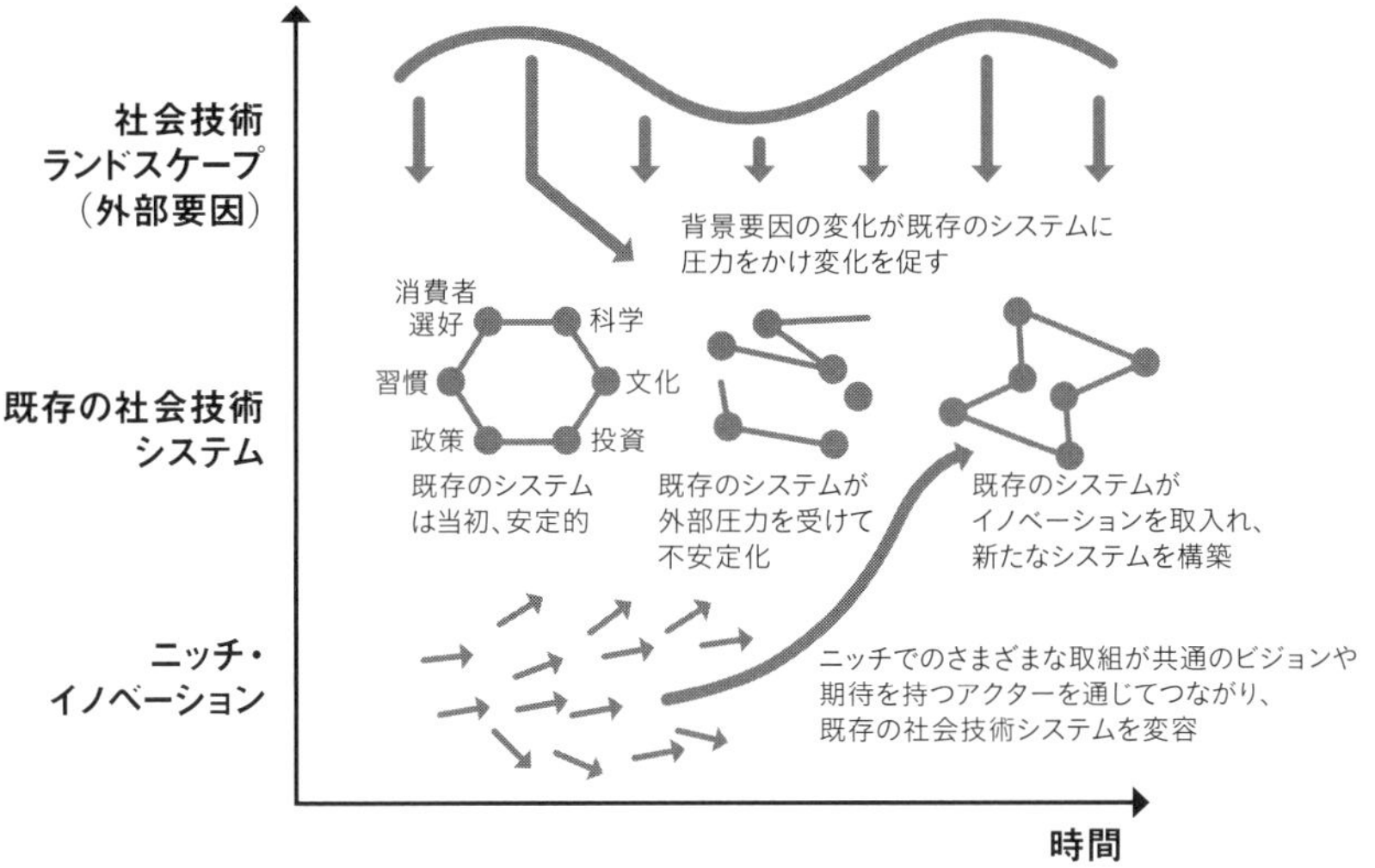

電力中央研究所の木村宰氏作成。Geels et al.（2017, 2019）に基づく。Geels et al.（2017）にならって中層はレジームではなく社会技術システムとした。

（multi-level perspective, MLP）と呼ばれる枠組みです。

MLPではその名の通り社会を3層に分けて考えます。1層目は技術的なもしくは社会的なニッチで、新たな技術やビジネス・モデル、取り組みや生活様式です。ニッチは生態学から借りた言葉です。市場サイズや社会の認識は小さいかもしれませんが、新たな取り組みが居場所を得られていることを指します。2層目は既存の社会技術システム自体です。具体的には規制等の法体系、補完的な技術（例えばスマートフォンとそれを支える通信ネットワークなど）、文化や消費者の選好や受容性など様々なものがあります。[40] MLPの3層目は社会技術ランドスケープと呼ばれるものです。これは社会技術システムの外側にありますが、社会技術システムに影響を与える大局的なものです。例えば人口の動態や、世界的な地政学、また倫理観や価値観の変化も含まれます。

MLPでは、移行の過程においてはこの3層すべてが関連しながら起こるとします。新たな技術や取り組みはニッチからスタートします。まずニッチができることが必要です。一定の大きさまで成長したニッチは社会技術システムの様々な要素と相互作用をし始めます。分かりやすい例は既得権益です。既得権益と協力したり競争したりして、ビジネスのあり方や規制、関連技術やユーザーの考え方を変えていきます。ニッチ技術が現行の技術と不整合な場合には、破壊的な移行が起きる可能性もあります。そこでは政治的な闘争が起きることになり、敗者と勝者が生まれることになります。

それでは数あるニッチの中でどのようなものが社会技術システムの移行に貢献できるのでしょうか。ランドスケープと整合的なニッチが社会技術システム自体を変革していくというのがMLPの指摘するところです。ニッチが社会的に大きな潮流、例えば世界の地政学や多くの人の価値観の変化などに後押しされるといってもいいでしょう。

ここで注意したいのは、既得権益という言葉です。場合によってはただの悪者に聞こえてしまいがちですが、多くの雇用を提供していたり現代社会に必要なサービスを供給していたり、重要な側面ももちろんあります。移行の過程で既得権益がニッチから成長していく新興勢力に取って代わられることもしばしば起きますが、一方で、既存のアクターも変化しないわけではありません。ニッチ技術の担い手である新興勢力と既存のアクターがいろいろな形で連携して、社会技術システム自体を漸進的に変革していく場合もあります。

MLPを用いた研究は歴史的な観点の研究が多く、例えばMLPを提唱した理論家のフランク・ギールルズ教授の初期の論文は、19世紀後半から20世紀初頭に米国で馬車がいかに自動車に取って代わられたかや、世界的に蒸気船が帆船を置き換えていった歴史を分析したものでした[41]。MLPを含む持続可能性への移行に関する研究は盛んに行われており、移行のための政策ミックスの整合性の重要性などが示されてきています[42]。過去の歴史から望ましい未来像への移行の示唆が得られることは大変興味深いといえます。

3 知識集約社会における未来を考える手法

知識・研究を通じて未来を考える

未来を考えるために科学技術の進歩を調べるという分析は一般的に広く行われています。例えば文部科学省 科学技術・学術政策研究所（NISTEP）は1971年から「デルファイ調査検索」[43]を継続して進めており、今後30年間で重要になる科学技術等に多数の専門家に複数回のアンケートを行い調べています。そしてこうした技術が社会のために――例えばSDGsの達成のためにどのように貢献できるか――という議論はよく見られるものです。Society 5.0をSDGsの達成のために使うという経団連のSociety 5.0 for SDGsという考え方[44]は、まさにこうした議論に基づくものです。

こうした論点自体は非常に重要ですが、これだけでは十分ではありません。未来は科学技術以外にも政治的な出来事や経済発展、社会の価値観の変化など様々な事象によってダイナミックに変化していきます。また一見すると科学技術から遠い基礎科学の進展も、もしかしたら影響を与えるかもしれません。こうした分野の進展についても広く未来について考える素材を用意することが必要でしょう。未来錐（未来のコーン）について述べたように、社会の未来の幅を大きく捉えることが必須だからです。科学技術だけに着目していては、本当の未来の幅を捉えることができないでしょう。

したがって、知の未来を考えるとき、より広く学問を捉える必要性があります。自然科学だけではなく人文学、社会科学についても総合的に押さえる必要性があるでしょう。

知のピースを組み合わせて総合的な未来を考える

しかしながら学問の総合的な未来を考えるのは困難どころか、ほぼ不可能な作業です。日本全国には約７万人ほどの教授がいますし、[45]東京大学だけをとっても１２００人程度在籍しています。[46]未来像を一人１ページ書いてもらったとしても日本全国では７万ページになりますし、東京大学に限っても１２００ページになってしまいます。もちろん分野の重複はあるものの、未来のコーンの幅を考えると、そのぐらいの分量が本当は必要なのかもしれません。

そこで、私たちは一人の人間が理解できる範囲として、30人に未来像を提示してもらうことを考えました。30人という数に客観的な根拠はありませんし、東京大学に絞ることで非常に限定的なものになります。しかし、未来像は社会に共有されてはじめて意義を発揮します。大学の研究者が７万ページの本を象牙の塔にこもって考えても意味がないのです。

次に30人をどのように選ぶかです。私たちは東京大学の部局（学部などの組織）を起点に考えました。分野横断的な部局（教養学部と大学院新領域創成科学研究科）のみ二人として、他は一人という割り当てで考えました。

次に個々の部局でどなたを選ぶかです。いわゆる計量書誌学の分野では論文の引用数などで有力な研究者を同定することがなされますが、ここではそのようなアプローチを取りませんでした。というのも、有力で著名な研究者が未来像を語るのに最適とはいえないのです。SF作家アーサー・クラークの第一法則には「高名で年配の科学者が可能であると言った場合、その主張はほぼ間違いない。また不可能であると言った場合には、その主張はまず間違っている」[47]とあります。学問の今までの発展と現状については論文を多数書いている第一人者が理解しているのは当然ではありますが、未来については必ずしもそうではないのです。

私たちは悩みましたが、広範な分野を幅広く比較し、主観的にも研究チームが興味深いと思った研究を探し出すことにしました。文部科学省と日本学術振興会が拠出している研究の枠組み、科学研究費補助事業は自然科学だけでなく人文学、社会科学も広範にカバーし、なおかつデータベース化されています。そこでこのデータベースを研究チームで分担して読み込み、興味深いと思う研究プロジェクトを探しました。その後、ジェンダー、役職、国籍などのバランスを考え、最終的に目次に記載されている30人の方にお願いしました。

インタビュー共通質問

未来像を比較できるように共通の質問を用意しました。学問の最終的な到達点を踏まえて、過去を振り返り、その上で未来を考えるものです。

1. あなた自身の研究に触れつつ、より広い視点であなたの研究分野について教えてください。
2. あなたの研究分野の最終的な到達地点はどのようなものだと思いますか。
3. あなたの研究分野はどのように発展してきましたか。
4. あなたの研究分野は、２０３０年か２０５０年にどのように進展していると思いますか。
5. あなたの研究分野は未来社会とどのような接点を持ちますか。（接点の例として、高等教育への還元、技術イノベーション、社会との協創・共進化、ＳＤＧｓの達成、社会観や倫理に関する問いかけ、政策へのフィードバックなどがあります。）

これをもとに半構造化インタビューを２０２０年の夏から秋にかけて実施しました[48]。１件あたり１時間半です。ライターの手を借りて、一般読者向けの原稿にまとめました。

本書のアプローチの限界

一般読者向けの本で限界を書くということはあまりありませんが、あえて書かせていただきます。

第一に、東大の教員約５０００人[49]から30人を選ぶ組み合わせの数は $_{5000}C_{30}$ ＝ 約3.2 × 10^{78}で、無量大数（10^{68}）より多くなります。もちろんこの中には文系に偏っている組み合わせ、理系だけの組み合わせ、大御所・若手だけの組み合わせなども含まれますが、非常に多様な組み合わせがあることは分かっていただけると思います。理論的に可能な実に多様な組み合わせを踏まえれば、本書が提示する未来像は一部分に限られていることには注意が必要です。

第二に、共通質問を見ていただけば分かるように、インタビューに答えていただいた方にはありえない（preposterous）のような未来についてはそもそも質問していません。研究者ごとに推測した（projected）／起こりそうな（probable）／望ましい（preferable）を答えた結果になっています。したがってそれぞれの分野については比較的狭い見方になっていることは否定しがたいです。

どの研究者もとても豊かに自身の学問分野の来歴や未来について語り、どのピースも魅力に満ちています。読者のみなさんにはぜひ、一人ひとりのインタビューを楽しむとともに、知のピースを組み合わせて多彩な未来像を描くプロセスを楽しんでいただければと願います。それでは、いよいよインタビューを見ていきましょう。

1 強まる未来への関心

❶ 国連総会で採択されたのは「Transforming Our World: The 2030 Agenda for Sustainable Development（我々の世界を変革する:持続可能な開発のための2030アジェンダ）」という文書で、SDGsはその中心を占める形になっています。*https://www.un.org/ga/search/view_doc.asp?symbol=A/RES/70/1&Lang=E*
SDGs自体はミレニアム開発目標の後継として位置付けられており、誰一人取り残さない持続可能で多様性と包摂性のある社会の実現のため、2030年を年限とする17の国際目標です。概要は以下の通りです。1.貧困をなくそう、2.飢餓をゼロに、3.すべての人に健康と福祉を、4.質の高い教育をみんなに、5.ジェンダー平等を実現しよう、6.安全な水とトイレを世界中に、7.エネルギーをみんなに、そしてクリーンに、8.働きがいも経済成長も、9.産業と技術革新の基盤をつくろう、10.人や国の不平等をなくそう、11.住み続けられるまちづくりを、12.つくる責任つかう責任、13.気候変動に具体的な対策を、14.海の豊かさを守ろう、15.陸の豊かさも守ろう、16.平和と公正をすべての人に、17.パートナーシップで目標を達成しよう
https://www.mofa.go.jp/mofaj/gaiko/oda/sdgs/pdf/sdgs_gaiyou_202009.pdf コロナ禍におけるSDGsの状況については以下などを参照。United Nations（2020）. The Sustainable Development Goals Report 2020. https://unstats.un.org/sdgs/report/2020/The-Sustainable-Development-Goals-Report-2020.pdf

❷ 日経テレコンによる検索結果は以下の通り。
2013年965件、2014年1005件、2015年1131件、2016年1283件、2017年1406件、2018年1319件、2019年1450件

❸ National Human Genome Research Institute. The Cost of Sequencing a Human Genome. National Human Genome Research Institute. Retrieved on December 1 , 2020, from
https://www.genome.gov/about-genomics/fact-sheets/Sequencing-Human-Genome-cost

❹ Nagy, B., Farmer, J. D., Bui, Q. M., & Trancik, J. E.（2013）. Statistical basis for predicting technological progress. *PLOS ONE*, 8（2）, e52669. *https://doi.org/10.1371/journal.pone.0052669*

❺ Eurasia Group. Eurasia Group Home Retrieved on December 1 , 2020, from *https://www.eurasiagroup.net/*

❻ イアン・ブレマー（2012）『「Gゼロ」後の世界』日本経済新聞出版

❼ Bremmer, I., & Kupchan, C.（2021）. Top Risks 2021. Eurasia Group. https://www.eurasiagroup.net/siteFiles/Media/files/Top%20Risks%202021%20Japanese.pdf（日本語版）

❽ 2019年の記事ですが、英語圏ではQWERTY配列が相変わらずよく使われています。
Murphy, H.（2019, October 4）. Here's How to Type Faster on Your Phone. The New York Times. *https://www.nytimes.com/2019/10/04/technology/phone-typing.html*

❾ Tong, D., Zhang, Q., Zheng, Y., Caldeira, K., Shearer, C., Hong, C., ... & Davis, S. J.（2019）. Committed emissions from existing energy infrastructure jeopardize 1.5 C climate target. *Nature*, 572（7769）, 373-377. *https://doi.org/10.1038/s41586-019-1364-3*
これには多くの仮定が伴っていますが、重要なものはインフラが過去と同様な利用年数で使われるというものです。またパリ協定の気温上昇に関する目標を分かりやすく言えば、2℃より十分な水準に抑え、できれば1.5℃を目指すというものです。

❿ 広辞苑第7版では知（智）は「物事を理解し、是非・善悪を弁別する心の作用」とされるのに対し、知識は「ある事項について知っていること。また、その内容」とされます。知はただ知識があるだけでなく、判断ができることを意味します。

2 未来への学問的アプローチ

⓫ 広辞苑第7版.

⓬ Fowles, J.（1978）. *Handbook of Futures Research.* California: ABC-CLIO.

⓭ 国立天文台「ほしぞら情報2020」『国立天文台ホームページ』2020年12月4日アクセス .
https://www.nao.ac.jp/astro/sky/2020/

⓮ 国土交通省「台風予報の精度検証結果」『気象庁ホームページ』2020年12月4日アクセス .
https://www.data.jma.go.jp/fcd/yoho/typ_kensho/typ_hyoka_top.html

⓯ Georghiou, L., Harper, J. C., Keenan, M., Miles, I., and Popper, R.（Ed.）.（2008）. *The handbook of technology foresight: concepts and practice.* Edward Elgar Publishing.

⓰ Popper, R.（2008）. Foresight methodology. *The handbook of technology foresight,* 44-88.

⓱ Voros, Joseph.（2017）. The Futures Cone, use and history. The Voroscope. Retrieved on December 4 , 2020, from *https://thevoroscope.com/2017/02/24/the-futures-cone-use-and-history/*

⓲ 未来錐の訳は以下によります。
高安啓介（2020）. 思弁デザインはいかなる未来を描くのか―未来の分類による省察ー.日本デザイン学会 デザイン学研究 2020, 352-353. *https://www.jstage.jst.go.jp/article/jssd/67/0/67_352/_pdf*

⓳ Schwartz, Peter.（1996）. *The art of the long view : paths to strategic insight for yourself and your company.* New York : Currency Doubleday.

⓴ ドネラ・H.メドウズほか.（1972）. 成長の限界 : ローマ・クラブ「人類の危機」レポート. 大来佐武郎 監訳. ダイヤモンド社.

㉑ THE NOBEL PRIZE. The Prize in Economic 2018. THE NOBEL PRIZE. Retrieved on December 4 , 2020, from *https://www.nobelprize.org/prizes/economic-sciences/2018/summary/*

㉒ 気候変動に関する政府間パネルのSRESシナリオの例に基づきます（Nakicenovic et al., 2000）。最近では気候変動領域では適応と緩和の分析を総合的に行うための共通社会経済経路というシナリオ群が開発されてきています。そこでも同様に2軸で整理されますが、x軸（横軸）に適応の困難度、y軸（縦軸）に緩和の困難度を取り、また2軸ともに中庸なシナリオを設け5つのシナリオを提示しています（O'Neill et al. 2017）。
Nakicenovic, N., Alcamo, J., Grubler, A., Riahi, K., Roehrl, R. A., Rogner, H. H., & Victor, N.（2000）. Special report on emissions scenarios（SRES）, a special report of Working Group III of the intergovernmental panel on climate change. Cambridge University Press.
O'Neill, B. C., et al.（2017）. The roads ahead: Narratives for shared socioeconomic pathways describing world futures in the 21st century. *Global Environmental Change,* 42, 169-180. *https://doi.org/10.1016/j.gloenvcha.2015.01.004*

㉓ Dunne, A., & Raby, F.（2013）. *Speculative everything: design, fiction, and social dreaming.* MIT Press.

㉔ Kahneman, D.（2011）. Thinking, fast and slow. Farrar, Straus and Giroux.

㉕ World Economic Forum.（2020）. The Global Risks Report 2020. from *http://www3.weforum.org/docs/WEF_Global_Risk_Report_2020.pdf*

㉖ Johns Hopkins University. (2018). The Characteristics of Pandemic Pathogens Background and Purpose of Report. Retrieved from *https://www.centerforhealthsecurity.org/our-work/pubs_archive/pubs-pdfs/2018/180510-pandemic-pathogens-report.pdf*

㉗ World Economic Forum. (2021). The Global Risks Report 2021. *http://www3.weforum.org/docs/WEF_The_Global_Risks_Report_2021.pdf*

㉘ 心理学における自信過剰については三つの定義があります。(1)自分自身のパフォーマンスの過大評価、(2)他人と比べた時の自分自身のパフォーマンスの過大評価、(3)自分自身の信じることが正しいかどうかの過大評価。ここでは3番目を指します。詳しくは以下を参照。
Moore, D. A., & Healy, P. J. (2008). The trouble with overconfidence. Psychological review, 115(2), 502-517. *https://doi.org/10.1037/0033-295X.115.2.502* .

㉙ このような知見は不確実性に関する教科書にまとめられています。
Morgan, M. G., Henrion, M., & Small, M. (1990). *Uncertainty: a guide to dealing with uncertainty in quantitative risk and policy analysis.* Cambridge University Press.

㉚ 公益社団法人2025年日本国際博覧会協会(2020)「結果発表」『大阪・関西万博ロゴマーク公募サイト』2020年12月10日アクセス. *https://logo.expo2025.or.jp/logo_announcement.html*

㉛ 大阪府日本万国博覧会記念公園事務所「太陽の塔」『万博記念公園』2020年12月10日アクセス. *https://www.expo70-park.jp/cause/expo/tower-of-sun/*

㉜ 関西電力(2017)「歴史と日本で開催された万博」『教えて!かんでん』2020年12月10日アクセス. *https://www.kepco.co.jp/brand/for_kids/teach/2017_04/*

㉝ Dwight D. Eisenhower Presidential Library, Museum & Boyhood home. Atoms for Peace. Eisenhower Presidential Library. Retrieved on December 10 , 2020, from *https://www.eisenhowerlibrary.gov/research/online-documents/atoms-peace*

㉞ Strauss, L. (1954). Remarks Prepared by Lewis L. Strauss, Chairman, United States Atomic Energy Commission, For Delivery At the Founders' Day Dinner, National Association of Science Writers, on Thursday, September 16, 1954, New York, New York. Retrieved on December 10 , 2020, from *https://www.nrc.gov/docs/ML1613/ML16131A120.pdf (page 9)*

㉟ 杉村和将(2019)「「原子力明るい未来の…」笑われても、伝え残したい教訓」『朝日新聞デジタル』2020年12月10日アクセス.*https://digital.asahi.com/articles/ASM364351M36UGTB007.html*

㊱ オースティン,J.L. (2019)「言語と行為　いかにして言葉でものごとを行うか」飯野　勝己 訳.講談社学術文庫.

㊲ 山口富子, 福島真人編(2019)『予測がつくる社会「科学の言葉」の使われ方』東京大学出版会.

㊳ 原圭史郎(2018)「参加型フューチャー・デザイン討議実践に見る「仮想将来世代」の役割」『学術の動向』23(6), 13 15. *https://doi.org/10.5363/tits.23.6_13*

㊴ Markard, J., Raven, R., & Truffer, B. (2012). Sustainability transitions: An emerging field of research and its prospects. Research policy, 41(6), 955-967.*https://doi.org/10.1016/j.respol.2012.02.013*
Geels, F. W., Sovacool, B. K., Schwanen, T., & Sorrell, S. (2017). Sociotechnical transitions for deep decarbonization. Science, 357(6357), 1242-1244. *https://doi.org/10.1126/science.aao3760*
Köhler, J., Geels, F. W., Kern, F., Markard, J., Onsongo, E., Wieczorek, A., ... & Fünfschilling, L. (2019). An agenda for sustainability transitions research: State of the art and future directions. Environmental Innovation and Societal Transitions, 31, 1-32. *https://doi.org/10.1016/j.eist.2019.01.004*

㊵ ここでの表現はGeels et al.（2017）に沿っています。多くの学術論文では2層目に社会技術レジームがあてられますので、専門書や学術論文を読む場合には注意いただきたいです。

㊶ Geels, F. W.（2002）. Technological transitions as evolutionary reconfiguration processes: a multi-level perspective and a case-study. *Research Policy,* 31（8-9）, 1257-1274. https://doi.org/10.1016/S0048-7333（02）00062-8

Geels, F. W.（2005）. The dynamics of transitions in socio-technical systems: a multi-level analysis of the transition pathway from horse-drawn carriages to automobiles（1860–1930）. *Technology Analysis & Strategic Management,* 17（4）, 445-476. *https://doi.org/10.1080/09537320500357319*

㊷ Geels, et al.（2019）. *Sustainability transitions: policy and practice.* EEA Report. 09/2019, European Environment Agency（EEA）.

3 知識集約社会における未来を考える手法

㊸ 科学技術・学術政策研究所「デルファイ調査検索」『科学技術・学術政策研究所（NISTEP）ホームページ』2020年12月10日アクセス. *https://www.nistep.go.jp/research/scisip/delphisearch*

㊹ 経団連「Society 5.0 for SDGs」『経団連ホームページ』2020年12月10日アクセス.*https://www.keidanrensdgs.com/society5-0forsdgs-jp*

㊺ 文部科学統計要覧（令和2年版）
https://www.mext.go.jp/content/r20202419-mxt_chousa01-000005405_11.xls

㊻ 東京大学（2018）「職員数」『東京大学ホームページ』2020年12月10日アクセス.*https://www.u-tokyo.ac.jp/ja/about/overview/b02_03.html*

㊼ Clarke, A. C.,（1962）. *Profiles Of The Future: An Inquiry into the Limits of the Possible.* Orion.（p.32）. "When a distinguished but elderly scientist states that something is possible, he is almost certainly right. When he states that something is impossible, he is very probably wrong."
日本語訳はWikipediaによります。「クラークの三法則」（2020）『フリー百科事典「ウィキペディア（Wikipedia）」』2020年12月10日アクセス.
https://ja.wikipedia.org/wiki/%E3%82%AF%E3%83%A9%E3%83%BC%E3%82%AF%E3%81%AE%E4%B8%89%E6%B3%95%E5%89%87

㊽ 一部書面回答をした人もいました。

㊾ 東京大学.（n.d.）. 職員数（平成30年5月1日現在）. 2021年1月31日閲覧, *https://www.u-tokyo.ac.jp/ja/about/overview/b02_03.html*
教授、准教授、講師、助教、特任教授、特任准教授、特任講師、特任助教の人数を合計し丸めた。

第2部

東大教授30人による未来像

まだ見ぬ「脳のフロンティア」を開拓したい

脳神経科学

Neuroscience

池谷裕二
IKEGAYA Yuji
東京大学
薬学部教授

1998年 東京大学大学院薬学系研究科博士課程生命薬学修了。同年 東京大学薬学部助手。2006年 東京大学薬学部講師、07年 東京大学薬学部准教授を経て、14年より現職。2002～05年にコロンビア大学（米ニューヨーク）に留学。

研究分野は？

脳機能に関わる疾患や脳の潜在能力を解明しようとする分野

さまざまなアプローチで脳を研究する「神経科学」が私の研究分野です。世間では「脳科学」と言われることが多いですね。脳の研究といっても、その中での学術領域は広いのですが、私は主に海馬の研究をしています。

この分野には大雑把にいうと、医学的な立ち位置で脳の病気（たとえば統合失調症やうつ病など）を治すことを目指して、何が脳のトラブルを引き起こしているのか、どうすれば治せるのか（あるいはどうすればうまくつきあっていけるのか）を研究する人と、脳の仕掛け、つまり機能や構造を解明したい、といった純科学的な側面から研究する人がいます。私はどちらかといえば後者にウエートを置く研究者です。

私が知りたいのは、人間の脳にいかに大きなポテンシャルが秘められているか、です。ある人が脳の働きに関わる病気を患っているなら、それは「もともと持っている能力が使い切れていない状態」と言えるでしょう。脳研究での解明が進めば、もしかしたらその人は十分に能力を発揮できるようになるかもしれません。これは病気でない健康な人でも同じ構図があてはまります。脳の能力を開拓してゆけば、いま発揮している力よりずっと大きな力が出せるかもしれません。

人間の脳には表から見えているよりはるかに大きな能力が秘められている。眠っている能力を呼び覚ますことは、人生の質や生産性の向上にも関わります。だから、そうした「脳のフロンティア」を開拓したいと願って研究をしています。

最終到達点は？

神経細胞の働きをすべて記述し、脳の動作原理を解明する

統合失調症やうつ病などの精神疾患に苦しんでいる人は多く、ご本人の苦しみはもちろん、社会的なロスも大きい。これは個人と社会の両方にとって大きな課題です。神経科学の一つの目的は、そうした病気の治療法や対処法を見出すことと言っていいでしょう。これが実現できれば神経科学は患者さんと社会に対して多大な貢献ができます。

そのためには治療法のブレイクスルーが必要だろうと思います。一つには、錠剤や注射などの「投与する薬」だけでなく、より直接的に脳に働きかける操作も概念としての「薬」として採り

入れること。たとえば「ある脳疾患Xの患者さんの脳ではAという部分の活動レベルが低く、Aを活性化させれば日常生活が送りやすくなる」ということが因果関係として解明できれば、電極や遺伝学的な方法でAを刺激するといった治療ができるかもしれません。

もう一つの「薬」は、そうした操作を外部からではなく自分自身で行えるようにすることです。実は、人間は自分の脳の様子をモニター画面で見ながら「この部分の活性を上げよう」と意図すると上げられることがわかっています。つまり自分で自分の脳を変化させることができるんです。

これは私の研究テーマである「**可塑性**❶」とも深く関わっています。脳が病気になるのも、病気から治るのも、ともに脳に「可塑性」があるからです。また、自分で自分の脳を変化させる「自己書き換え」も、脳の「隠された能力」の一つです。人間の脳は、自分で自分の限界を解き放つことができる。ふだん私たちはどこまで自分を抑えてしまっているのか。それを知りたいと思っています。

純科学的な神経科学としての到達点は「脳の動作原理の解明」であり、それを生かした脳の有効利用（ポテンシャルを十分に活かすこと）です。ただ、いま神経科学は動作原理を解明するためのデータが足りていない、というのが私の認識です。ヒトゲノム研究はまず「全部読む」ことを達成し、次のステップとして人工的に「書く」段階に踏み出していますが、神経科学はまだ、一つひとつの神経細胞のふるまいを記述することが十分にできていない。人間の神経細胞の数は1000億個以上にのぼると言われますが、そのうちの一つが発火する時にはその上流に1万の神経細胞の発火があり、下流にも1万あります。一つひとつを追っていくような形では神経細胞の活動はとうてい記述しきれていないのです。

すべてを記述できたら、そのデータには一人の人間の脳の活動の実態が含まれていることにな

❶ 固定されたものではなく、状況に応じて変化する性質をもつこと。脳を構成する神経細胞と細胞同士をつなぐネットワークにはこの可塑性があるために、学習や経験などに応じて変化し、その変化は（一定の期間）維持される。成長・発達のみならず、記憶や脳の疾患、考え方の変化も可塑性の表れである。

る。それさえ手に入れば、かなり踏み込んだ解釈ができる。もしかしたら、ビッグデータすぎてヒトの脳では取り扱うことができない状態になってしまうかもしれない。そのためにも脳の潜在能力を開拓して、知能のレベルを高めたいという思いもあります。ともあれ、まずはなんとかして、できるだけ多くの神経細胞から、できるだけ長期間にわたって脳を記録することです。

分野の成り立ちは?

実験手法や記録装置の進歩が神経科学を前に進めてきた

神経活動を記録する研究が大きく進んだのは「神経細胞の活動の実体は電気活動だ」とわかった100年ほど前のことです。この時、電気生理学というアプローチが生まれました。脳波(脳で起きている電気活動)が計測できるようになったことは、この分野にとって画期的な事件です。

その後、神経科学の歴史に大きな変化が起きたのは1970～90年代でしょう。遺伝子や分子によって生命現象を解明しようとする「遺伝学」や「分子生物学」が神経科学にも大きな影響をもたらしました。遺伝子や分子といった「物質」と、脳の「機能」が結びつけられるようになったのです。

その中心にいたのが多くの門下生を輩出した沼正作さんや、免疫学から神経科学に軸足を移された**利根川進**❷さんです。お二人の功績と影響力は非常に大きく、多くの神経科学者が分子生物学的アプローチの脳研究に踏み出しました。たしかに遺伝子や分子から病気のメカニズムを記述しようという試みがうまくいく領域もありました。しかし、ある現象(神経活動)を引き起こした分子を突き止められればその現象を解明したことになる、と考える人がいた一方で、分子と神経

❷ 1939年生まれ。多様な抗体を生成する遺伝的原理の解明により、1987年にノーベル生理学・医学賞を受賞。近年は神経科学の分野においても分子生物学的手法を用いた研究を行い、記憶の実体となる神経細胞を人工的に制御する研究などで目覚ましい成果を上げている。

活動の間には細胞、神経回路、組織などさまざまな階層があるのに、それらをすっ飛ばして分子と神経活動を結び付けて因果関係がわかったことになるのかという疑問をもつ研究者も多くいました（私は後者の人間です）。このような形で「分子メカニズムこそが答えだ」という分解派と、「全体をまるごと理解したい」という統合派の二分化が進んだ時代でもありました。ビッグデータの隆盛もあり、いまは両者の流れが歩み寄りつつある段階でしょうか。

その次の大きな出来事が「**fMRI**❸」の登場でした。動物や人の脳の中でどこがどう活動しているか比較的容易にのぞくことができます。設備が安価になり、多くの研究施設で導入できるようにもなりました。これによって、病気の実態を解明するという目的だけでなく、「芸術作品を見ているときの脳や恋愛しているときの脳はどうなっているんだろう」といった日常的な問いを問うことができるようになり、心理学分野や経済学からの参画も増えました。

そして十数年ほど前に、「**チャネルロドプシン**❹」というツールが登場しました。これまで複数の神経細胞を特異的に制御する実験はほとんど不可能でしたが、チャネルロドプシンによって、ねらった神経細胞をリアルタイムに制御できるようになったのです。たとえば、マウスのかゆみの感覚を一時的になくしたり、無性にものを食べたくなるように仕向けたりするなど「任意の神経細胞を活性化させたら何が起きるか」を見ることができる。神経科学の研究の自由度を大きく広げる画期的な存在として期待されています。

2030年、2050年は？

何を問えばゴールに到達できるのか。「問いの構造」の模索が続く

❸ 機能的磁気共鳴画像法（functional Magnetic Resonance Imaging）。強い磁気と弱い電磁波を用いて人体の断層撮影を行うMRIの原理を応用し、脳の活動に関連した血流の変化などを画像化する方法。

❹ 外部から光を当てると活性化するタンパク質。チャネルロドプシンを遺伝子操作によって神経細胞に組み込んでおき、光を当てることによってその部分を活性化させることができる。脳の複雑な働きを調べるツールとして期待を集めている。

10年後、30年後にこの分野がどういう発展をしているか、どこまで脳の理解が進んでいくか、私にはわかりませんし、少し悲観的です。私が脳の研究を始めた30年前にさかのぼって２０２０年までの進歩を考えると、分子生物学的アプローチをはじめとして新しい手法はさまざまに出てきたけれど、脳の本質的な問いについて画期的に理解が進んだという実感はないんです。

とりわけ、黄色いものを見たときに「黄色だ」と感じたり、空気の振動を音として感じたりする「知覚」とは一体何なんだろうかという問いや、それを知覚している「自分」とは？「心」とは？　脳や心について考えている私の「意識」とは？　というような大きな問いについてはまだ、問いの構造がわからない。何をどう問えば答えに向かえるのか、どこをどう掘れば金脈にたどりつけるのかがわからないんです。ゴールのある方向どころか、まだスタート地点にさえ立てていないというのが私の実感です。

ただ、もう少し具体的な側面、たとえば、いま私が挑戦している脳を操作することで脳のポテンシャルを活かす研究の成果を社会実装までもっていく、ということであれば、２０５０年ぐらいならばありえるかもしれません。

そのときに大きなポイントになるのは、倫理的な問題をどう考えるかでしょう。精神科領域には「**ロボトミー**❺」という負の歴史があり、脳の研究者は皆、脳に操作を加えることについて倫理的な側面を常に意識しています。しかし、「なんとなく怖い」という感情だけで全部を止めてしまえば、科学の歩みも止まります。

２０１８年に**中国のゲノム編集ベビー**❻が話題になりましたが、いま科学の世界で大きな趨勢となりつつあるＥＬＳＩ（エルシー：倫理的・法的・社会的な課題）をどう考えるかは神経科学分

❺ 統合失調症など精神疾患の治療を目的に大脳の前頭葉白質を切断する外科手術。１９３０年代にポルトガルの神経外科医エガス・モニスが考案し、著しい興奮などの症状が抑えられるとして日本を含む多くの国で行われていたが、無気力や全般的な感情反応の低下など患者の人間性を不可逆的に損なう深刻な副作用が確認され、１９７５年ごろまでには行われなくなった。

❻ ２０１８年に中国の南方科技大学の賀建奎（フー・ジェンクイ）が、世界で初めてゲノム編集を施したヒトの受精卵から双子を誕生させたことを発表。エイズウイルス（ＨＩＶ）の感染リスクを下げるためと説明したが、倫理的な是非や安全性をめぐり世界的な議論が巻き起こった。

野にとっても重大な問題です。ヨーロッパではELSIが非常に大きな影響力をもっていて、米国や日本はそれにゆるやかに追随し、中国は表向きには従いつつも独自の価値観で進んでいるというのが現状だと思います。ただし中国は2020年現在、論文数など科学的な実績という点で多くの専門領域で世界トップを走っており、科学の世界における存在感がきわめて大きいことから、2020年時点のヨーロッパの価値観が今後もずっと世界の標準であり続けるかはわかりません。何を良しとし、何を容認しないかについては唯一の正解はなく、価値観は時代によって変わる相対的なものですから。流行り廃りに流されず、各々が各々の立場で主体的に考えて、そして社会全体で建設的に議論してゆくべきだと思います。

未来社会との接点は？

「100年にわたって人生を楽しめる脳」を目指して

医薬の進歩を考えると、**寿命中位数**[7]が数十年後に100年を超える、すなわち人生100年時代が現実のものになることは間違いないでしょう。そこで脳研究ができることは何でしょうか。人工知能（AI）が発達し、高度に知的なスポーツともいえる囲碁と将棋でもAIが人間を凌駕しましたが、このことによって余計に、コンピューターと人間との違いが際立ったように私は思うんです。その違いとは「楽しむ力」ではないか。

ゲームに勝てて楽しい、おいしいものを食べられてうれしい、といったシンプルな喜びから、知的好奇心が満たされたときの満足感や、人の役に立てたことへの喜びまで、個のレベル、社会のレベルでさまざまな幸せがあります。脳研究が社会に対してできることは、そんな「人生をご

[7] 出生者のうち半数が死亡するとされる年数。たとえば寿命中位数が100年ならば、100歳の人のうち半数が生存し、半数が死亡していると考えられる。2019年の日本の寿命中位数は男84・36年、女90・24年。

機嫌に楽しく過ごす」を助けることではないかと思うのです。

　脳のトラブルによって人生を楽しいと感じにくくなっている人をサポートする形もあるでしょうし、あるいは「数学は嫌いだ」という人が数学を面白く感じられるようにする形もあるでしょう。脳研究がこれから生み出す知見には多様で大きな可能性が秘められていると私は思っています。

　また、より具体的なことで言えば、脳研究の発達によってこの先10年ぐらいで発達障害に対する社会の受容が変わってくるだろうと予測しています。たとえば、ＬＧＢＴも以前はまるで治すべき病気のように思われていましたが、ここ10年ほどでだいぶ社会全体の理解が進んできて、個性の一つと認められるようになってきました。同じようなことが発達障害をもつ人に対しても起きると思います。

　いまの社会はコミュニケーション力を過度に重視する向きがあり、発達障害的な傾向のある人は社会的な不利益をこうむることがあります。近いうちに脳研究によって、発達障害とはこういう脳の状態なのだと社会に見せることができるようになっていくでしょう。それが理解されることで、発達障害は治すべき対象だとか社会から排除するような存在ではなく、個性の一つとして考えられるようになり、社会の多様性を支える存在として認識されていくようになるはずです。「治す」方向ではなく、未来の脳研究の操作技術によって、社会的な理由で抑圧されていた当人の特定の能力を健全に開拓させることができれば、当人の幸せにとっても、おそらく社会的にも有益です。もしかしたら、優れた研究能力が開拓されれば、そうした卓越した能力をもった方によって、今度は脳研究がまた先に進むことができるはずです。そんなポジティブな人材と産業の有効活用が実現できる幸福な未来を期待したいです。

おすすめの本

池谷裕二
『単純な脳、複雑な「私」』
（講談社）

幼少期に開閉する「脳の窓」を解明

神経科学

Neuroscience

ヘンシュ貴雄

HENSCH Takao

東京大学国際高等研究所
ニューロインテリジェンス
国際研究機構機構長・特任教授

1988年ハーバード大学卒業。1991年東京大学大学院医学系研究科修士課程修了（公衆衛生学）。1996年University of California San Francisco (UCSF)博士課程修了。1996-2010年理化学研究所脳科学総合研究センター神経回路発達研究チームチームリーダー、2000-2010年理化学研究所脳科学総合研究センター臨界期機構研究グループグループディレクター。2006年よりハーバード大学教授及び同大学医学部ボストン小児病院教授。2011年よりハーバード大学NIMH Silvio Conte Center for Mental Health Research ディレクター。2017年より東京大学国際高等研究所特任教授。

研究分野は？

幼い頃の経験で脳が急激に変化する「臨界期」の不思議に細胞レベルで迫る

脳の機能やメカニズムを生理学的に研究する神経科学の中で、「脳の臨界期」に注目して研究を行っています。人の脳は概ね出生直後は大きな個人差がなく単純な脳ですが、大人の脳はほかの誰とも違う唯一無二の脳へと変化しています。ただ、生まれてから成人するまで常に一定の速度で変化していくのではなく、その人の一生を左右するような大きな変化のほとんどが幼少期に起こります。まるで窓の開け閉めのように、外からの刺激を受けて急激に脳の回路が構築され（つなぎかえられ）変化する時期と、その変化が終わる時期があるのです。窓が開かれている期間を脳の臨界期と言います。

私がこのことに興味をもったきっかけは、米国で通っていた小学校6年でのフランス語の授業でした。初めての外国語に周りの友人たちはひどく苦戦していますが、奇妙なことに私は苦労を感じなかったのです。なぜ自分だけ違うのだろう？　と不思議に思いました。

私は父親がドイツ人、母親が日本人で、生まれたときから2カ国語を耳にしていました。2歳半で日本から米国に転居したので、家の外では英語です。こうした言語環境がおそらく、幼い私の脳に決定的な変化を及ぼし、ほかの友人たちとの違いを生み出したのでしょう。

幼少期の経験が脳を形作り、ある年齢以上になると同じ経験をしても脳は変わらない。このことは誰もがなんとなく実感しています。ところが、幼少期の脳において細胞レベル、神経回路レベルでいったい何が起きているのかはほとんどわかっていませんでした。それを解明しようというのが私のやってきた研究です。

臨界期という窓によって、人間は言語やスポーツのスキル、様々な思考方法など、多くのことを学び、身につけます。臨界期は「能力を得ることのできる窓」なのです。しかしその一方でこの窓は、未熟で脆弱な脳が有害な刺激によって撹乱されることで統合失調症のような精神疾患や自閉症などの発達障害を引き起こす、「不安定さをもたらす窓」でもあります。

この研究分野では、分子生物学や神経回路生理学などの実験室の研究から、病院での臨床研究まで広範にわたるアプローチで、なぜ脳は幼少期にこれほど経験や刺激に敏感なのか、臨界期はどのように始まり、どのように終わるのか、そのルールやメカニズムに迫ろうとしています。

最終到達点は？

臨界期の時期を操作する医療の開発や、次世代のAI、ロボティクスの開拓

大きな目標の一つは、赤ちゃんの脳が大人の脳より柔軟な要因はどこにあるのか、いかにして臨界期が起きているのかを生物学的に（細胞レベル、神経回路レベルで）理解することです。それがわかれば、成人後に事故で脳を損傷した人も、神経細胞を新生させてその細胞に臨界期を起こすことで、損傷によって失われた脳機能を回復することができるかもしれません。また、臨界期に由来する脆弱性によって自閉症などの発達障害が起きることを防いだり、統合失調症を治療したりする方法が見つかるかもしれません。これは最終目標というより比較的短期の目標ですが。

また、人々はよく「◇◇を習得するには○歳までに□□を経験させないといけない」などと言いますが、当然ながら生物には個体差があるため、たとえば目の前にいる幼い子の視覚の臨界期を知ることはできません。ですから、より客観的に、つまり生物学的に脳の発達を測れるような方策を見出すこと（何を見ればよいかという生物学な指標、つまりバイオマーカーを特定すること）もこの研究分野が目指す目標です。同時に、脳の障害を知るためのバイオマーカーを見つけることも重要です。

最後に、私がセンター長をつとめるIRCNで掲げている、ほとんどムーンショットのような遠大な目標があります。研究によって解明した脳の発達原理を人工知能（AI）研究へ導入することです。機械学習は将棋やチェスで人間に勝利したりと、時に人間より優れた学習をすることがわかっています。しかしながら、将棋を学んでから言語習得をするとか、将棋と言語を並行し

て学ぶというようなことはほとんど不可能です。けれど人間の幼児はずっと柔軟に、多くのことを同時に学んでいきます。つまり私たちは、知能を発達させることについて根本的に理解できていないことがあるのです。私たちは脳の発達原理、とくに臨界期の概念をＡＩ研究やロボット工学の分野に翻訳することで、次世代のＡＩ研究とロボット工学を拓いていきたいと考えています。

分野の成り立ちは？

最初は行動観察から。その後、神経生理学的手法が研究を急速に進展させた

紀元前の昔から、人は、幼少期に形成されたものがその後の人生を決定づけることを知っていました。アリストテレスはこう言っています。「幼少期に身につけた習慣が少なくない違いを生む。いや、むしろすべての違いを生んでいると言っていい」。世の中の親や医師、教育者たちは1900年代まで、行動を観察することでその洞察を確認してきました。代表的な研究はイタリアの小児科医、**M・モンテッソーリ**❶によるものです。彼女は子供たちの行動を注意深く観察し、学校に通い始める6歳より前に重要な発達の多くが起こることを見抜きました。

その後、この分野に大きなブレークスルーをもたらしたのは、動物行動学者の**K・ローレンツ**❷です。彼は、自分の目の前で孵化させたハイイロガンの雛が自分について回るようになった経験を通じて、ある種の鳥類の雛に見られる、孵化直後に接した動く存在を親だと認識する「刷り込み」という現象を発見しました。雛たちは生まれる前から親を知っているのではなく、生後まもなくのある一定期間にのみ親を学習するのです。これは動物の行動を観察することによってなさ

❶ マリア・モンテッソーリ（1870～1952年）。イタリアの医学博士、幼児教育者。発達障害をもつ子や貧困家庭の子どもに対する教育活動を通じて、子どもには自分を成長させる力が備わっているという洞察に基づく「モンテッソーリ教育法」を確立。人は6歳未満の時期に知覚的刺激に対する特別な感受性が現れることを見いだし、その感受性に応じた環境を与えることを重視した。

❷ コンラート・ローレンツ（1903～1989年）。オーストリアの動物学者。刷り込み現象や、動物の生得的な行動を開始させるきっかけとなる要因の解明などにより、動物行動学と呼ばれる領域を開拓。1973年にニコ・ティンバーゲン、カール・フォン・フリッシュとともにノーベル医学・生理学を受賞。

れた発見でしたが、その後、ローレンツの後継者たちは行動を生み出している脳そのものに注目し始めます。

神経科学の分野では1920年代に大きな進歩が起こりました。脳細胞が発する電気信号を観察する方法、すなわち脳細胞の活動を直接観察する方法が編み出されたのです。この技術を活用した脳の発達に関する研究で代表的なものは、**D・ヒューベルとT・ウィーゼル**[3]のネコの視覚発達の研究です。彼らの研究によって、ネコは生後まもなくのしかるべきタイミングに適切な視覚刺激がなければ、(眼そのものには問題がなくても)視覚が正常に発達しないということがわかりました。この発見は、人間の弱視においても介入のタイミングが非常に重要であるという知見をもたらしてくれました。

冒頭で、ある年齢を超えてからでは言語習得が難しいことを私の経験を引いてお話ししましたが、鳥がさえずり方を学ぶのも人間の言語学習とよく似ています。オスの鳥は幼いうちに父親などの歌をまねし始め、練習して上達するとそれが固定され、その後は一生、同じ歌をさえずるようになります。こうした発達が脳の中でどう起こっているか、**小西正一**[4]らが脳を直接観察することで確認しました。

より最近の成果に、ラットの子育てに関する研究があります。子供の世話をよくする優秀な母親に育てられた子は成長すると優秀な母親に育ち、ちゃんと世話をしない母親に育てられた子は世話をしない母親に育ちます。ところが、世話をしない母親のもとに生まれた子を優秀な母親のもとに移して育てさせると、その子は優秀な母親に育つのです。そのような後天的な変化が脳の中で、いつ、どこに起こっているのか、そして、いつまでに変化を起こさないと手遅れになるの

[3] デイヴィッド・ヒューベル(1926〜2013年)はカナダ出身の米国の神経生理学者。トルステン・ウィーゼル(1924年生まれ)はスウェーデンの神経生理学者。1981年、大脳皮質視覚野の情報処理に関する発見により、ともにノーベル医学・生理学賞を受賞。

[4] 生物学者。1933〜2020年。鳥のさえずりの学習やフクロウが音を手がかりに獲物を見つける行動の研究などで知られる。動物行動学と神経科学の第一人者であり、両分野の橋渡しによって神経行動学の確立に寄与した。

か。そうしたことが細胞レベル、分子レベルでわかってきています。

とりわけ最近では、マウスを使った**オプトジェネティクス**[5]（光遺伝学）や、**遺伝子ターゲティング**[6]などの画期的な遺伝学的技術の登場によって、臨界期をスタートさせる「トリガー」と終了させる「ブレーキ」がより正確に突き止められるようになったばかりか、臨界期を早めたり遅らせたりといった「操作」も可能になりつつあります。

さらに、脳の実際の配線図をコンピューター上に構築する「コネクトミクス」という技術も登場しました。病気の脳や経験豊富な脳など、さまざまな条件の脳を再現し、実験することができるようになってきています。

2030年、2050年は？

弱視の治療が臨床試験へ。未知の状況に適応するAIの登場にも期待

これまでの研究によって、臨界期のトリガーとブレーキの正体が解明されつつあることはお話ししてきた通りです。これらの知見をもとに、近い将来、臨界期を人間の大人の脳でも再開させることが技術的に可能になるでしょう。実際、IRCNのプロジェクトとして、弱視の方の視覚の臨界期を再開させる臨床試験がボストン病院で始まっています（別の疾患の治療薬としてすでに承認されている薬を転用）。弱視に限らず、臨界期に適切な経験や刺激を得ることができなかったために起きてしまった脳の不具合の治療に大きく道が開けると期待できます。

臨界期を再開させることだけが臨界期を応用する医療の可能性ではありません。実は、臨界期のブレーキ役には統合失調症と関連の強いものが含まれています。もしかしたら、統合失調症は

[5] 光学と遺伝学を組み合わせて、神経細胞の観察や制御を行う技術。チャネルロドプシンなど、光によって活性化されるタンパク質を特定の神経細胞に発現させ光を照射することでその活動を可視化できるほか、標的とする神経細胞の活性化または抑制などの操作も可能。

[6] 特定の遺伝子に意図的に変異を起こさせる技術。DNAの塩基配列がよく似た部位同士で起こるDNAの交換反応を利用し、染色体上の特定の遺伝子を外来遺伝子に置き換える。特定の遺伝子の機能を発現させないようにする「遺伝子ノックアウト」もこの技法のひとつ。

臨界期がうまく閉じられず、脳の柔軟性（**可塑性**❼）が大きすぎることから起きているかもしれない、と私たちは考えています。だとしたら、統合失調症の予防や治療にはブレーキをうまく使うことが必要になるかもしれません。

これらは深い問いをはらんでいます。なぜ、私たちの脳には臨界期のブレーキがあるのか。いつまでも柔軟で、多くのことを学べ、適応できたほうがいいように思えます。しかし、私たちの研究では、ブレーキ役を担う存在が数多く見つかっています。これは、積極的に臨界期を止めることが生物にとって重要であることを示唆しています。私たちの研究は「どうしたら再開できるか」だけではなく、このような臨界期の生物学的基盤に迫ることを目標としています。

より遠くの未来として考えられるのは、先ほどお話しした、臨界期の概念をＡＩやロボット工学に翻訳することによって導かれる未来です。

Ａ・チューリング❽は著書で、大人の脳を作りたいなら、まず幼児の脳を作り、それを発達させればいいではないかと書いています。

人間の子供のように未知の状況に柔軟に適応できるＡＩを載せたロボットを作って生身の人間には行けないほどはるかかなたの惑星に送り込み、彼の地についたらＡＩの臨界期をスタートさせれば、その星での経験を吸収して適応し、生き抜き、考える存在となるでしょう。チューリングの予言が実現されるかもしれません。

いまのＡＩ研究には人間の脳の発達原理の一部しか反映されていません。臨界期と可塑性の概念をＡＩ研究に導入することは、次世代ＡＩを生み出す契機となると思います。

❼神経科学における可塑性とは、脳が刺激や経験などに応じて変化する性質をもつこと。一般に、乳幼児の脳は可塑性に富み、成人の脳では小さい。

❽アラン・チューリング（1912〜1954年）。英国の数学者。人間が計算する行為を抽象化し、今日のコンピューターの基本的な動作モデルとされる「チューリング・マシン」を考案したほか、人工知能の概念を生み出すなど計算機科学の分野で多大な功績を残した。第二次世界大戦中、ドイツ軍の暗号機「エニグマ」を解読したことでも知られる。1952年、当時の英国で犯罪とされていた同性愛が公になり、有罪判決を受けた。その2年後に自殺。

未来社会との接点は？

臨界期研究は社会の未来を変える力を持っている。多分野の連携と議論が必要

幼少期の経験や教育の最適なタイミングを明らかにするこの研究分野の知見は、子どもたちの一生を左右するだけでなく、その子たちがいずれ活躍するはずの未来社会の姿にも影響を与えるはずです。

日本の子どもはおよそ7人のうち1人が貧困に陥っているとの統計があります。先進国の中では有数の高さの貧困率であり、非常にショッキングなことです。我々の分野におけるこれまでの研究から、臨界期にある子どもの脳は、貧困やネグレクト、虐待などの有害なストレスに敏感に反応し、生涯にわたって悪影響をもたらすことがわかってきています。

私たちは、そのメカニズムやタイミングをより明らかにする研究、臨界期に有害なストレスを避けることができずに成人した人の回復を図る方法を解明する研究に力を注ぎ、それが日本の子どもの貧困問題に対処する一助になればと考えています。

一方、この分野の発展が倫理的、社会的にさまざまな問題を生む可能性もあります。その一つは、臨界期を薬で自由自在に再開できるとなれば、裕福な人は自分の能力を後からいくらでも伸ばすことができるようになり、経済的余裕がない人との格差が広がる事態を生み出しかねないという問題です。

また、個人の深層においては、アイデンティティの危機を生み出すかもしれません。人は両親の遺伝子や経験や学習によって、ほかの誰とも違う唯一無二の存在となっていきます。しかし薬

によって自在に自分の能力を改変できてしまうのであれば、アイデンティティはどうなってしまうのでしょうか。

こうした社会的・倫理的な問題とともに、医学的なリスクはより現実的な課題です。たとえば、臨界期を再開した上にブレーキをかけなければ、長期にわたって多くのことが学べますが、過度な可塑性によって統合失調症を発症するリスクが出てくるかもしれません。

デメリットや悪用を防ぐため、この分野における科学技術の進化をどうコントロールするか、安全利用のための規制をどうつくるかなど、科学者と政策立案者で議論を行い、合意を形成していくことが必要です。

社会において臨界期再開の可能性に期待する人は多いでしょう。すでに、一般の方から私たちの研究室にしばしばメールが来ています。音楽家の方から「今から絶対音感を身につけるには、臨界期を再開させる効果があるとされるこの薬をどれぐらい飲めばいいのか？」といった問い合わせもありました。そういう人にはまず、この領域には未解明の点が多いことをきちんと伝える必要があります。

一方で、子育て中の人や幼児教育に関わる人、とりわけ10代のシングルマザーやその周囲の人には、幼児の脳の臨界期について正確な知識を十分に得てもらえるようにしなくてはなりません。どちらの方向にせよ、必要な人にこの知識を誤解なく届けるためには、科学と一般社会との間に架け橋が必要です。私たちはそのために文化人類学の素養をもつ人たちと緊密に協力しています。彼らは科学の言葉を一般社会の言葉に置き換えて説明する訓練を受けているからです。

こうした問題に対処し、世界をよりよい場所にするためには、神経科学の研究者だけでなく、様々な分野の科学者や政策立案者を含めた世界最高の知性が必要です。

私たちの身体の成り立ちを観て、識って、操る

再生医学

Regenerative Medicine

伊藤 暢
ITOH Tohru
東京大学
定量生命科学研究所
特任准教授

神奈川県立湘南高等学校卒業。1993年東京大学理学部生物化学科卒業。1998年東京大学大学院理学系研究科生物化学専攻博士課程修了。東京大学医科学研究所 日本学術振興会特別研究員、ソーク研究所（米国カリフォルニア州）博士研究員、東京大学分子細胞生物学研究所 准教授などを経て、2018年から現職。AMED-PRIME適応・修復 研究開発領域一期生。研究テーマは「肝臓の発生・再生メカニズムの解明」。

研究分野は？

肝臓が再生する仕組みを解き明かす

再生医学は臨床や産業への応用までを含む広い学問領域ですが、基礎的な面から支える研究分野として、生き物の様々な組織や臓器、個体全体がどのように形作られるかを研究する発生生物学（発生学）、組織の維持・修復を研究する再生生物学、組織や臓器に存在する**幹細胞**❶と呼ばれる特殊な細胞群の性状・機能を解析する幹細胞生物学などがあります。そして、これらの研究から得られた知見に基づき、病気や怪我で失われた身体の組織や臓器を治療・回復・再生する治療法の開発が進められています。例えば、京都大学の山中伸弥教授が開発した**iPS細胞**❷から様々

❶ 未熟な細胞で、成熟した細胞に成長する「分化能」と、分裂によって自分自身を複製して増やす「自己複製性能」を持っている。どのようなソースに由来するかや、どれだけ多様な細胞に分化できるかで分類されている

な種類の組織や臓器を人為的に誘導して作製し、移植することを目指す再生医療の研究開発が盛んに行われています。また、生体外で作製した組織や臓器は、疾患発症のメカニズムの解明や治療法の開発、創薬過程での薬の効果・副作用の検討などにも活用できると期待されています。他にも東京大学の中内啓光・特任教授は、ブタなどの家畜の体内で人間の膵臓などの臓器を作るという研究に挑戦しています。移植などにもちいる臓器を提供するドナー不足は世界的にも深刻な問題となっており、これを解消する一つの方法として注目を集めています。

　再生医学の分野の中で、私自身は肝臓の再生の基礎的な研究に携わっています。肝臓を人為的に再生するための戦略や手法は様々あり、生体外で幼若なミニ肝臓を作製したという画期的な研究成果もありますが、残念ながらまだ成熟した肝臓の作製には誰も成功していません。体の中にある肝臓の細胞（肝細胞）を採取してシャーレの上で培養しても、細胞が持っていた機能を維持することができていないのが現状です。「完成品」であるはずのものを維持できないということは、作製した肝臓であっても本当に成熟した段階で保つのは難しいということになります。肝臓の再生の実現にはまだ多くの課題がある状況です。

　私が特に注目しているのは肝臓の中にある「胆管」という組織で、これは肝臓（肝細胞）が作った胆汁を腸管に流すための管を形作っています。臓器の中にはそれぞれ、その維持や再生に関わる幹細胞（組織幹細胞）があるとされていますが、肝臓についてはいまだにその存在すらよく分かっていません。それでも様々な知見から、胆管の組織の中に肝臓の再生や維持に関わる幹細胞のような細胞がいる可能性が指摘されていたので、胆管に興味を持ち、研究を始めました。そしてマウスを使った基礎研究で、胆管の管の中に万年筆のインクを流し込み、肝臓を丸ごと透明

❷ induced pluripotent stem cellの略称で、人工多能性幹細胞ともいう。皮膚や血液などの成熟した細胞の遺伝子に働きかけ、未熟な幹細胞に戻す技術を京都大学の山中伸弥教授の研究チームが開発し、２０１２年にノーベル医学・生理学賞を受賞した。受精卵から作製するES細胞（胚性幹細胞）と比較して倫理的な問題や制約が少なく、すでに網膜の細胞に育てて加齢黄斑変性の治療に役立てることを目指した治験などが進められている。

■ 再生医療と発生生物学・再生生物学

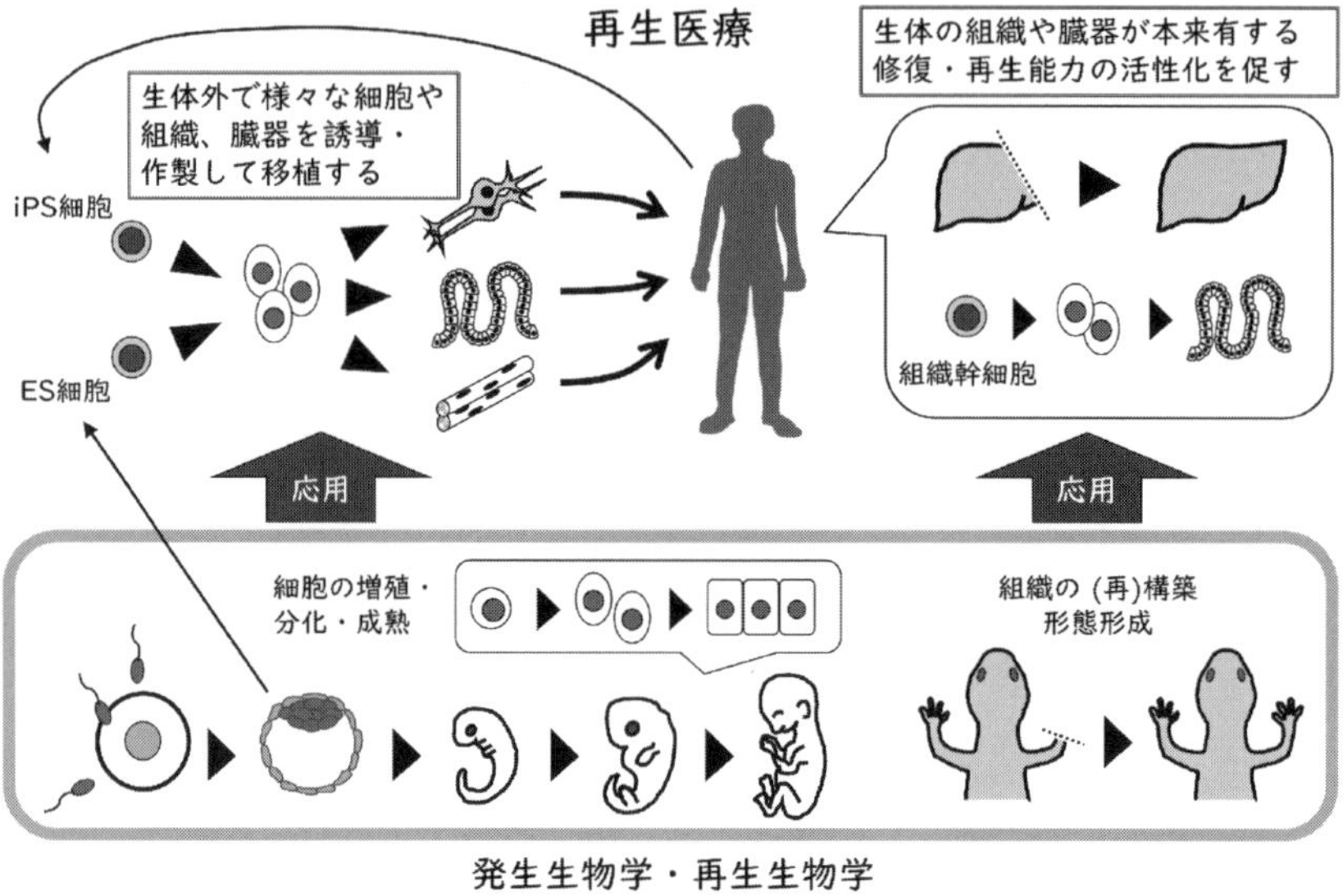

■ 肝臓の中の胆管の可視化と、肝障害にともなう組織リモデリング

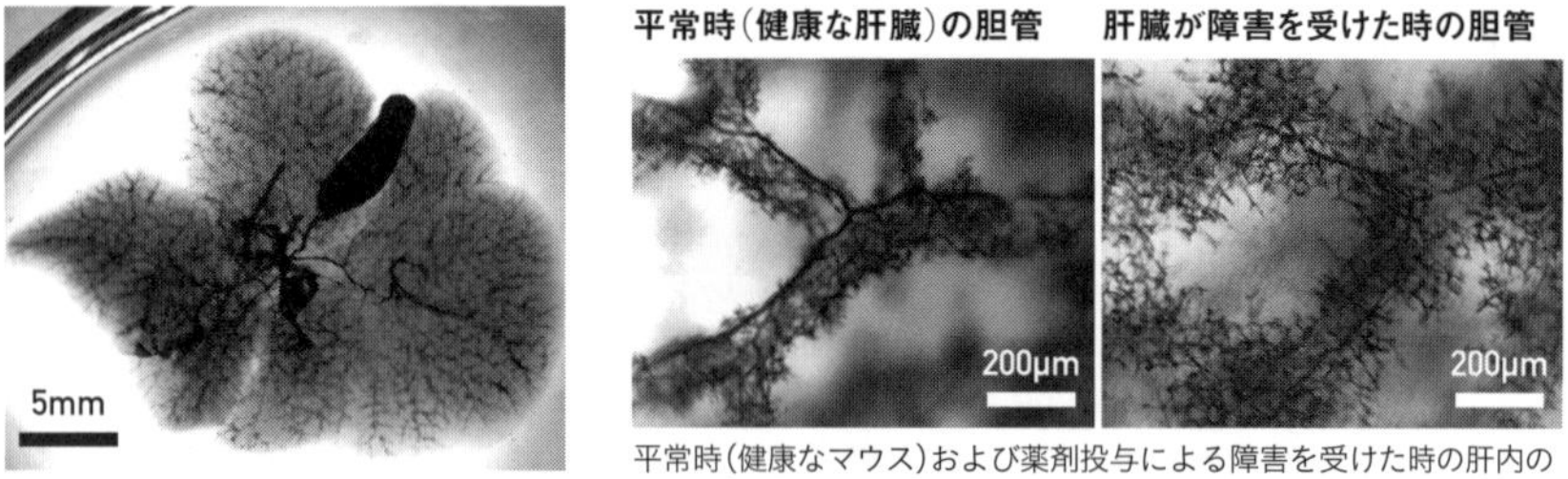

胆管にインクを注入した後に透明化したマウス肝臓の全体像。黒い大きな塊は胆のう。

平常時（健康なマウス）および薬剤投与による障害を受けた時の肝内の胆管の拡大図。組織構造の変化に注目してほしい。

出所：Kaneko K. et al., Hepatology, 2015, 61:2056 より引用改変。

化する技術と組み合わせて、胆管の三次元構造を観ることに成功しました。最先端の研究分野でも、意外とこうしたアナログな手法が突破口になることがあります。そして薬剤などの影響で肝臓が障害されると、この胆管の三次元構造がダイナミックに変化する**組織リモデリング**❸が起きることを見つけました。それまでは胆管は地面の中にある土管のようなもので、ただそこにじっとしているというイメージでしたが、実は肝臓の状況に応じて大きく変化していたわけです。もともと肝細胞は高い再生能力を持っているのですが、それをサポートする役割を胆管が担い、肝臓の機能や再生に想像以上に貢献しているのではないかと考えて研究を進めています。

人の病気の治療に役立てることを目指した研究でも、人の体を使って自由に実験ができるわけではありません。マウスなどをもちいた基礎研究からも、まだまだ多くの発見があります。肝臓にかぎりませんが、実際に身体の中で肝臓がどのような構造をもって、どう機能しているのか、本来の状態の肝臓についての正確な理解がなければ、生体外で作ったものが本当に「肝臓」なのかは確認のしようがありません。生体内、生体外の両方で様々な研究を進めて得られた知見を融合していくことが必要だと考えています。

❸ 病変や障害が生じた組織で細胞の種類や性質、配置が変わり、組織の構造が変化する現象。

最終到達点は？分野の成り立ちは？

細胞を操り、生き物の体をデザインする技術の創出

再生医学の分野のゴール（目的、使命）は病気や怪我の治療や診断、予防に関わる新たなオプションの提供を通じて人々や社会の健康と福祉に利益をもたらすことにありますが、発生生物学や再生生物学といった基礎的分野に関してはむしろ、研究者個人の知的好奇心に基づいて進めら

れている側面も大きいと思います。そうした探究活動に終着点があるのかわかりませんが、発生や再生の仕組みを「理解できた」と言えるかどうかの指標として「生き物の形・身体作りを自在にデザインできるようになる」というのは一つの到達点になると思います。細胞や組織、臓器、さらには生物個体をも自在に作製する技術が開発されれば、多くの疾患を治療できるようになります。老化した臓器を置き換える「若返り治療」も可能になるかもしれません。生命倫理の問題をはらむ技術でもあり、何をどこまで許容するのか、社会全体で議論する必要が生じてきます。

　肝臓が高い再生能力をもつ臓器であるということは、ギリシャ神話の中に登場する**プロメテウス**❹のエピソードからも分かるように、はるか昔の紀元前から知られていました。肝再生の研究については19世紀の文献にもすでに多数の記述がありますが、ラットなどの動物モデルを使った部分肝切除という実験生物学的解析手法は1931年の報告によって確立されたとされています。もっぱら組織学的な観察が中心ですが、種々の薬剤を用いた肝障害・再生の研究も20世紀半ばから盛んに行われてきました。そうした長きにわたる研究により、肝再生のメカニズムについては多くの知見が蓄積していますが、その一方で例えば何が肝臓の大きさを感知して決めているのかといった、素朴かつ本質的な疑問もまだまだ多く残されています。

　20世紀後半になると遺伝子組換え技術の登場により、発生や再生に関わるメカニズムを分子や遺伝子のレベルで調べることが可能になりました。さらに、遺伝子解読技術（**次世代シークエンサー**❺）や最近のゲノム編集技術の急速な進歩、また、iPS細胞技術やミニチュア人造臓器ともいえる**オルガノイド**❻の培養技術の登場により、この分野は新たな展開を見せています。当初はいくつかの限られた「モデル生物」を対象として研究が進められていましたが、あらゆる生物種が

❹ ギリシャ神話の神の一人。ゼウスの反対を押し切って人間に火を与えたため、生きたまま磔にされて鷲に毎日肝臓をついばまれるという拷問を受けた。不死のプロメテウスの肝臓は毎夜再生したため、拷問が長く続いた。

❺ DNAの塩基配列を読み取る技術で、従来の技術よりも高速で効率的に解読できる。個人のDNAの解読を元にしたテーラーメード医療などの実現に役立つと期待されている。

❻ 生体外（シャーレ上での培養など）で3次元的に作製された臓器。ES細胞やiPS細胞を特定の条件下で培養すると、自己組織化によって3次元的な小さな臓器を作製することができる。

解析対象となりつつあります。何より、「ヒト」を対象とした発生学・再生学の実験が現実的なものとなってきたことで、今後、研究の進展が加速度的に進むと同時に、社会へのインパクトも増大すると思われます。

最近は、学科や学部の枠を越えた連携が進んでいます。幹細胞の分野でも、今は工学系の研究者との連携は欠かせません。細胞を育てる環境を整える上で、化合物をうまく使ったり、物理的な刺激を活用したりするのが有効であることが明らかとなってきています。単に培養するのではなく、人工的な流路を作って血液の流れを再現したり、さらに、別々に作った肝臓や腸、心臓の細胞やミニ臓器を工学的なデバイスでつないで臓器間の連携や相互作用を見る「**オーガン・オン・ア・チップ（organ-on-a-chip）**❼」あるいは「**ラボ・オン・ア・チップ（lab-on-a-chip）**❽」を使った研究も進んでいます。バイオインフォマティクスや、臓器を3次元的あるいは多次元的に観察して得られる大量の画像データを処理するために、高性能なコンピューターや人工知能の活用も益々重要となってきています。

2030年、2050年は？

技術的ブレークスルーで臓器を効率的に作製

研究・開発を進めて行く中で、何か大きなブレークスルーがあるのは間違いないと思います。例えば「**クリスパー・キャス9**❾」は誰でも簡便にゲノム編集ができるようにした技術で、再生医学分野にも絶大な影響を与えています。同じようなインパクトがある新しい技術は今後も登場するのではないでしょうか。

❼ 生体機能チップとも呼ばれる。ガラス基板に微細加工技術で流路などを作り、生体内に近い環境で臓器の細胞を培養する。

❽ ガラス基板に微細加工技術で流路などを作り、これまでは実験室規模で行われていた実験の操作をガラス基板上でできるようにしたもの。

❾ キャス9という酵素を使い、細胞のゲノムの狙った場所を簡単に改変できるようにした技術。2020年のノーベル化学賞受賞テーマとなった。

肝臓の生体外での作製について言うと、現状では肝臓の個々の細胞を誘導する技術・方法論はできつつありますが、機能的な臓器を作るのに十分な数の細胞を培養して育てるには莫大なコストがかかるのが課題の一つです。細胞の増殖や分化を促すためには特殊で高価な培地やタンパク質、化合物、培養装置などを使わなければならないからです。今後、何か全く違う発想、それが化学的なものなのか、工学的なものなのか想像もつきませんが、今の方法を置き換えられる新たなアプローチが見つかったら、臓器の作製効率が飛躍的に向上して、簡便に大量に早く作れるようになるのではないでしょうか。自宅で肝臓を育てるというようなことも、もしかしたら可能になるかもしれません。

一方で、研究環境は再生医療に対するそれぞれの国ごとに規制や倫理的なルール、社会の受容の度合いが異なるため、かなり差があるように感じます。日本では実施できないような移植の実験や、**キメラ胚**[10]の作製などで、他国では研究が進んでいる例があります。自分のやりたい研究ができる国に出ようという人も増えてくるかもしれません。また、再生医学の研究では細胞の培養や実験動物への移植など、実際に手を動かす人が必要です。ラボオートメーションも進むでしょうが、人材育成・人的資源の確保は益々重要な課題になると思います。

[10] 異なる遺伝情報を持つ細胞が混ざった胚。ヒツジやブタの受精卵に、ヒトのiPS細胞を注入したキメラ胚の研究などがある。

未来社会との接点は？

倫理や規制、社会の中でバランス探って研究推進

再生医療の分野は進展が目覚ましく、新しい知識と情報は増える一方です。同時に、「幹細胞」や「再生医療」などのキーワードを謳いながら十分な科学的根拠をもたない治療が行われるなど、

社会的影響も大きくなっています。どのように体系立てていくのか、現代社会を生き抜く「リテラシー」として、特に若い世代に何を伝えていくのか、考えていく必要があります。教育という点では、コロナ禍の影響もあってオンライン講義が主流となる中で、ヒトや生物の身体という「なまもの」を実際に感じたり触れたりする体験をどこまで維持できるか、維持しなければならないのか、何をどう置き換えるのか、そういうことも考えなければいけないと感じています。

この分野は、設備さえ揃っていれば技術的には実現可能である（と思われる）けれども倫理的に複雑な問題をはらむ、ということが多々あります。その一歩を踏み出す前に十分な議論がなされ、社会的なコンセンサスや法規制、倫理的なルールが醸成されるというのがあるべき姿ですが、国や地域による違いがあったり、フライング気味に踏み出してしまう研究者がいたりという現実があります。後から振り返るとそうやって科学技術が進んできたという部分もあるとは思いますが、難しい問題であり、先を見通す力や想像力が求められます。例えば臓器を作製することを考えた場合、生体外で個別に育てていくよりも、ある程度のまとまりをもった個体丸ごとに近い状態で作ってから必要な臓器を取り出す方がうまくいくのかもしれません。どこまで、もしくはどこからが「ヒト」なのか。生命の尊厳はどう考えるのか。クローン人間の創出を想像すると、自分や自己、自我や意識とは何なのかといったことにも考えが及びますが、答えは出てきません。また、救える命が増えて寿命が延びるのは、反面で、社会全体で見ると高齢化社会を加速させる要因にもなりえます。高額な医療費をいかにして賄うのか、いろいろな制約がある中で疾患治療における優先順位はどう付けるのか、といった課題も出てきます。社会として様々なリスクをどう評価し、どのようにバランスをとっていくのか、常に考えていく必要があります。

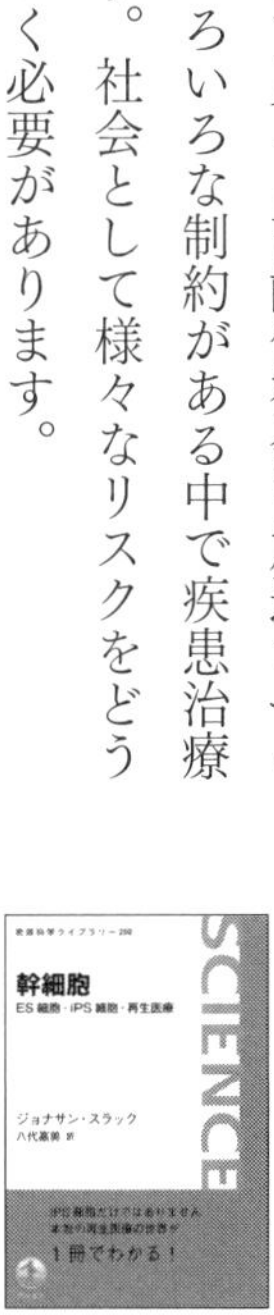

おすすめの本

ジョナサン・スラック 著
八代嘉美 訳
『幹細胞　ES細胞・iPS細胞・再生医療』
（岩波書店）

ロドプシンが拓くタンパク質科学の地平

生物化学

Biochemistry

井上圭一
INOUE Keiichi
東京大学
物性研究所・准教授

2006年4月～2007年3月 日本学術振興会・特別研究員（DC2）。2007年4月～2009年 10月 東京工業大学資源化学研究所・四大学アライアンスポストシリコン事業教員。2009年11月～2016年3月 名古屋工業大学大学院工学研究科未来材料創成工学専攻・助教。2012年10月～2015年11月 科学技術振興機構（JST）・さきがけ研究者（兼任）。2015年 12月～2019年3月 科学技術振興機構（JST）・さきがけ研究者（兼任）。2016年4月～2018年3月 名古屋工業大学大学院工学研究科生命・応用化学専攻・准教授。2018年 4月～現在 東京大学物性研究所・准教授。

研究分野は？

様々な機能をもつ微生物ロドプシンのメカニズムを化学の目で解明する

私は微生物ロドプシンというタンパク質を研究しています。タンパク質を研究する分野はタンパク質科学と呼ばれますが、生物学、化学、物理学など既存の学問のどれか一つに属する分野というよりは、複数の学問にまたがる境界領域です。研究者ごとにさまざまなアプローチがあり、私は主に化学の観点から研究してきました。

ロドプシンとは、ギリシャ語でバラ色を表す「ロドン」と、視覚を表す「オプシス」を合わせて作られた用語です。ヒトなどの動物の眼の網膜で光に反応する物質として発見され、ピンク色をしていたことからこの名前がつきました。最初はこの物質がタンパク質であることもわかっていなかったのですが、いまでは「**レチナールが結合して光に反応するタンパク質**」❶をロドプシンと呼んでいます。レチナールとはビタミンAの一種です。

ロドプシンはずっと、動物が物の形や色を見るための光センサーの役割をしているタンパク質として研究が行われてきました。ところが1970年代から、細菌や藻類などの微生物が、これまで知られていた動物のロドプシンとはまったく別の進化の過程で生まれたロドプシンをもつことがわかってきました。この微生物ロドプシンは、光に反応して水素イオンやナトリウムイオン、塩化物イオンなど様々なイオンを運んだり、光で酵素反応を制御したりと機能も実に多様です。

しかしこの微生物ロドプシンのファミリーは多様な機能のバリエーションがあるのに、タンパク質としての形、つまり分子構造はそれぞれ非常に似通っています。当然ながら、くっついている色素も同じくレチナールです。ならば、それほど多様な機能はどのように生み出されているのか。その分子メカニズムを解明しようというのが私の研究テーマです。

最終到達点は？

タンパク質の機能の多様性がどこから生み出されているかを知ること

タンパク質科学の大きな目的の一つは、地球上にあまた存在するタンパク質の多様な機能がどう生みだされるのかを解明することだと言えます。

微生物ロドプシンの研究はそれに大きく貢献できる分野だと私は考えています。なぜなら、人間の体には2万種類以上のタンパク質があり、それぞれに機能が異なりますが、その機能分化が

❶タンパク質は無色透明のアミノ酸が連なったものであり、そのままの状態では可視光を吸収できないが、色素が結合したタンパク質は吸収することができる。光に反応するタンパク質は複数種あり、多くのものがそれぞれに固有の色素を持つが、その中でレチナールを使うものがロドプシンである。

■ バクテリオロドプシンの構造（左）と多様な機能を持つ微生物ロドプシン（右）

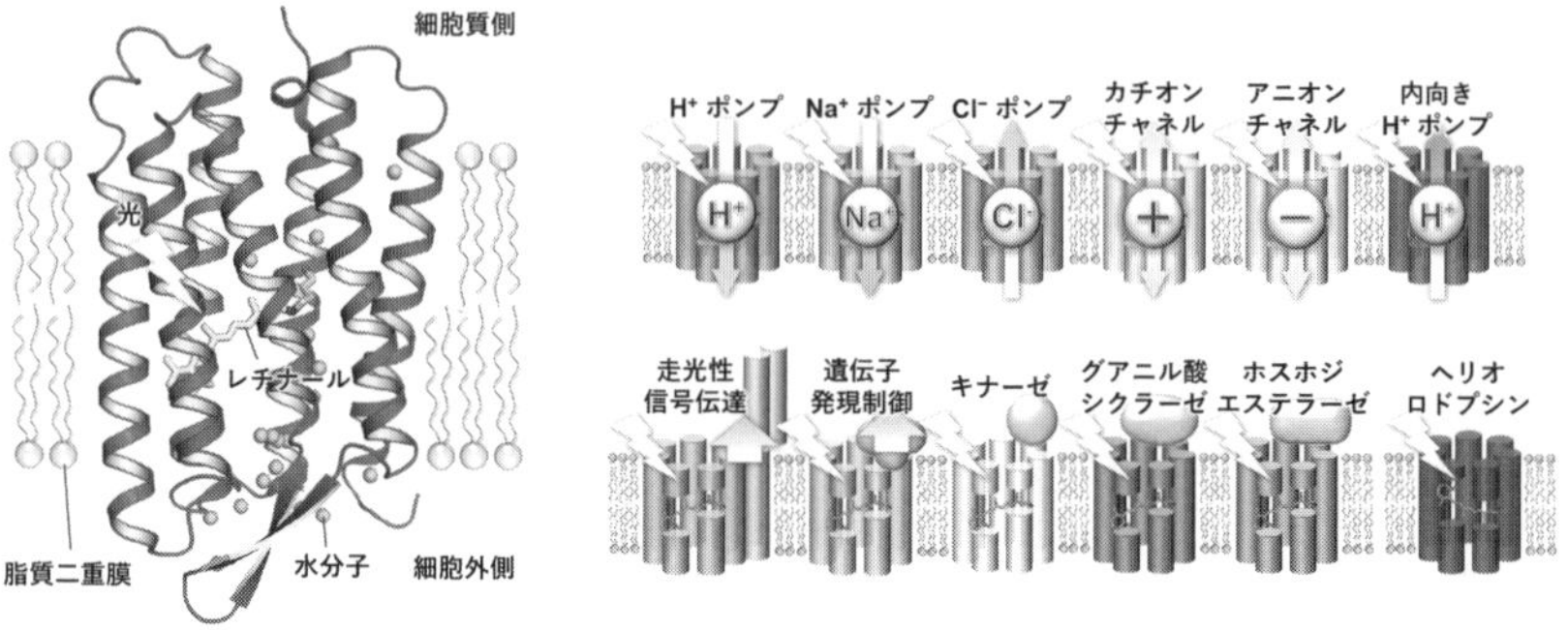

どこで起きたのか解明しようとしてもそれぞれの構造に違いがありすぎて、比較はほとんど不可能です。その点、微生物ロドプシンは、それぞれ構造はそっくりで、機能が違う。何が機能の違いを生みだすのかを解明するにはうってつけのモデルとなる分子なのです。

　私自身の研究の目標は三つあります。自然界に存在する微生物ロドプシンの数はこれまで1万種以上が確認されていて、現在も様々な生物種のゲノム解読にともなってその数が急激に増加しています。そこで、新たに発見されたロドプシンがどのような機能をもつのかを余すところなく明らかにしていくことが私の仕事の一つです。

　二つ目はそれらの機能がどう発現されるのかというメカニズムを統一的に理解することです。たとえば、水素イオンを細胞内から細胞外へ汲み出す機能をもつロドプシンは、ナトリウムイオンには決して反応しません。その区別はいったいどこでどのように行われているのか。微生物ロドプシンはこれまでわかっているだけで10種類以上の機能を持っています。各機能がそれぞれどういうメカニズムで動くのかを解明することももちろん重要ですが、さらに大元の、微生物ロドプシンに多様性が生まれるメカニズムの解明にも迫りたいというのが私の目標です。

三つ目が、様々な微生物の中でどのような生理活動に微生物ロドプシンの分子機能が結びついているのかという、より高次のつながりを明らかにしていくこと。Aという微生物ロドプシンがBという酵素反応をコントロールすることがわかっても、酵素反応とは一つの化学反応でしかありません。Bという反応がロドプシンAを持つ生物の体全体にどう影響を与えているかまで解明するには、その生物の体をまるごと対象にした実験をしないといけないのです。たとえば、ある菌類がもっている微生物ロドプシンは光によって酵素反応を制御する機能をもっていて、さらにその菌類では、光の当たり方によって胞子の運動性が変わることが明らかにされています。すなわちロドプシンの起こす酵素反応が菌類の体の中で最終的に遊泳パターンの変化へとつながっているわけですが、ここまで解明されている例はまだごくわずかです。

分野の成り立ちは？

解析技術の進展に支えられて研究が進み、神経科学にも画期的な進歩をもたらした

タンパク質はずっと、生物の体を構成する「素材」だと思われてきましたが、デンプンを糖に変えるなどの「化学反応を駆動する」タンパク質もあるとわかったのが1830年ごろでした。19世紀の終わりごろから**E・ブフナー**[2]らが、アルコール発酵にタンパク質が関わっていることを見出しました。それまではある物質が別の物質に変化する理由がわかっておらず、生物特有の「気」のようなものによって変化が起こされていると考えられていましたから、これは大発見でした。

[2] エドゥアルト・ブフナー（1860〜1917年）。ドイツの化学者。酵母をすり潰した液を用いた実験により、生きている細胞なしでもアルコール発酵が起こることを発見。発酵を行う因子がタンパク質であることを推定した。この業績により1907年にノーベル化学賞を受賞。

■ 微生物ロドプシンを使った神経の光操作技術（オプトジェネティクス）

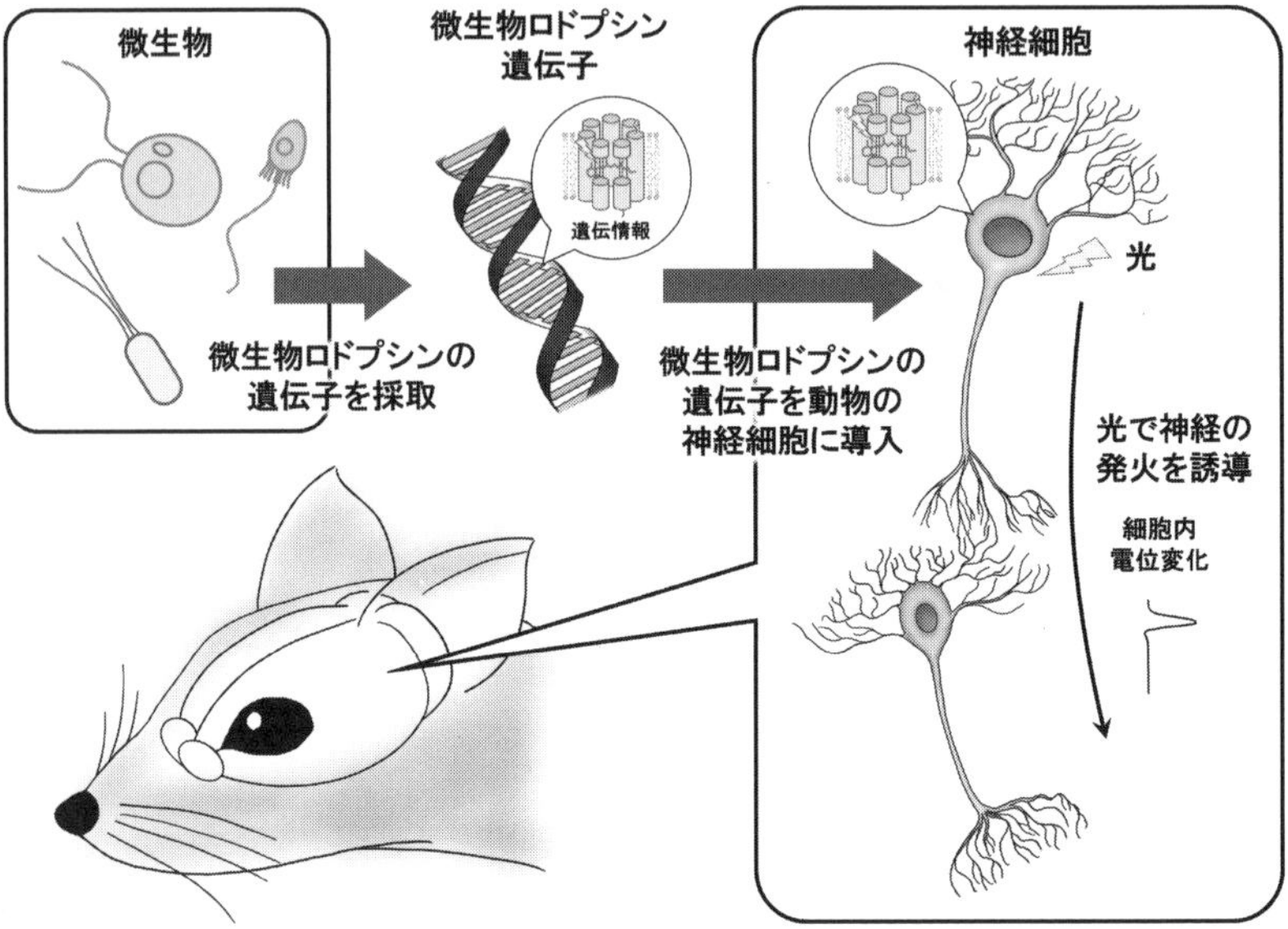

この時がタンパク質科学のスタートと言っていいと思います。

人間の眼の網膜に光センサーとして働く分子が見つかったのも19世紀です。ロドプシンと名づけられたこの分子は後にタンパク質だとわかり、視覚情報をどのように伝達するのかが主に研究されてきました。

人などの動物がもつロドプシンとはまったく異なるロドプシンが微生物から発見されたのは、それからだいぶ年月が経った1971年のことでした。

初期の微生物ロドプシン研究では、塩湖などの極端な環境にすむ微生物から取り出したロドプシンのアミノ酸配列解析などによって、ロドプシンがどうやって機能を発揮しているのかを探る研究が行われてきました。20世紀の終わりごろにはロドプシンを結晶化して三次元的に分子構造を解析することができるようになり、一気に理解が進みます。

そして2000年ごろから、特定の生物種のゲノムを読む技術や海洋など水中の微生物のDNA断片をまとめて調べるメタゲノム解析技術の進展に伴い、それまで考えられていたよりもはるかに多種多様な微生物がロドプシンをもち、その機能も多彩であることが明らかにされつつあります。

2005年には微生物ロドプシンが神経科学に応用されるという大きな出来事がありました。微生物ロドプシンを動物の脳などの神経細胞に発現させ、神経の発火を光でコントロールする技術が開発されたのです。光を当てることで特定の神経細胞を活性化させたり、抑制したりできる画期的な手法です。これによって「オプトジェネティクス（光遺伝学）」という新しい学問領域が誕生しました。

ただ、オプトジェネティクスでは体の外から光を当てて神経細胞を操作します。太陽光を吸収して働くべく進化してきた自然のままの微生物ロドプシンは、体表面に近いところであれば問題なく使えますが、体内深部で反応させようとすると効率がよくないのが難点です。しかし、外から当てても体の奥まで届く近赤外光をよく吸収するロドプシンを発見するなり人工的に作れれば、光遺伝学は大きく進展するでしょう。いま、世界中のロドプシン研究者がその方法を探しています。私にとっても主要な研究テーマの一つです。

また、ロドプシンは動物ロドプシンと微生物ロドプシンの二つのファミリーに大別されてきたのですが、私も参加していた国際共同研究のグループは、右の二つとは異なる「第3のロドプシン」の存在を発見し、2018年に報告しました。この第3のロドプシン（ヘリオロドプシン）

はわかっているだけで500種以上あり、しかも微生物どころか巨大ウイルスにもあることがわかりました。生物が光をどう活用しているかを分子レベルで知る上で、極めて重要な存在であることが推測されます。

第3のロドプシンの構造は解析されましたが、機能はまだわかっていません。その解明はロドプシンの分子メカニズムの研究を専門とする私の役割だと思っています。

2030年、2050年は?

メカニズムの解明が進み、有用な人工ロドプシンの作成が現実味を帯びてくる

現在、微生物ロドプシンの数は1万種と言われています。しかし今後はメタゲノム解析などによって急速に探索が進むでしょう。10年後に10万種、100万種へと増えていても不思議ではありません。多くの新しいロドプシンが見つかれば、その中にはオプトジェネティクスや医療応用などに適したものもあるだろうと期待できます。

また近年大きな注目を浴びている**クライオ電子顕微鏡**❸によって、これまでにないレベルでロドプシンのメカニズムが明らかになっていくはずです。クライオ電顕なら、結晶中でなく溶液中に近い形を直接見られるので、より細胞内に似た環境における、ロドプシン本来の構造を明らかにできるようになります。おそらく数年のうちに最初の実験報告がなされると思われます。

そこから考えると、2030年には「ロドプシンで何がどう動いているか」はかなり詳細にわかってきているでしょう。2050年にはその知見をもとに、新しい機能をもつロドプシンを人

❸「クライオ」は低温・凍ったの意。タンパク質などの試料を極低温で凍結させた状態で観察する電子顕微鏡。試料の結晶化などのプロセスを必要とせず、より天然に近い状態で観察することが可能。

工的に作る段階に入っているのではないかと思います。

実は、医療分野では微生物ロドプシンを視覚再生に使えないかという模索がすでに始まっています。網膜の細胞（視細胞）の変性が視力低下や失明をもたらす網膜色素変性症という病気がありますが、その病気に対し、生きている別の神経細胞に微生物ロドプシンを導入して光センサーとしての機能をもたせるというオプトジェネティクス的な治療法が現実味を帯びてきているのです。米国ではすでにベンチャーも立ち上がり、研究開発のスピードが指数関数的に加速しているので、10年後は今から予想もつかないほど進んでいる可能性があります。

こうした治療法の開発についても、ロドプシンのイオン輸送メカニズムが解明できていれば、自然界のものより１００倍も１０００倍も効率的にイオンを輸送するロドプシンを作ることも原理的には可能になります。先ほどお話しした、神経科学の分野で使うロドプシンの光の吸収波長を変えようとする試みも世界中で行われています。とはいえ、「どう作るか」にはまだ課題があります。

微生物からロドプシンを取り出し、構造を解明し、そこから「どこを変えればもっと効率よく働くものになるか」を考え……というプロセスでは時間も手間もかかります。そこで私はいま、ＡＩの一つである機械学習の研究者と共同で、ロドプシンを構成しているアミノ酸のどの部分の配列を変えればロドプシンの吸収波長を変えられるかを機械学習で見出すというプロジェクトを進めています。このようなタンパク質の機能向上にＡＩを使う手法は今後10～20年の間に大きく進歩し、実用化されるだろうと期待します。

医療応用に加え、バイオエタノールや塩害に強い作物への応用など広範な可能性が

これまでお話ししてきた医療応用は、この研究分野と社会との接点として非常に大きなものの一つです。ロドプシンを利用する視覚再生には多くの研究者やベンチャーが取り組んでいますが、私たちは筋組織の再生にも微生物ロドプシンが使えるのではないかと考え、研究を進めています。筋繊維のもとになる**筋芽細胞にロドプシンを発現させ、光を当てることで効率よく筋組織に分化させる、という方法**[4]です。長期入院によって筋力が落ちてしまった人や「筋萎縮性側索硬化症（ＡＬＳ）」により筋委縮してしまう人のリハビリを助けるものになると期待しています。

もう一つは微生物ロドプシンのエネルギー生産能力の応用に可能性があります。微生物ロドプシンの中には水素イオンを輸送することで、細胞のエネルギー源となる物質（ＡＴＰ）を合成するために必要なエネルギーを生み出すロドプシンがあります。つまり、このロドプシンをもっている微生物は、光さえあれば自身でエネルギーを作ることができるのです。その能力を利用すれば、人間の社会で有用な微生物に微生物ロドプシンを遺伝子導入することで、その微生物の生育を太陽光によって促進し、バイオエネルギーなどの生物資源の増産につなげることができるのではないかと期待されています。

あるいは、農作物にナトリウムイオンを運ぶ微生物ロドプシンを導入すれば、自身の体から塩分を排出する能力が高い作物が作れ、塩分濃度が高すぎて作物が育たない土壌でも耕作が可能になるかもしれません。

❹ 筋芽細胞をそのままシャーレの上で培養すると1割ぐらいしか筋肉の細胞にならないが、微生物ロドプシンの一種であるチャネルロドプシンを発現させておいて光を当てると、筋肉の細胞に分化する割合が2倍以上になる。

このように微生物ロドプシンは、機能が多様であるがゆえに、学術面においても社会貢献の面でも広範な可能性を持っています。そのことは、私たち研究者にとってモチベーションにもなっています。

また、これまで生物の教科書には、光と生物の関係といえば動物の視覚と植物の光合成ぐらいしか載っていませんでした。しかし、光によってエネルギーを作れるのは葉緑体のように光合成能力をもつものだけではないことが、微生物ロドプシンの存在によって明らかになってきました。実は微生物ロドプシンは、海洋におけるエネルギー生産に大きく関わっていて、微生物ロドプシンが利用する太陽光の量は、海洋中の光合成で使われるものに匹敵すると考えられます。その全貌がより明らかになってくれば、中学校や高等学校の教科書を書き換えるほどのインパクトを持つ知識になるでしょう。そのために、いま、私たちが基礎的な知見を積み上げていきたいと思っています。

おすすめの本

日本光生物学協会
光と生命の事典 編集委員会
『光と生命の事典』
（朝倉書店）

生命はフクザツケイ　メダカが教えてくれた見方

放射線生物学

Radiobiology

尾田正二
ODA Shoji
東京大学 新領域創成科学研究科
先端生命科学専攻 准教授

東京大学理学部生物学科動物学教室にて理学修士取得、1994年に博士課程を単位取得後満期退学し、その後95年に博士（理学）取得。獨協医科大学第1生理学教室研究員、東京女子医科大学第２生理学教室助手を経て、2003年より東京大学新領域創成科学研究科 先端生命科学専攻講師。2008年12月から15年３月まで、宇宙航空研究開発機構（ＪＡＸＡ）の非常勤主任研究員を兼務し、「宇宙メダカ計画」に参画したことをきっかけにメダカそのものを研究する方向に転身。10年６月から現職。

研究分野は？

放射線の体への影響を解明する放射線生物学

17年前に東大柏キャンパスの放射線生物学の研究室に着任しました。この分野は、放射線をがんの治療に利用する放射線医学ともつながりがあり、また、古くは核戦争の後にどうやって人類が生き残るかということを一つの課題として意識しながら進んできました。放射線が生き物の体に当たると何が起こるかをひたすら調べ、どういうふうに活用すればメリットの方がデメリットを上回るか、経験を積み重ねて試行錯誤してきたといえます。

私達の研究室では昔からメダカを実験動物にしていますが、人間と同じ脊椎動物で遺伝子の組換えや人為的に遺伝子を破壊（ノックアウト）できるため、最近は生命科学の多くの分野でメダカがモデル動物として使われるようになっています。これまで放射線生物学では、例えば実験で10**グレイ**❶の高い線量の放射線をメダカなどに当てるということをしてきました。人間だったら全員が1カ月以内に死亡するレベルですが、メダカは死にません。ただ、メダカのオスでは精子を作る細胞が死んでしまうので一時的に生殖機能が失われたり、造血機能にも影響を与えるので体の免疫機構に変化が出たりしますので、そのプロセスを観察してきました。もう少し弱い放射線を被ばくすると人間でも同じことが起こります。人間での放射線症状を軽減する方法を探す研究とも言えますが、結局はその方法を人間に試すことはできないので、実際に役に立つかどうかはよく分からないままになってしまうことも多いです。

　放射線によって損傷するだけでなく、生命にとって大事な遺伝子が壊れてしまうと生き物は死んでしまいます。逆に壊れた遺伝子がさほど重要ではないと、今度はほとんど影響が現れません。例えば、遺伝子の生理的な機能を調べようとしてその遺伝子をノックアウトしても、マウスでもメダカでもほとんど影響がなくて研究が進まないこともめずらしくありません。そうこうしているうちに宇宙航空研究開発機構（ＪＡＸＡ）と宇宙放射線の生物への影響を調べる研究が始まり、これまでのように体の中の細胞の一つの遺伝子や分子に着目していた研究から、生き物を一つの個体として捉える方向へと視点を移すことになりました。

　例えば火星に行くために宇宙飛行士が宇宙環境に長期間滞在すると、宇宙放射線や無重力など宇宙の特殊な環境によって未知の生理的な影響が出る可能性が危惧されています。それをメダカで研究したいと、日本人初の女性宇宙飛行士で当時ＪＡＸＡの宇宙医学生物学研究室の室長だっ

❶ 放射線がものに当たった時にどれくらいのエネルギーを与えたのかを表す単位で、吸収線量のこと。別の「シーベルト」という単位は、放射線が人体に当たった時にどのような健康被害が出るかを考慮して、吸収線量に臓器や組織ごとの影響の受けやすさを加味している。

た向井千秋さんが指揮をとって研究が始まりました。その中で改めて、そもそも健康なメダカってどういう状態なのか議論となり、専門家のはずの自分がその問いに答えることができなかったことが原点に立ち戻るきっかけになりました。私たちはメダカの何を見てメダカが元気と判断しているのか？　考えてみれば人間もお互いに顔色や歩き方などで相手の健康状態を判断しています。メダカもちゃんと動ければ健康上に問題がなく、動けなければどこかしら問題がある、ということになります。ＪＡＸＡとの共同研究をきっかけとして個体としてのメダカそのものに目が向くようになり、飼育しているメダカを家庭用のハイビジョンビデオカメラで録画し、映像の中のメダカの動きをコンピューターで数値化して解析するという手法の研究が始まりました。

最終到達地点は？
分野の
成り立ちは？

ミクロからマクロへ、生物の見方のシフト

現代の生命科学や医学、生物学は還元主義的な見方が主流で、生き物の体を構成する分子までたどってゲノムと照らし合わせながら相互作用を記述する方法で「命」を理解しようとしてきました。私も大学院生の時期から約30年間ずっとその方針に沿って研究をしてきましたが、宇宙メダカの研究をきっかけにこのアプローチだけでは限界があると感じるようになりました。

メダカを国際宇宙ステーションで３カ月飼育する計画で、ＪＡＸＡはエサの質と量や水の温度、酸素濃度など考えられる最高の生存環境をメダカに提供する飼育システムを開発しました。しかし、さらに検討を進めると、これまで「最適」と思われてきたことが必ずしもメダカの体にとって良くないということが分かってきました。例えば、毎食満腹になるまで食べることはメダカに

良くないです。自然の動物はいつもお腹が空いているのが当たり前なので、お腹が空いていないといけないんですね。水の温度も、もともと屋外で生活しているメダカは気温の変化に体が対応するようになっているので、むしろ水温に変化がある方がいい。メダカの体にとって想定外の条件でメダカを生活させると、メダカの体内で様々な誤作動が起きてしまいます。現実には無理ですが、国際宇宙ステーションに日本の四季を再現するのがメダカにとって一番良い、という結論に至りました。この瞬間、メダカは日本の生態系の中の一つのパーツだということに私は気付きました。これまでの還元主義的な見方を離れて、メダカを、人間を含めた生態系を複雑系として、全体として捉える必要があると強く考えるようになりました。

宇宙メダカの研究に関わるようになって4年後、東日本大震災が起きて福島第一原発の事故が発生しました。東大の柏キャンパスがある柏市も放射線量の「ホットスポット」になりました。幼稚園や保育園に子供を通わせている地域のお母さんたちが心配しているからと、市役所の方々や他の放射線専門家と一緒に、ほぼ毎日状況を説明しに地域の幼稚園、保育園に行きました。「影響はないと思います」とか「影響は無いはずです」とか、この線量の被ばくが原因で将来がんで死亡するリスクは今日の帰り道に交通事故に巻き込まれて亡くなる可能性とほぼ同じくらいですとか説明しました。その時に知ったのは、私たちが研究してきた高線量の放射線で傷付いたDNAの修復の詳細な分子メカニズムには誰も関心がなく、むしろ低線量の放射線が長期間にわたって体に与える生理的な影響という、私たち専門家が考えてこなかったことを市民の皆さんがとても気にしている、ということでした。培養細胞ではなく生きた個体への影響がどうなのか聞かれても「この線量では直ちに健康に影響はありません」としか言えず、個体レベルでの研究の必要性を強く思うようになるもう一つのきっかけになりました。

福島とチェルノブイリという2カ所で原子力発電所が大きく壊れました。しかし、依然として世界中で400基を超える原発が運転中です。今後は原発の後処理が人類の大きなミッションになるでしょう。今は生態系の除染を自然の回復力に任せるしかないのですが、そもそも大量の放射性物質に対処できるような力は自然には備わっていません、想定外ですから。バイオマス発電などを活用した効率的で積極的な除染技術の開発が必要ですし、科学あるいは現文明の責任であり義務だと思います。体への影響が分からないだけではなく、原発の後処理について先行きが見えない不安が、日本人が原発をはじめとする放射線全般を恐れる要因になっているのではないでしょうか。

今私が取り組んでいる研究テーマの一つは、これまでは影響がないと思われていた低線量の放射線が体に与える生理的な影響です。例えば0・1グレイの放射線を1週間メダカに当てるとがんが増えることはありませんが、放射線によって細胞の中の水が絶えず電離して**ラジカル**❷が発生するので、細胞にはずっと酸化ストレスがかかっている状態になります。細胞は持っている抗酸化機能を使い果たすことになって**抗酸化能**❸の「在庫切れ」になっていることが少しずつ見えてきています。

この分野の最終的な到達点については想定できていないのですが、医学を含む生命科学は今のままの要素還元主義を中心とした考え方ではコスパ的に必ず行き詰まり、生物や生態系を動的な複雑系として理解する方向に切り替えていかなければ、実社会に何もフィードバックできないままになってしまうでしょう。難しさはありますが人文科学との融合も必要で、変化を拒んでいる

❷ 通常の原子や分子は二つずつの対になっている電子を持っているが、光や熱などの強いエネルギーによって不対電子ができると、不安定で反応性の高いラジカルになる。まわりの他の原子や分子と酸化還元反応を起こす。

❸ 体の中で発生したラジカルや活性酸素は、まわりのタンパク質や脂質などを酸化してしまう。こうした損傷の蓄積が体の正常な機能を障害するため、酸化ストレスに対抗するための機能が体には本来備わっており、抗酸化能と呼ばれる。

間は、生命科学は社会との接点が弱い、一方的な情報提供をするだけの閉じた狭い世界にすぎません。研究者側もこうした人類としての危機意識を持つことが、これからの時代には必要だと考えています。

2030年、2050年は？

複雑なシステムとしての生物、情報生物学で切り込む

将来的にはいわゆる「**ウェット**❹」な分子生物学とインフォマティクスやシミュレーションといった「**ドライ**❺」な研究が融合して、情報生命科学のサードインパクトが来るに違いないと思っています。そして実際に手を動かして実験をするウェットな研究は、理論家が出した仮説や予測を検証するような役割分担になり、複雑系である生き物、生態系を素直に動的システムとして、例えばメダカならメダカそのままに捉えるような、システムバイオロジーの発展を支えるようになるに違いありません。ただ、教員を含んだ人材育成ができていないので、10年後に実現しているかどうか、40年後なら実現できるのかわからないですね。

学会は共通の研究テーマを持つ研究者のまとまりですが、私が取り組むことになった分野横断的な研究テーマはぴったり当てはまる学会がありません。以前、分子生物系のとある大きな学会に参加した時に、約4000タイトルあったポスター発表を会期の4日間を全部かけてひたすら全部を見て回ったことがありますが、私の研究に資するような発表は見つかりませんでした。今の時代には発表される論文の数が極めて多く、もはや一人の人間の能力ではフォローしきれない状況です。論文の海の中から有用な情報をすくい上げたり、定説にとらわれない新しい（正しい）

❹ 細胞や実験動物を使った生きた生命を扱う実験を主とする研究のこと。

❺ コンピューターを使ったシミュレーションやデータ解析が中心になる研究のこと。

解釈をＡＩ（人工知能）に任せることができるようになれば生命科学研究は大いに効率化できるはずですし、そうしないと生命科学のコストパフォーマンスはどんどん悪化してしまうと思いますが、それこそ人間の研究者がお払い箱になってしまうかもしれません。

未来社会との接点は？

生命科学で「複雑系」の人間の健やかさ追求

生き物というのは、餌を与えすぎて過保護にするなど余計なことはせずに、その生き物が生息するべき（その生き物が生存することを想定している）環境条件でちゃんと飼育すれば、健康で病気になるようにはできていません。その理解だけで十分なのではないか、生命科学の研究者が生物の分子メカニズムを詳細に理解しようと世界中で一生懸命に夜を日に継いで努力していますが、そのような努力は人類にとって本当に必要なのか、疑問に感じることがあります。例えば人間の場合、縄文人の平均寿命は30歳くらいだったそうです。生物としてのヒトの本来の想定寿命はそれくらいで、例えばp53などのがん抑制遺伝子が活発に機能して生殖年齢の間（＝若いうち）はがんにならないようにしていると考えられます。生殖年齢の後は天敵に捕食されたり病気などで死ぬのが自然の摂理ですが、そのイメージを拒否してひたすら死なないように努力しているのが今の社会ではないでしょうか。しかも、病気にならないような生活習慣で生活するということはしないくせに、病気になったら手術で悪い部分を切り取る、薬で症状を抑え込むという対症療法をします。命に対する社会の価値観のパラダイムシフトが起きないと、今のままでは未来の社会は医療費が莫大になって成り立たなくなるのではないかと危惧しています。

病気にならないためには、抗酸化が一つの切り口になると考えています。実はメダカに低線量放射線を当てる実験で抗酸化について考えるようになったのは、「食材用の超音波洗浄機」の研究がきっかけでした。野菜に付着した放射性物質を超音波洗浄することを試していたのですが、それとは別に、塩サバを超音波洗浄したら予想外なことに塩サバがおいしくなったんですね。魚の体は死ぬと同時に空気酸化が始まって表面から脂肪が酸化しておいしくなくなります。私達の体は様々な酸化ストレスにさらされていますが、酸化した食品を食べることで酸化ストレスが余計に増えると考えられます。もし超音波洗浄機で食べ物の表面を洗って酸化した部分を落とせれば、抗酸化力を使い果たさずに余力を残し、健康維持に役立てられる可能性があると考えています。

ただ、こうした研究は従来の要素還元主義的な考え方から離れる必要がありますし、社会全体に影響する可能性があるので、発信の仕方にも工夫が必要だと思っています。私自身が直接関われるかわかりませんが、食を見直すことで体の抗酸化力を維持する、というような新しい切り口で生命科学が医療など社会のサービスを根っこから変えることができたらすばらしいと思っています。

生命科学に限らず生物学というのは、例えば自然と共存する社会というように新たな価値観、より良い価値観を提供することが役割だと思います。現状ではその役割を十分に果たせているとは言えませんが、要素還元主義的なものの見方に加えて、自分自身も一つのパーツである全体を、システムとして捉える複雑系の見方を社会に実装し社会の価値観を変えるチャンネルになれるのは、生命科学・生物学なのではないかと考えます。

おすすめの本

毛利衛
『宇宙から学ぶ
―ユニバソロジのすすめ』
(岩波新書)

ウイルス感染症を制圧することは可能か

ウイルス学

Virology

河岡義裕
KAWAOKA Yoshihiro
東京大学
医科学研究所感染症
国際研究センター長

1955年生まれ。兵庫県出身。獣医学博士。北海道大学大学院獣医学研究科修士課程修了。米国ウィスコンシン大学獣医学部教授を兼任。ロベルト・コッホ賞、野口英世記念医学賞、紫綬褒章、日本学士院賞。米国科学アカデミー外国人会員。

研究分野は？

病原体としてのウイルスに迫り、生態系の一部としてのウイルスの役割を解明

ウイルス学とは、ウイルスを様々な面から研究する分野です。ウイルスそのものを調べる研究だけでなく、ある細胞にあるウイルスが入ったときに何が起きるかなどウイルスと細胞の関係を調べる研究、もう少しマクロなスケールでウイルスが個体（人間で言えば一人の人の体まるごと）にどんな影響を与えるかを見る研究、さらにマクロなレベルで、その種の中でどう感染が広がっていくかなどウイルスと集団の関係を見る研究もあります。

また、ある種のなかでずっと生存・感染・増殖してきたウイルスが別の種に入って引き起こす影響、つまり種間で異なるウイルスのふるまいを見る研究もあります。たとえば新型コロナウイルス（COVID-19）なら、元の宿主がコウモリで、コウモリから別の動物を介してヒトにうつったことでパンデミックが起きたとされるような、ウイルスと種間の関係を調べる研究です。

私は研究者としての出発点が獣医学で、最初は、目に見えないほど小さなウイルスが大きな生物を死に至らしめるほどの力をもつことの不思議さに惹かれてこの分野に入りました。スタートは「ウイルスが生物の体に入ること」で、終わりは「その生物の心臓が止まるか呼吸が止まるか」。その途中にいったい何が起きているのかを知りたいと思ったのです。

最初は病原体としてのウイルスの研究に取り組んでいましたが、その後、病原性の有無とは関係なくウイルスそのものを研究することもあり、様々なレベル、様々なアプローチでウイルス研究をしています。

エボラ出血熱❶には1995年から取り組んでいて、現地でラボを立ち上げ、人々への啓発活動にも関わりました。インフルエンザウイルスに関してはワクチンや抗ウイルス薬の研究に必要な人工合成の方法（人工的にインフルエンザウイルスを作り出す技術）を見つけたり、流行について研究したり。新型コロナウイルスについても病原性や人工合成の研究を行っています。

このように、ウイルスというと私たちは生物に害をなす病原体としてイメージしますが、ウイルス性の病気とは、もともとある生物種の体内に存在して何事も起こしていなかったウイルスが何かのきっかけで別の種に感染したことから起きるものなのです。私たち人間は感染症に注目するためにウイルスのイレギュラーな姿ばかりを見ていると言えます。

❶ エボラウイルスによる感染症。高熱などの後、出血しやすく止血しにくい状態に陥ることがある。最大で90％にも達する致死率の高さが特徴で、1976年以降、中央アフリカ諸国でたびたび流行が発生している。

何も起こさないウイルスも地球上で何らかの役割を果たしていると考えられます。赤潮は大発生してまもなく消えていきますが、それはウイルスの仕業です。ウイルスは地球上の生態系の一部としてシステムの均衡に役立っているとも考えられるわけです。たとえばある植物はウイルスに感染することで乾燥への耐性が高くなります。ポジティブな影響を及ぼすウイルスもあるのです。

このように「病気を起こさないウイルス」に以前から私は関心があり、近年ではそうしたウイルスの存在が多く知られるようになってきたこともあって、数年前から「ネオウイルス学」という研究プロジェクトを立ち上げて、進めています。ウイルスが地球においてどんな役割を果たしているのか、研究はまだ始まったばかりです。

最終到達点は？

ウイルス感染症の制圧を目指す。しかし完全な駆逐はありえない

感染症学の観点からすれば、目標は「ウイルス感染症の制圧」といえるでしょう。ただし、これはあくまで目指す方向性であり、ウイルス学がいつか到達しうるゴールではありません。ウイルスを地球上から駆逐することはできないからです。人間にとって新たなウイルスは、地球上の生命活動が完全に止まらないかぎり常に現れ続けます。

個々のウイルスに対して、ウイルス学ができることは三つあります。一つは「完全な撲滅」。多くの死者を出してきたウイルス感染症、**天然痘**❷はワクチンの接種により地球上から根絶されました。**ポリオ**❸もあと少しのところまで来ています。

❷ 天然痘ウイルスによる感染症。高熱と特有の水疱性発疹が主な症状で、感染力がきわめて強く致死率も高い。18世紀に天然痘ウイルスを接種する種痘が発明されたことを契機に予防法が確立。1980年に世界保健機関（WHO）により根絶が宣言された。

二つ目はエボラ出血熱のように、「人に広がり始めたところで制圧する」。一定の犠牲は出ますが、一つのコントロールの形です。

三つ目がインフルエンザのように、人間の間で広範に広がるが、その後、ワクチンや抗ウイルス薬を使いながらなんとか共存するという形です。人間はこの3種類のコントロールの形のいずれかでこの先もウイルスとつきあっていくことになります。

分野の成り立ちは？

動植物の病気を引き起こす未知の存在を知ろうとする研究から始まった

動植物の病気の原因として目に見えないほど小さい存在があり、それが伝播するという知識はかなり古くからありました。その小さな存在「病原体」として、微生物、すなわち細菌の存在があることもわかってきたのですが、どうやら細菌よりも小さなものがあるらしい。1800年代の後半にそれが見つかって、ウイルスと名付けられました。ウイルス学が始まったのはこのときということになります。

病気の原因を探す過程で見つかったものですから、ウイルスがどのように病気を引き起こすか、どうしたらその病気を防げるか、治せるか、という研究が続けられてきました。天然痘のワクチンが作られ、撲滅に成功したのはウイルス学の歴史の上で外すことのできない画期的なできごとです。1950年代にはポリオのワクチン作成も成功しました。

1960年代以降には分子生物学の勃興によりウイルス学は大きく様変わりしました。それま

❸ポリオウイルスによる感染症（急性灰白髄炎）。主に5歳未満の子どもが罹患するため、俗に小児麻痺とも呼ばれる。発熱などの後、手足の筋肉などに麻痺が生じることがある。1950年代にワクチンが開発され発生は激減したが、南アジアやアフリカなどのごく一部の地域では現在でも流行が見られる。

では細胞を自由に扱える技術がなかったので、そのツールとしてウイルスを利用する研究が盛んになったのです。その後、細胞を直接扱える技術ができ、感染症学としてのウイルス学が主流になって、いまも続いています。

ウイルス学の分野から生まれ、ウイルス学のみならず生物学全体に大きな影響をもたらした発見としては「リバースジェネティクス」（逆遺伝学）があります。

ヒトなど多くの生物では遺伝情報をもつDNAを鋳型としてRNAが作られ、RNAがタンパク質を作ります。ゆえに遺伝情報は、DNA→RNAと一方向にのみ流れるものだとずっと信じられていましたが、後にノーベル賞を受賞した**ダルベッコ**❹、**テミン**❺、**ボルティモア**❻の三人は、ある種のウイルスが逆転写酵素を使って逆の方向、すなわちRNA→DNAという方向で遺伝情報を伝えることができることを示したのです。1999年に私のチームがインフルエンザウイルスの人工合成に成功できたのはこの発見があったからです。

また、バクテリアがウイルスから身を守るシステムの一つである「**クリスパー・キャス9**❼」の発見はゲノム編集技術の基礎となりました。リバースジェネティクスとクリスパー・キャス9の二つはウイルス学から生まれ、大きな変革を科学と社会にもたらした研究成果と言えるでしょう。

2030年、2050年は？

数理モデルが先行し、実験が検証するアプローチが主流に

研究分野としてどう進んでいくかは正直なところ、わかりません。この分野は指数関数的に物事が発展しているので、5年後はある程度予想できますが、10年後は予想がつかない。ましてや

❹ レナート・ダルベッコ（1914〜2012年）。イタリア出身のウイルス学者。腫瘍ウイルスと細胞の遺伝物質との相互作用に関する発見により、1975年に教え子であるテミン、ボルティモアとともにノーベル医学・生理学賞を受賞。

❺ ハワード・テミン（1934〜1994年）。米国のウイルス学者。ラウス肉腫ウイルスの研究から逆転写酵素を発見。1975年にダルベッコ、ボルティモアとともにノーベル医学・生理学賞を受賞。

❻ デビッド・ボルティモア。1938年生まれ。米国のウイルス学者。手足口病ウイルスの研究から、テミンとは独立に逆転写酵素を発見。1975年にダルベッコ、テミンとともにノーベル医学・生理学賞を受賞。

❼ 細菌がウイルス感染防御のために備えている免疫システム。侵入したウイルスのDNAを取り込んで保管しておき、再侵入を受けた際はその保管情報と照合して検知し、ハサミ役の酵素で切断する。目的のDNAを見つけ出して切断するこのメカニズムはゲノム編集技術に活用されている。

30年後となれば、全く別の世界になっているだろうと思います。

研究のアプローチも大きく変容していくでしょう。これまでは、たとえばウイルスの人工合成をするときには実験室でやみくもにやってみて、そこで出てきたデータを使って数理モデルを作る、という順番でしたが、今後はそれが逆転するだろうと思います。いまはまだデータが足りませんが、もう少しするとある程度の情報が集まってくるでしょう。そのデータでまずシミュレーションをして、それが正しいかどうかの検証は実験で行う。しかもその実験はロボットが担うようになっていくと思います。

ワクチン開発にせよ薬の開発にせよ、まずコンピューターでデザインしてそれを検証していくとなると、実験部隊としての若手研究者の需要は少なくなっていくと予測されるので、私はいま研究室の学生に、これからは数学ができないと研究者として生き残っていけないよ、と伝えています。これからの世代は**バイオインフォマティクス**[8]や数理モデルができないといけない。1980年代には分子生物学分野の研究者でもクローニング操作ができない世代がいました。でも今はもういません。そのときと同じようなことが起きると思います。

世界的に見ると、この分野における中国の台頭はすさまじく、非常にハイレベルな論文が次々に出ています。中国は2005年あたりから研究に非常に大きな投資を続けてきました。その成果がいま出始めています。米国は世界中から優秀な人材が集まり、研究費の額も大きいのでずっと1位の座を維持していますが、中国はその次をいくでしょう。実際、現在の研究費を国別でみると米国が1位で中国は2位。論文数にその順位が表れています。

[8] 生命科学と情報科学が融合した学問分野。ゲノム情報をはじめとする膨大かつ複雑な生物の情報をコンピューターで解析する。代表的な研究領域はゲノム解析のほか遺伝子ネットワークの解明、タンパク質の構造解析など。

未来社会との接点は？

人材を育成し、どんなウイルスにでも対応できる方策を見つける

私は過去のウイルス感染症の研究もしていまして、**スペイン風邪**[9]のときの写真も資料として手元にたくさん持っています。人々はその当時、みなマスクをしています。そしていま新型コロナウイルスが世界を席巻し、まったく同じ光景が繰り広げられている。ウイルス学者にとって、これは衝撃です。この100年、何一つ変わっていない。ウイルス学は何をやっていたんだ、と。

これまでは新型ウイルスが出てくるたびにそのウイルスの研究をしてワクチンや薬を作ってきましたが、そのやり方ではダメということだと思います。どんなウイルスが出てきてもある程度抑えられる方策を見つけなくては。私たちはいま、様々なウイルスを細胞に感染させ、細胞に起こる共通の反応をコンピューターで調べるところから始めています。

また、感染症学としてのウイルス学はこれまで、ウイルスをどうコントロールするかは考えていましたが、人間の行動や意識にはほとんど注意を払ってきませんでした。私はシエラレオネでエボラ出血熱ウイルスの研究と人々への啓発活動に携わる機会がありましたが、それはたまたまその時、運がよかったから――言い換えれば、アイデアに加えて「人材」と「資金」に恵まれたから――にすぎませんでした。

ただ、新型コロナウイルス（COVID－19）では、移動の制約など「人」にかかわる問題が出てくることは最初からわかっていました。だから専門家委員会には倫理的・法的・社会的課題（ELSI）を研究する専門家も入っていたのです。感染症学の専門家が人に関わる問題の専門家と一緒になってどう対応していくかが重要だという認識があったからです。しかしまだまだそ

[9] 1918年から翌年にかけて世界的に流行したインフルエンザウイルス感染症。20世紀最大規模の流行で全世界の推定死者数は2500万～4000万人にのぼり、当時の世界人口の約4分の1が罹患したとされる。

の連携は確固としたものにはなっていません。

ＣＯＶＩＤ－19で大混乱となっている間は、人々はみなマスクを着け、不自由な生活や経済的な不利益を受け入れるでしょう。そして次のパンデミックではよりスマートにその波を乗り越えるかもしれない。早期に行動自粛をすれば傷口が浅いことをよく覚えているからです。

しかしその次はどうでしょうか。人は「忘れる」生きものです。喉元を過ぎれば熱さを忘れてしまう。それではいずれまた同じことを繰り返すでしょう。

そこで私のいる医科学研究所では東大内に「パンデミックセンター」という組織をつくろうという提案をしています。パンデミックが起きたときにはその対策を、平時には先ほどお話ししたようなどんなウイルスにも対応できる方策の研究を行う。感染症学に向けられる社会からの期待は、パンデミックの時には高まるものの、平時には「そんな研究は無駄だ」とトーンダウンするのが常ですが、パンデミックセンターを作ることでそれを防ぎ、継続的に研究を行うのです。ウイルス研究だけでなく、社会に向かって専門家からの発信を行うＰＲの部門や、国内の研究者が非常に少ないと言われる感染症疫学の部門も作り、人材を育てていきます。社会における大学の役割とはまさにこうした専門家の育成にあるのではないでしょうか。

おすすめの本
黒川伊保子
『キレる女 懲りない男　男と女の脳科学』
（ちくま新書）

「健康づくり」は人と社会の接点　科学的アプローチ

公衆衛生学

Public Health

橋本英樹

HASHIMOTO Hideki

東京大学大学院医学系研究科
公共健康医学専攻
保健社会行動分野　教授

1988年東京大学医学部医学科卒。東京大学医学部附属病院や市中病院で内科研修医としての勤務を経て1999年に帝京大学医学部衛生学公衆衛生学 講師に。2004年東京大学医学部附属病院21世紀医療センター特任教授、2007年同大学大学院医学系研究科 公共健康医学専攻臨床疫学・経済学分野教授を経て2012年より現職。

研究分野は？

健康を形作る要因、人間関係まで考察

私の研究分野では、行動科学・心理学・経済学・疫学などの社会科学の理論や方法論を組み合わせて、社会構造や社会関係が健康関連行動や健康生成に影響するメカニズムについて明らかにしようとしています。また、その結果に基づいて主に社会格差による健康格差の解消に焦点を当て、福祉国家の実現に資するエビデンスベースの発信を心がけています。

白衣は着ていませんが、人々の健康を支える医師として重要なテーマであると認識しているとともに、医学だけでは解決できない難題であると理解しています。科学的に明らかにするだけで

はなく、政策を考えたり提案したりしながら〝change advocacy（変化を先導的に訴求）〟すべく科学的な活動を展開しています。

学歴や収入によって健康状態が違うことは、もはや明らかな事実です。欧米では死亡統計に学歴の情報が含まれるのでその影響がすぐ見えるのですが、日本ではそうした情報がないので我々の研究室では、総務省と厚生労働省のデータをもとに、学歴による死亡格差の影響を推定してみました。日本でも欧州並みに学歴による死亡率格差があることがわかりました。

日本の保険制度では、所得によるアクセス格差は欧米ほどありません。つまり、学歴や収入にかかわらず受けられる医療はほぼ同じはずです。つまり学歴による死亡率格差は生活習慣など医療にかかる前の段階で生じていると考えられます。

例えば喫煙率については、学歴や収入の低い層で高いことが日本でもわかっています。吸わない人からすると、本人の健康意識や知識の問題だと思われがちです。しかし、喫煙行動は、個人だけの問題ではありません。小学生でもタバコは体に良くないことは知っています。ところが思春期に差しかかると、大人に反逆したり大人のようにわざと振舞うことで自己表現する性向が出てくるときがあり、そうしたときに周囲に喫煙者が多い環境にいる子どもたちはその影響を受けやすいのです。リーダーのように人気がある人がタバコを吸っていると、そのように自分も振る舞いたいと思いがちであることは内外の研究で明らかになっています。最近の我々の研究で、大人でも周囲の影響力のある人が喫煙者であると、喫煙行動が維持されやすいことが、明らかになりました。まだまだ人間関係が生活習慣にどのように絡むのか、わかっていないことは案外多いのですが、**社会的ネットワーク分析**[1]という手法を使って研究を進めています。

❶ 個人や小集団などを社会の中で相互に関係する単位とし、こうした単位がつながって構成される社会の構造を分析して社会で起きる様々なことの背景を捉えようとする研究。

喫煙行動は人と人の関係以外にも、社会の構造から文化的な背景、個人の知識に至るまで、様々な要因により影響を受けています。たとえば社会の中で、たばこを吸うことが規範的に認められているか否かは大きな影響力を持っています。日本ではタバコの宣伝をよく見かけますが、海外では厳しく広告が規制されています。テレビのコマーシャルで喫煙のマナーをよくしましょうというのがありますが、喫煙自体を認めていることになるので、本来は広告規制の対象になるのです。タバコの広告は、世界保健機関（WHO）が2005年に発効した**たばこ規制枠組み条約**[2]でも禁止されています。実は日本も条約を批准しているのですが、たばこ事業を所管している財務省の意向が強く、目をつぶっているのが現状です。経済協力開発機構（OECD）の公衆衛生担当部局が日本の保健政策の状況を調査した際にこの点を取り上げてもらいました。

一方、すばらしい取り組みがあることも取り上げてもらいました。生活習慣の社会経済的格差は子どもにも及んでいます。我々の社会調査に協力してくれた都内の足立区では、子どもの野菜摂取量が他の市区町に比べて低く、親の学歴により摂取量に格差があるという研究報告を受けて、格差を是正しつつ足立の子どもの野菜摂取量を向上させるためのプロジェクトを立ち上げました。単に知識・情報を普及するという従来のやり方ではなく、足立の町に住んでいると自然に野菜に気が回り手が出せるような環境を作ることに専念しました。実際、区の保健担当者たちが北千住駅前の飲食店や小売店を回って野菜メニューを作ったり、レシピを作って宣伝するなどの協力を呼びかけました。その結果、2年後の追跡調査では、他の市区町では野菜摂取率が減っていたのに、足立では増加しており、しかも格差が広がることはありませんでした。このユニークな取り組みは、OECDの報告書で世界でもベストに近い公衆衛生的取り組みであると評価されました。

[2] たばこがもたらす健康被害から若い世代を守ることを目的にした条約で、たばこの広告や販売促進の規制措置をとることを締約国に求めている。

日本の公衆衛生課題の良い点・悪い点を世界に発信して政策的に取り上げさせるように仕向けるのも公衆衛生学の仕事のうちです。

最終到達点は？
分野の
成り立ちは？

コロナ禍で再注目された日本の公衆衛生

当面の目標は、足立区で実践されたような社会を巻き込んで健康づくりを展開する成功事例を増やしていくことです。ただしこれは、健康寿命を延ばせばよい、というのとは違うということに注意が必要です。健康は目的ではなくて、あくまで人生を豊かにするための手段にすぎません。WHOも〝Health for All〟をスローガンに掲げて、健康資源を誰もが享受できるようにし、それぞれの人が自己実現できるような社会を目指すべきとしています。いわゆる健康至上主義ではないのです。

国際連合の「持続可能な開発目標（SDGs）」でも健康の社会的決定要因（Social Determinants of Health、SDH）という項目があります。社会の構造に働きかけて格差を解消するには、各国政府がall policies for healthを踏まえた政策を進めていかなければなりません。そのためには厚生労働省だけでなく、国土交通省の街づくりや文部科学省の学校教育も最終的には人の健康に絡んできます。全体のコーディネート役を担うのが厚生労働省はじめ健康セクターの役割であるべきなのです。健康セクターが他の省庁を巻き込み、政策議論を進めるには科学的根拠が必要です。私たち学問の府にいるものは、説得材料として力を持つ確かな数字を出す責任があると考えています。

そもそも歴史的に見て公衆衛生学は、当初細菌学などの医学衛生学的な技術を背景に急性感染症対策に取り組むことから始まりましたが、疾病構造が急性疾患から慢性疾患に変化するにつれ疫学・統計学や行動科学を導入し新しい学問へと姿を変え、今日も進化し続けています。日本では戦後占領軍の指導のもと、行動科学の概念を導入したばかりの公衆衛生が導入され、保健所のシステムや人材育成のための国立公衆衛生院（現在の国立保健医療科学院の前身）や医学部公衆衛生学講座の設置が進められました。実は公衆衛生活動を展開する地域拠点として保健所のシステムができたのは世界でも日本が初でした。今回のコロナ禍では、その存在が感染制御を図る上で大きな役割を果たしたことは、世界的にも注目されています。

ただし、医療技術・病院が普及し、人々の健康水準が高くなったことで、平時における保健所の役割は見えにくいものになってしまいました（実際には食品衛生はじめ、我々が日ごろ安心して暮らせるための規制管理を担っています）。90年代半ばには保健所の数・規模・人材が法改正をきっかけに縮小してしまいました。また米国ではメディカルスクールとは独立の教育機関として公衆衛生大学院が存在するのに対し、日本では公衆衛生学講座が医学部の一部に留まったため、公衆衛生の医者のやることに限定されてしまいました。実際には、公衆衛生は社会と健康の接点を扱う広範な技術や理論・学問体系を扱う複合領域的な実践です。新型コロナウイルスの感染拡大は、まさに本来の公衆衛生の在り方を厳しく問い直す大きなきっかけになったと思います。

他分野を巻き込む台風の目に、健康のメタ学問発展へ

東京大学でも公衆衛生学の専門職大学院を開設して14年が経ちますが、起業する卒業生がいたり、現場で活躍する人がいたり、様々なところで卒業生たちが重要な役割を担うようになってきています。彼ら彼女らの成果を研究の現場が取り込み、さらに分野として発展するといういい循環のサイクルが出来上がりつつあります。あと10年もすればさらに強固なものになるでしょう。

複合分野として手をつなぐ相手は大学内に留まらず、アカデミアの他の機関や民間企業と幅広くなりそうな予兆もあります。一方で、実践科学の分野として学術的にもう一段の成熟が求められているとも感じます。今日の公衆衛生では、心理や行動など個体レベルで見られる現象、分子や細胞など基礎医学的な現象、さらには政策や文化・規範などの社会的なマクロな現象が相互に関わりつつ展開しています。こうしたミクロ―メゾ―マクロの階層構造を持つ複雑系現象を、線形回帰分析のような古典的な統計分析では捉えきることはできません。複雑系のネットワーク分析やマイクロシミュレーション、さらにはＡＩなどの新しい技術を積極的に取り入れ、公衆衛生のグランド・セオリーを構築していく必要があります。学術分野としてはまだ若いので、人と人が関わることで社会がなぜ・どう構成され、それが集団健康の生成にどう関わるのか、人がなぜ社会を必要としながら、社会的構造問題をかかえなければならないのかを明らかにするメタ学問の培地になるのではないかと野心的に考えています。

未来社会との接点は？

健康のための選択肢を提示、アカウンタビリティーを果たす

仮にがんで亡くなる人が40％減ったとしても、代わりの何かで亡くなります。何のために健康

を追求するのかというと、結局は自己実現のための手段です。究極的には自分でやりたいことを社会に貢献する形で実現すること、つまりは自由主義的民主主義が理想と掲げる社会を、健康を通じて実現することになります。この目標を阻む文化的な要因や偏見があるのであれば、どう対処するかを考えなくてはなりません。イデオロギーを主張すると対立が起きてしまいますが、健康になることには誰も反対しません。ＳＤＧｓにＳＤＨが入っているのもまさに「健康」がどの国も否定しがたいため外交交渉にも便利だからで、この特徴をうまく逆手にとって「健康」科学を活用していきたいと思います。

　健康に関する情報が様々ある中で自分の生活を組み立てる自由を行使するには、どの情報を活用したら自分の目的に役立つか、選ぶ能力ヘルスリテラシーが必要です。今日、様々なリスクが存在し、リスクが存在することを無視して生きることが許されなくなっています。**ウルリヒ・ベック**❸や**アンソニー・ギデンズ**❹のいう「リスク社会」の中で何を求めて生きるか、ここは哲学の領域も絡み、答えは簡単には出せません。公衆衛生学は実証科学の一分野ではありますが、こうした倫理哲学的な問いにも直面しなくてはなりません。

　今回、新型コロナウイルスの感染拡大の最中でも、いかに感染制御を図るかという問いとは別に、限られた資源をどうやって優先順位を付けて分配するか、何を持って公正と呼ぶのか、ということも公衆衛生実践に当たって問わなくてはならない問題でした。もちろん唯一無二の答えは存在しないと考えています。功利主義的に考えるのか、リバタリアン的に個人の自由と選択を重視するのか、はたまた**マイケル・サンデル**❺や**ジョン・ロールズ**❻などの「正義」論にならうのか、倫理的基準をどこに求めるのかは公衆衛生でも必要な科学的議論です。なぜなら将来、その時の

❸ ドイツの社会学者。１９９８年に日本語訳が出版された著書『危険社会』の中でリスク社会論の概念を提唱した。経済成長を優先した結果、環境問題などのリスクが生じて生活の様々な側面に影響するようになり、誰もがリスクにさらされている社会という見方を示した。

❹ 英国の社会学者。ウルリヒ・ベックらとの１９９４年の共著『再帰的近代化―近現代における政治、伝統、美的原理』では、リスク社会などのような社会の問題は近代化が不十分であるため起きているとし、個人が自分自身の問題としてこれらの問題に向き合う「再起的近代化」を提唱した。

❺ 米国の政治哲学者。コミュニティーの価値を重視するコミュニタリアニズムの立場を取る論客として知られる。代表著作に２０１０年の『これから「正義」の話をしよう』などがある。ジョン・ロールズが『正義論』で個人が特定の立場から離れて正義について考えるべきだとしたのに対して、サンデルはそれぞれの共同体にある「善」の価値基準を踏まえるべきだと批判した。

選択を振り返った時に、なぜ、どのように、その選択がなされたのかを科学として説明しなくてはならないからです。公衆衛生は科学的アカウンタビリティーも果たさなければいけないと考えています。

後日談

本稿のゲラ修正をかけている本日、コロナ禍第3波拡大に対抗すべく2回目の緊急事態宣言が出されようとしている。宣言発出の判断が遅すぎるとか、飲食店だけの規制では足りないなどの批判や、経済的ダメージを恐れる不安の声など様々飛び交っているのを目の当たりにして、理論と実践の複合学問である公衆衛生が果たすべき役割の重大さと責任を噛みしめている。数理疫学モデルによる感染者数の近未来推計が報道で取り上げられているが、数字が独り歩きさせられたり、際物扱いをされたりしているのを苦々しく思っている。「科学的根拠・数値」は、あくまでいくつかの前提に基づいたものであり、八卦見《はっけみ》のように取り扱うのは危険だ。あくまで意思決定のための材料であり、数字そのものが絶対的な価値を持つわけではない。数値に飲まれず、問題の本質が何かをわきまえ、意思決定をするリテラシーを持たせることが「公衆衛生科学」人材を養成する最大の目標なのだと再確認した次第である。

❻ 米国の政治哲学者。代表著作に1971年刊の『正義論』がある。公正な正義が成り立つための条件を論じた。

おすすめの本

マイケル・マーモット著
鏡森定信・橋本英樹訳
『ステータス症候群 ―社会格差という病』
(日本評論社)

リスクと未来の社会

リスク研究

Risk Studies

ヘン・イークァン

HENG, Yee Kuang

東京大学

大学院公共政策学連携研究部教授

博士（(国際関係)（ロンドン大学、ロンドン・スクール・オブ・エコノミクス))。研究分野は、国際安全保障およびグローバル・リスク；国家リスクおよび生存に関わるリスク評価；AI、気候変動；戦略研究および主として英国・米国の軍事力行使における戦争行使の変遷；英国–日本の安全保障協力。

研究分野は？

学際的に未来社会とリスクとの関係性について考える

私の研究分野はリスク研究と安全保障との関わりです。リスクとは将来の不確実な事象についての結果・影響と確率が組み合わさった概念です。リスク研究には学際的な特徴があります。1980年に設立されたリスク分析学会には、経済学者から政治学者、環境学者、心理学者、食品安全の専門家、地理学者、保健医療従事者、エンジニアまで、多様な分野が集まっています。

リスクという概念は、不確実性があふれる未来を考える上では有用な概念です。例えば、組織がさらされているリスクを特定して理解し、そのレベルに応じた緩和策や管理策を展開しようとする「リスクベースアプローチ（RBA）」は、金融・銀行業界で用いられている専門的な手法です。これは、最も必要とされるところに効率的にリソースを集中させるための費用対効果の高い方法として採用されています。保険、金融、数理科学の分野におけるリスクの概念は個人や企業の利益を得るために確率を用いることを含みますが、最近では、より広範囲に社会や政府機関に対しても望ましくない損失を回避するためにリスクの概念が使われるようになっています。

特にグローバル化が進み、世界が相互に依存し、結びつくようになるにつれ、金融危機、感染症、気候変動、テロリズムなどのリスクはグローバルになってきています。また、「生存に係るリスク」という全世界的な新たなリスクのカテゴリーが注目されるようになっています。ケンブリッジ大学・生存リスク研究センターやオックスフォード大学・人類の未来研究所では、人工知能（AI）から気候変動に至るまで、様々なリスクを対象にした研究が進んでいます。

最終到達点は？

全てのリスク可能性とシナリオを正確かつ事前に知る

ドイツの社会学者ウルリヒ・ベックは現代を「リスク社会」と定義しました。彼の著書『危険社会』（1992年）では、人類の行為の自分自身や環境に対する副作用や結果を積極的に見出し対応していく必要性があるとして警鐘をならし、研究分野の方向性を大きく変えてきました。

このベックの主張は、1986年に起きた**チェルノブイリ原子力発電所事故**❶のような人災や、地理的な境界を簡単に超える環境破壊に端を発しています。ここで重要なのは、現代においてリスクは単に神の介入ではなく、人間によってもたらされた人為的なものとみなされている点です。

❶ 1986年4月26日1時23分（モスクワ時間）にウクライナ・ソビエト社会主義共和国のチェルノブイリ原子力発電所4号炉で起きた原子力事故。のちに国際原子力事象評価尺度（INES）で深刻な事故を示すレベル7に分類され、20世紀最悪の原発事故といわれる。爆発により放射性物質が国内外に広く降下し、原発半径30km圏内は高濃度の放射性物質で汚染されて居住禁止区域となった。

しかし、これらのリスクは往々にして不確実性が高く、因果関係が複雑なものも多いのが特徴です。これらを扱うために「既知の未知」や「未知の未知」という概念や、予防原則が生まれてきました。それゆえ、リスク研究の最終目的は、不確実性と確率を可能な限り消し去り、また、あらゆるリスクを事前にマッピングすることと理解できます。ただ、それが達成できるかどうかはわかりません。

分野の成り立ちは？

限定的地域のリスクから世界に伝播するグローバル・リスクへと拡大

社会混乱を起こすリスクのリストは、先述したベックが1980年代後半に本を執筆して以来、急拡大してきました。このことは、**世界経済フォーラム**❷が2000年代初頭から「**グローバル・リスク報告書**❸」を発表し続けていることにも表れており、年に一度出されるこの報告書は、世界の状態に対する不安感が高まり続ける様子を、その都度、捉えてきました。

2001年に起きた9・11米国同時多発テロのような重大事件は、世界で最も強力な国家であっても、グローバル・リスクの時代には脆弱性をはらんでいることを知らしめました。

事前に事件発生のヒントがいくつか検出されていたにもかかわらず、米国の諜報機関もまた、いわば「点と点を結びつける」ことができず、未然に防ぐことができませんでした。公式の9・11委員会は2004年に、これについて「想像力の欠如」があったと指摘しています。

そして、その後の米国主導の対テロ戦争と侵略の結果、安全保障分野の学者たちは、軍事力がリスク管理の手段とみなされるようになったことによる戦争・戦略研究への影響を考えるように

❷ 1971年に設立されたグローバルかつ地域的な経済問題に取り組むために、政治、経済、学術等の各分野における指導者層の交流促進を目的とした独立・非営利団体。毎年スイス・ダボスで開催される年次総会「ダボス会議」では、世界を代表する経営者や政治家、学者、ジャーナリストなどのリーダーが集まり、世界が直面する重大な問題について議論する。

❸ 世界経済フォーラムが毎年ダボス会議に合わせて発表している。世界750名以上の専門家と政策決定者に、経済、地政学、環境、社会、テクノロジーの五つの分野で、「起こる可能性の高い」問題と「発生した場合にインパクトが大きい」問題について尋ねた結果が掲載されている。

なりました。また都市研究に携わる学者たちも都市安全におけるリスクの含意を探っています。

学術的進展と並行して政策での取り組みも進んでいます。英国、オランダ、アイルランド、スイス、シンガポールなどの政府の政策立案においては、**リスクへの暴露**❹についての理解を深め、戦略的なサプライズを回避するためのプログラムを立ち上げるという傾向も出てきています。英国の「国家リスク・レジスター」とは、国家が直面するリスクの範囲をより理解しようとする試みです。様々なリスクを分類して優先順位をつけ、その確率と深刻度に応じてリスクを1〜5段階にランク付けします。その際、これらリスクは自然災害か事故か、悪意のある故意の攻撃かによってグループ化されます。ただし、リスクの評価は政府機関のみに限定されるべきではなく、リスクの経済・財政・社会・政治的な影響に関わる他機関も含めるべきでしょう。

政府主導の国家リスク評価演習で採用されている方法論は、データ駆動型のビッグデータ・コンピューター・ソフトウェア、シナリオとクラウド・ソーシング、リスク認識の調査、専門家による分析や最先端の科学への依拠など、多岐にわたります。例えばシンガポール政府は全政府機関でリスク・コミュニケーションと教育に重点を置いた取り組みを採用し、現在では全省庁に「未来予測」担当部署を設置しています。

❹ エクスポージャー。経済・金融・リスクに関する概念では、ある特定のリスクファクターの予期せぬ変動によって企業がどの程度影響を受けるかの尺度。所有する金融資産の中で、市場の価格変動のリスクにさらされている資産の割合、またはリスクにさらされている金額、残高。

2030年、2050年は？

分野や国・地域を超えて広く普及するも、世代間の認識差が懸念点

近年、リスクがもたらす課題に対応するため、慈善事業家、起業家、財団、大学など、社会の様々なステークホルダーとの新たなパートナーシップが生まれてきています。例えばロイド・レ

ジスター財団は、シンガポール国立大学に多額の寄付を行い、リスクの公共理解のための研究所を設立しました。その研究課題は、研究対象の複雑なリスクの様相を反映し、学際的な性質を有しています。これらのセンターは学術研究を行う一方で、リスクに関する国民の議論に貢献し、政策立案者に情報提供するという使命も担っています。

ケンブリッジ大学・生存リスク研究センターは、スカイプ創業者の一人であるヤーン・タリン氏が共同設立し、米国の起業家イーロン・マスク氏が諮問委員を務めています。

2030年までには、より広範で多様な社会アクターからのインプットを得た上で、リスクに焦点を当てた学際的なセンターが多数創設され、大学と社会との間で知識の共創が進むことになると思います。

リスクによる影響はグローバル化しましたが、それを分析するための理論や方法論はグローバルに共有されているとは言い難いです。例えば、リスク社会の研究は、欧州に集中していました。しかし、アジア太平洋地域や米国でも関心が高まりつつあり、実際、ここ数年、学者たちは日本やシンガポールの研究にあたりリスクの概念を活用した本を出版しています。

リスク自体は望ましくない影響についての概念ですが、リスクという考えが社会を好転させる可能性もあります。ベックが考案した「解放的カタストロフィズム」という概念は、人類が生存を左右する共有のリスクに向き合ったときに、新たな望ましい未来像を切り開いていく可能性を示しています。近年の気候変動をめぐる論争の中でもその兆候が見られます。

例えば英国の環境保護団体「絶滅に対する反乱」のネットワークによる国境を越えた運動は、これまでの主権国家の領土的な制約と離れて、新たな世界主義的な良心がどのように発展していくのかを示唆しています。またスウェーデンの環境活動家グレタ・トゥーンベリをはじめとする学生による「**未来のための金曜日**❺」キャンペーンや世界的に注目されている気候変動キャンペーンは、個人がどのように変化を起こそうとしているかを示す一例だと言えます。

一方で、ドナルド・トランプ前米大統領などの政治家や気候変動懐疑論者は、気候変動の科学に疑問を持ち続けており、また、ロシアのウラジミール・プーチン大統領のグレタ・トゥーンベリを見下すような態度は、異なる世代が同じリスクをどのように認識しているかを示唆しています。このようなことから、時間を超えて存在するリスクについては、将来の世代に対してどのような影響を与えるかにもっと注視するべきと言えるでしょう。

「生きる価値のある未来がないのであれば、今学校に行く意味がない」と訴える「未来のための金曜日」の議論は、こうした懸念が2030年までに加速することを示唆していると思います。世代間の正義や現在の行動の結果としてどのような地球が将来残されるのかという問題は、今後さらに顕著になっていくでしょう。

気候変動や人工知能（AI）などのグローバル・リスクがより強く鮮明に影響を及ぼす時代へと世界が動いていく中、2030年あるいは2050年までには、リスクに関する研究や知識は、分野や地理的な地域を超えて、より広く普及していくと思います。

未来社会との接点は？

リスク定義や優先順位付けへの透明性などリスク・コミュニケーションの需要が高まる

❺ 気候変動に警鐘を鳴らす若者の草の根運動のこと。2018年スウェーデンの高校生グレタ・トゥーンベリ氏が温暖化対策を訴え、毎週金曜日に学校を休んでスウェーデン国会前で座り込み「Fridays For Future「FFF」を行った。

全世界が一丸となって立ち向かわなければならないグローバルなリスクが顕在化しつつあるにもかかわらず、世界が一つにまとまるコスモポリタン意識が醸成されるのとは程遠く、リスクに対する認識が大きく異なるにつれて社会の二分化と分断は加速しています。今後の社会では、リスクの顕在化が進むにつれ、リスク認識の相違はますます激しくなると同時に、より激しく議論の対象となると考えています。

最悪のシナリオがうまく回避できたとしても、さらに悪いことに、新型コロナ・ウイルスに関するドイツ・シャリテ大学病院の感染症の専門家クリスチャン・ドロステン氏が言うところの「予防のパラドックス」が起こるのです。適切な予防対策のおかげでリスクと考えていたものが現実のものとならなくても、社会の一部の人々は抗議をはじめるかもしれないし、政府は過剰に反応していると苦言を呈したり、リスク警戒レベルを下げるように声を強めるかもしれません。社会全体に影響を及ぼす可能性があるリスクに対しては、市民活動が活発化し、政府の対応が十分か不足しているかについて意見するようになるでしょう。

科学は、将来の社会や政府に対して、リスクとその対処法について情報提供する中心的な役割を果たすことになるでしょう。これは、政府が「科学に基づいて」というフレーズを常に唱え、国民に自らの決定を説明する場合はなおさらです。コンピューター上のモデルやシミュレーションからは、計算に投入されたデータや仮定と同程度の確かさしか得られないからです。現在のコロナ禍が示すように、科学者が政府の委員会にアドバイザーとして参加し政策に助言するあり方については、激しい議論が交わされています。

リスクに係る争いは、政策決定を左右するだけでなく、将来の社会がどのようにリスクに対応していくべきかにも影響を与えます。政府や専門家によってリスクがどのように定義され、優先順位付けされているか、特にそれが個人の日常生活に影響を与える場合には、これらへの社会からの透明性への要求は、２０３０年までに雪だるま式に高まると思われます。

リスクが複雑化する中で、リスク・コミュニケーションの専門家のサービスに対する需要はますます高まっていくはずです。科学者や政府は、リスクを最小化するため、国民の望ましい行動変化をもたらすために、不確実なリスクに関する評価や決定をどのようにして国民に伝えればよいのでしょうか。リスクの研究は可能な未来を想像し、そのために準備することが重要であるとしています。しかし、行動するか否か、双方ともにそれ自体がリスクを伴うため、リスクに伴う不確実性および未知数の前で、どのように行動すべきかについては沈黙しています。

２０３０年か２０５０年までには、ＡＩやその他の先端技術による高度計算によって確率をさらに正確に評価できるようになっているでしょう。しかしながら人間は認知バイアスの影響を受ける可能性のある情報に基づいて意思決定を行うため、リスクから完全に逃れることはできません。リスクの行動科学的側面は将来の社会で重要な要素となると思われます。また、人間がどのように行動反応を変化させるかも、リスク概念の今後の方向性を形作る可能性があります。気候変動から感染症、ＡＩに至るまで、未来の社会は、相互に接続されたシステムの中で人間がとる選択が、社会システム全体への波及効果を作り出し、新たなリスクを生み出すという事実に対処しなければならないと思います。

おすすめの本

ウルリヒ・ベック著
東 廉・伊藤美登里訳
『危険社会　新しい近代への道』
（法政大学出版局）

変わり続ける中国の実像を発信

中国経済

Chinese Economy

伊藤亜聖
ITO Asei
東京大学
社会科学研究所准教授、
経済学博士(慶應義塾大学)

主な研究内容は、中国の産業発展と対外直接投資活動。『現代中国の産業集積「世界の工場」とボトムアップ型経済発展』(名古屋大学出版会、2015年)、The Asian Economy: Contemporary issues and challenges (Routledge、2020年、共編著)、『デジタル化する新興国 先進国を超えるか、監視社会の到来か』(中公新書、2020年)等。

研究分野は?

「中国モデル」の謎に挑む

私は中国経済、特に中国の民営経済の発展を研究してきました。**米ソ冷戦**❶後30年間、世界で最も経済成長率が高かったのは中国です。世界経済の新たな成長の原動力として注目を集めてきた中国経済の、さらに最も元気のある担い手に注目するという意味があります。主に1978年以降、**中国で改革開放**❷が始まった時期を中心に検討しています。それ以前の社会主義計画経済時代(1950年代から1970年代)や第二次世界大戦以前の中華民国期の状況も視野に入れつつ、中国の民間企業の発展パターン、製造業における工場の分業体制を研究してきました。

❶ 第二次世界大戦後、米国を中心とした資本主義国とソビエト連邦を中心とした社会主義国、およびその同盟国による厳しい対立関係。1989年に米ソ両首脳が形式上、冷戦終結の共同宣言をした。

❷ 中国で1978年から始動した一連の改革を指して、後から名づけられた時期区分。「改革」は人民公社の解体、国有企業改革などの社会主義計画経済から社会主義市場経済を、開放は経済特区の設置に見られる閉鎖経済から開放経済への転換を指す。

中国経済は1990年代まで、GDPで測られる経済規模としては小国でした。急成長により2010年にGDPで日本を抜いて世界第2位になり、現在はIT大手のアリババやテンセントなど世界的な影響力を持つ企業も出てきました。人口14億人の中国ではインターネット人口は約8億人に上ります。その人々が利用するサービスを提供するため、世界でも有数のIT企業が生まれました。加えて学術研究、科学研究の活性化も目覚ましいです。同時に中国は今もまだ一人当たりの水準で見ると中所得国の段階にあり、さらに中国共産党による一党体制が強化されています。例えば中華人民共和国の現行憲法第一条は中国共産党のリーダーシップを規定しています。こうした政治体制のもとでもイノベーティブな企業が登場し、そして民間の活力が維持されてきたのは非常に興味深い現象です。

欧米や日本では、自由が制限されている権威主義体制ではイノベーションが起きないという見方があります。例えばマサチューセッツ工科大学（MIT）のダロン・アセモグル教授は著書『国家はなぜ衰退するのか』（早川書房、2013年）の中で、中国の制度は収奪的であり、持続的なイノベーションにはつながらないと論じています。一方で中国国内経済の多様性に着目すると、「中国」はあまりに主語が大きすぎ、産業領域や分野・地域によっては比較的自由な経済活動が奨励されているという見方もあり得ます。日本では故・加藤弘之神戸大学教授が遺著❸で、知的所有権が曖昧であることがむしろイノベーションにつながっていたとの見解を示しています。このように中国の経験をどのように把握するか、「中国モデル」はあるのか、専門家間でのコンセンサスはまだ取れていないわけです。

❸ 加藤弘之『中国経済学入門「曖昧な制度」はいかに機能しているか』（名古屋大学出版会、2016年）

「習近平新時代の中国の特色ある社会主義」のポスターとその前を走るシェアサイクル(2018年3月26日、広東省深圳市前海区にて筆者撮影)

最終到達点は?

今起きつつある変化や潮流を長い歴史の中に位置づける

中国経済は政治経済体制上の異質性が強調される傾向があります。研究としては、より一般的なフレームワークや理論を援用しつつ、調査とデータから通説を検証していくことが何よりも求められると考えています。そしてそこから得られる実像を発信していくことも必要です。

長く検討されている課題の一つは、「中国経済の発展パターンはあくまでも標準的なのか、それとも異質的なのか」という疑問です。第一の見方は、グローバルに見て標準的なメカニズムに従っている、というものです。第二の見方は、韓国や台湾、シンガポールなどのアジア諸国・地域と類似したメカニズムで成長した、という理解です。そして第三の立場が、中国経済は一党独裁の特異な政治経済体制下で短期間に急激な変化が起きており、一般的な発展パターンとは異なるという考

札幌・新千歳空港内のWeChat Payの広告（2019年10月11日、筆者撮影）

え方です。

　トランプ政権の誕生以降、米国政府は「中国は異質だ」との後者の視点から世界にメッセージを発信してきました。このような風潮の中、研究者として現実の観察やデータ、事例などのできる限り正確な情報に基づいた中国経済の実像を示し、発信していく必要があります。これが今まさに問われている問題です。

　21世紀は「アジアの世紀」になると期待されていますが、これは人口的に中国とインドを合わせて28億人、東南アジアで6億人に上るため、この地域の繁栄あるいは混乱が世界の問題に直結する可能性が大きいためです。おそらく「冷戦後」の時代が終わった今、中国・アジア経済の研究者としては、経済大国の興亡や域内経済統合および分裂などの変化や潮流を整理し、可能な限り長い時代の中で位置づけていくことも求められるようになったと感じています。中国が経済大国化し、日本を含む世界各国にはインバウンド旅行が大きな観光需要を生み出しました。また「一帯一路」構想に見られるように、特に新興国との関係を強化しています。「中国の台頭は世界をどう変えるのか」という疑問に答えることももう一つの課題と言えそうです。

社会科学分野は、常に現実を見ながら、現実とのキャッチボールによって研究が進んでいく学問です。これは変わり続ける中国経済の現実と戦っていると言えますし、各世代の研究者にそれぞれやるべきことがあるのではないかと思います。例えば現在ですと、中国経済の研究を通じて、新興国が21世紀の世界経済の動向に与える影響を考えるという作業は意義深いと感じています。

分野の成り立ちは？

主要課題が貧困と開発から国際化、SDGsへ広がり続ける

中国経済の研究は実態の変化に対応して、分析視角も変遷を遂げてきました。戦前、日本には南満州鉄道調査部をはじめとして中国調査の蓄積がありましたが、戦後にはその蓄積は直接的には継承されなかったようです。そして、1950年代以降の計画経済期には社会主義経済体制、つまり経済体制論の視点、そして開発経済の視点から検討されました。当時は中国への入国が難しい時期だったため、『人民日報』といった新聞情報や中国からの亡命者へのインタビューからしか情報が入手できなかったこともあって理論研究が重視されており、限られた情報からロジックを作り、開発経済の理論を援用しながら分析する状況でした。

1978年の改革開放を境に、中国経済の研究は活発になりました。マクロ統計が整備されはじめ、統計年鑑の刊行により統計データが扱えるようになりました。また中国への入国が可能に

なったことで在外研究や現地の政府系研究者の共同研究や分析が始まるなど、研究環境は大きく変化しました。1980年代以降もしばらくは開発経済の視点からの研究が続きましたが、2000年代以降、中国経済の国際化に伴い、開発に加えて貿易や特許、知的財産などの領域に論点が広がりました。この結果、産業組織論、国際経済学、イノベーションの経済学といったフレームワークが必要となってきています。

その後は格差や平等、社会保障、そして環境問題などのSDGs的な問題、世界的IT企業の台頭や技術革新によって論点はさらに広がってきています。中国経済は改革開放後からの短期間で、圧縮してあらゆる変化が起きたため、様々な手法が必要とされました。

また中国国内での経済学研究の発展も著しいです。世界でトップクラスの大学と指導教授のもとで最先端の経済学を学び、帰国した中国人研究者が論文を書いています。また中国政府も社会科学分野における新しい理論体系を作ることを推奨しています。世界銀行の上級副総裁兼チーフエコノミストだったジャスティン・リン氏は著書[4]で中国を一つの事例とした開発経済学的な発展モデルを提案しています。中国の発展経験から示唆を引き出すことは意義深いのですが、それはいわゆる東アジアモデルと大差ないのではないか、あるいは逆に中国の経験には特殊性が大きいとの評価もありえるでしょう。

[4] ジャスティン・リン『貧困なき世界』(東洋経済新報社)。

2030年、2050年は?

冷戦後約30年にわたる「経済の成長と統合」から「経済の停滞と分裂」へ

2049年に中華人民共和国建国100周年を迎えることが大きなポイントになると思います。

中国政府は「2049年までに世界的影響力がある国になる」という目標を立てており、様々な政策が動いています。その流れの中、産業政策「中国製造2025」が打ち出されたことにより、米国が警戒感を強め、半導体を含む関連技術の輸出規制などの行政措置を行ったわけです。目下の米中問題は先が見通せない状況です。

冷戦終結後の30年間は「アジア経済の成長と統合」という、ある意味で楽観的なアジア経済論が続いてきました。冷戦後、超大国同士の戦争や紛争はアジアでは起きないことが前提で国際貿易や直接投資が進み、地域経済統合が進んできました。しかし米国による中国製部品の使用禁止といった部分的な分断、いわゆるデカップリングが進みつつある状況で、さらに軍事的衝突が起きる懸念もあります。また人口・格差問題など社会の深層部での問題も深まっていきそうです。アジアの繁栄を支えてきた基礎的条件は揺らいでいるわけです。

米ソ冷戦はその後も長い期間、世界経済に多くの影響を及ぼしましたが、同様に今起きている「新冷戦」とも呼ばれる米中対立が本格化すれば、その影響は今後10～20年は続くでしょう。その問題に取り組み続けざるを得ないのが中国研究、中国経済研究者の宿命になると思います。

アジアの政治経済を展望すると、「経済の成長と統合」から「経済の停滞と分裂」に転換しつつあるのかもしれません。もちろん、これが悲観的、短絡的すぎることを願っています。

長期的に考えると人口動態が効いてくると思います。2020年時点ではいまだに中国では生産年齢人口が多いですが、少子高齢化が急速に進んでいます。2050年には超高齢化社会になるはずで、社会保障、年金の持続性はすでに喫緊の問題となっています。また、持続可能な開発の観点からは、中国はどれだけ環境政策を本格化するのか、現状では石炭に依存するエネルギー消費構造がどれだけ転換するのか、抜き差しならない問題となりそうです。

未来社会との接点は？

中国、アジア、新興国世界の現実を捉え、分析し、発信し続けていく

以前、私の指導教授から、「中国研究者、特に日本の研究者は、中国の将来像の判断を誤り続けてきたので、ついては中国の未来を予測すること、これを禁じる」という言葉をいただいたことがあります。

私なりにこの言葉を解釈すると、例えば1978年に改革開放が始まった時に、中国でこれほど巨大な経済発展が起こるとは日本の中国研究者のほとんどが信じていませんでした。1989年6月の**天安門事件**❺に際しても、同年11月にベルリンの壁が崩壊して東欧では旧社会主義国家が倒れていたため「中国もいずれ崩壊するだろう」と言われていました。しかし崩壊しませんでした。2001年に中国の世界貿易機関（WTO）加盟時も、中国の産業は競争力がないから対外開放すれば中国国内の自動車産業は壊滅するだろうと予測されましたが、逆に成長しました。

このように中国での過去の大きな出来事について、当時の通説的な理解は通用しませんでした。中国研究者の毛里和子が引用する言葉に「中国は手に負えなくなった」という言葉があります。❻米国人の中国学者であるオーウェン・ラティモアが戦後に述べた言葉ですが、この言葉は今なお、あるいは今まさにそのリアリティーがあります。予測が難しいことを踏まえて、私は何かの提案や可能性を考える作業の時には、議論の前提や土台、幅をなるべく広く持っておくべきだと考えています。それは、「こういう見方もできる、こういった可能性もある」と幅広く考えた中の一

❺ 1989年6月4日、中国・北京で民主化を求める多数の学生らによるデモ隊に対し、鄧小平の指示のもと軍隊（人民解放軍）が武力行使し、多数の死傷者が出た事件。

❻ 平野健一郎・土田哲夫・村田雄二郎・石之瑜編『インタビュー 戦後日本の中国研究』（平凡社、2011年）所収の論考は毛里和子氏のインタビューだけでなく日本の中国研究者の問題意識を知るうえで大変貴重な視座を提供している。

つが、未来につながっているのかもしれないからです。

また中国研究から新興国経済へと視野を広げることも意義深いと考えて、『デジタル化する新興国　先進国を超えるか、監視社会の到来か』（中公新書、２０２０年）という本を書きました。今の中国・深圳や新興国世界は、発展途上国的な状況とモバイル決済が一般化した先進的デジタル社会が混ざり合っている部分があります。デジタル技術の社会への実装の巨大な実験場となっているわけです。スタートアップ企業や新しい**ユニコーン企業**[7]が次々に誕生しては倒産しながら、多くの試行錯誤が蓄積され、新技術が生まれ、新たなソリューションで社会課題を解決しています。

重要なことはこうした変化が、中国にとどまらない点です。コロナ危機では、中国は政府が遠隔診療、接触確認アプリなどをすぐに開発し、インドでは緊急経済対策として生体認証ＩＤ「**アダール**[8]」を使って８５００万軒の農家に現金給付を行いました。

近年、中国で公開されるデータもビックデータ化しており、中国人民大学や北京大学のオープンデータプラットフォームは外国人でも申請すれば使用できることから学生の研究にも活用されています。新型コロナの感染拡大により２０２０年1月23日に武漢市がロックダウンされた際、2カ月後の3月には学術雑誌『サイエンス』に中国人と各国の研究者の連名でロックダウンの効果に関する実証分析が出ました。[9]その元となったのは中国最大の検索エンジンを提供するＩＴ大手バイドゥが公開している都市ごとの移動データでした。

またＩＴ大手アリババの本拠地である杭州では一人当たり２００元の商品券を配布しましたが、商品券配布済み10万人と未配布10万人を比較・分析した報告書をアリババと北京大学が共同で発

[7] 評価額10億ドル以上の非上場、設立10年以内のベンチャー企業。

[8] インドにおける電子個人認証制度。全国民を対象に12桁の数字を発行し、個別のIDを与え識別する国民識別番号制度で、銀行口座との連携も進む。

[9] Tian, Huaiyu, et al. (2020) "An investigation of transmission control measures during the first 50 days of the COVID-19 epidemic in China," *Science*, Vol.368, Issue 6491, pp.638-642, March 2020.

[10] 北京大学光華管理学院・螞蟻金服研究院（２０２０）《疫情之下的消費重啓——中国城市数字消費券的応用与効果研究》２０２０年4月27日発表（中国語）。

表しました。[10] このような大規模なデータを即座に収集・分析できるのは、中国だからこそ可能だったでしょう。ビッグデータをＳＤＧｓ目標にも活用しようという動きも活発化しており、[11] データ社会、持続可能な社会を考える上で、中国が重要な貢献者となるのは疑いないことだと考えています。

一方で、権威主義とデジタルの融合により新たな課題も浮き彫りになっています。『幸福な監視国家・中国』（ＮＨＫ出版新書、著／梶谷懐・高口康太）という本はこの問題を正面から検討しています。とくに示唆に富んでいるのは「個人情報と利便性の交換」という点では、日本も含めた多くの国々で起きている事情と中国は地続きであるということです。確かに中国では国内に6億台の監視カメラが設置され、個人情報も移動記録も含めた統合的データが作られ、政府の権限も強力です。直近では**5G**[12]がすでに一般利用され、自動運転は諸外国に先んじて社会実装が進んでいると紹介されました。しかし利便性のために個人情報を使うという本質は、決して中国だけの特殊な問題ではないわけです。

中国・アジア・新興国世界では日本や先進国では思いつかなかったような速度やアプローチで新たな技術が日々生まれています。そこで切り開かれていく未知の社会を観察し、考え、分析し、常にアップデートした情報を発信し続けることが、広い意味で未来社会につながっていくのではないかと考えています。

[11] The Chinese Academy of Sciences (CAS), Big Earth Data in Support of the Sustainable Development Goals (2020), September 27, 2020.

[12] 第5世代移動通信システム。「高速・大容量」「高信頼低遅延」「多数同時接続」という三つの特長を持ち、自動運転をはじめとした次世代産業の基盤となると見込まれている。

おすすめの本

東大社研現代中国研究拠点『現代中国ゼミナール 東大駒場連続講義』（東京大学出版会）

途上国の貧困問題が全て無くなる、その日まで

開発経済学
Development Economics

高崎善人
TAKASAKI Yoshito
東京大学
大学院経済学研究科教授

米国ウィスコンシン大学マディソン校農業応用経済学博士課程修了Ph.D.取得。筑波大学を経て、2015年4月より現職。専門は開発経済学。https://sites.google.com/site/takasakiweb/

研究分野は?

経済学をベースに途上国の諸問題を解決する

開発経済学は貧困など発展途上国が抱える多くの問題を経済学の視点で研究する経済学の一分野です。経済以外にも、宗教、文化、環境など幅広い分野から知見を得て、問題解決策を探るのが究極の目的です。学際的な問題解決型の学問だと言えます。また経済学をベースに、現実に起きている問題を解決するためにはどういった知見が必要なのかを突き詰めていく、実践的、現実的な学問です。扱う問題が現実的であるだけに、経済学のアプローチだけでは難しいことが多く、学際研究が重視されます。世界銀行など諸々の国際機関、各国政府の開発援助関係の省庁・機関

と連携して知見をフィードバックしており、政策との関係が強いのが特徴です。

　私は社会のニーズが高いけれども開発経済学では扱われてこなかった対象について、フィールドワークに基づくミクロデータ（家計・個人レベル）を使って研究してきました。開発経済学にかぎらず経済学全体では、現実的な問題に対処するため、ここ10、20年でミクロデータを使った実証的な研究が主流になっています。主な研究対象の一つであるアマゾン熱帯雨林の保全と開発については、20年以上、海外の地理学者と共同で環境と開発を見続けてきました。他に、フィジーなど太平洋島嶼国における自然災害、アフリカの障害者についての社会心理学者との学際研究など、多くの途上国で幅広い研究を行っています。

　最近では、アマゾン地域のCOVID－19の実態について調査しました。国土の半分がアマゾンの熱帯雨林に覆われているペルーでは、先住民への感染が深刻な問題としてメディアでも大きく取り上げられています。同地域には先住民とヨーロッパからの移住者と先住民のミックスである混血農民（メスティソ）が住んでいますが、この混血農民はマジョリティがゆえに学問的にもNGOの活動においても注目されていません。熱帯雨林に点在する農村のCOVID－19データが政府統計でカバーされていないことに危機感を感じ、調査をすることに決めました。

　熱帯雨林地域は道路がなく、現地に行くにも都市部からボートで何日もかかるうえ、ほとんどの村に医療施設がありません。当然、感染判定の検査環境もなく、住民に直接聞く以外の情報収集手段がないため、調査では、COVID－19に感染したであろう人数や、感染予防のための人々の取り組み、パンデミックが人々に与えた影響などを、電話でヒアリングしました。混血農民の村と先住民の村、計469村を比較したところ、メディアの通説と異なり、感染率と死亡率では

ペルー・アマゾンの大型船

混血農民と先住民にあまり差がないという結果が出ました。今回の調査結果や知見は順次、Peruvian Amazon Rural Livelihoods and Poverty（PARLAP）プロジェクトのWEBサイト（https://parlap.geog.mcgill.ca/）に掲載して広く公開しています。

最終到達点は？

途上国の諸問題がすべて解決した時に、その使命を終える

諸問題の解決のための知見を得て、解決策を探ることが開発経済学研究の主な目的です。MDGsが2000年にできた際、その第1目標は「2015年までに貧困を半減する」でした。実際、2000年以降、世界的に見ると多くの途上国が経済成長を遂げました。その最たる例は中国ですが、一部のアフリカの国でも顕著な経済成長をして生活水準が上がりました。MDGsの後継であるSDGsの推進もあり、現在までに世界全体としては貧困削減が大きく進んだというのは事実です。

一方で、まだ紛争中あるいは旧紛争国、政治問題や民族問題などを抱えて大変な状況にある国や地域では、貧困は続いていますし、状況が悪化している場合もあります。アマゾン地域のように辺境の地に住んでいる人々や、成長地域に住んでいても障害者あるいはマイノリティなどの社会的弱者の貧困は構造的に残っており、先進国では格差の問題も根深いです。世界各地に開発から取り残されている人々が確実にいるため、問題解決を目指す開発経済学の研究は続きます。発展途上国における貧困をはじめとした諸問題が全て解決したら、開発経済学はその使命を終えます。

分野の成り立ちは？

理論研究から、データを活用した実証的分析の研究へ

第二次世界大戦後、世界銀行やＩＭＦが設立され、先進国と途上国という枠組みができ、経済学の一分野として開発経済学ができました。当初は経済成長論などマクロ的なアプローチが主流でしたが、経済学の進展とともに開発経済学も変化し、国際機関の政策も変わってきました。世界銀行が多くの経済学のPh.D.保有者で構成されていることもあり、開発関係の国際機関・政府機関との関係が強く、政策立案の学問的なバックボーン・背景を提供・形成してきました。

１９８０年代以降は途上国でも家計調査が行われるようになり、家計ミクロデータが普及してミクロ実証分析が拡大しました。そして、いわゆる新古典派経済学から、より現実的な世の中を捉えられる理論であるゲーム理論、情報不完全性等を扱うようになり、計量経済学が発展しました。２０１５年には、世界銀行の家計調査など、データ環境の整備、普及に大きな貢献をした点も評価されて、プリンストン大学のアンガス・ディートン教授が、「消費、貧困、厚生に関する分析（for his analysis of consumption, poverty, and welfare）」の功績によりノーベル経済学賞を受賞しています。

１９９０年代後半ごろからは、トリートメントとコントロールをランダムに割り振る実験的アプローチ「**ランダム化比較試験（Randomized Controlled Trial：RCT）**❶」が発展しました。ＲＣＴ研究は急速に普及し、開発経済学における新しいスタンダードになりました。これは経済学自体のアプローチを変えた画期的なことで、開発経済学の革新、「実験革命」と呼ばれていますが、背景には統計的な手法を扱う**プログラム評価**❷、計量経済学の方法論・応用の発展がありました。

❶ランダム化比較試験(Randomized Controlled Trial：RCT)。対象の集団において、介入を受ける受益者（トリートメント群）と介入を受けない非受益者（コントロール群）の二つの群に分け、何らかの処置またはプログラムを無作為に割り当て、プロジェクト実施後に両者のアウトカム指標を比較する手法。

❷政策・施策・事業からなる一連の政策体系についての評価。

こういった流れの中で、経済学全体が理論研究から、データを重視・活用した実証分析をベースとした研究へとウエートを移したのですが、その動きを牽引したのが開発経済学だといっても過言ではありません。実際、2019年のノーベル経済学賞は、マサチューセッツ工科大学（MIT）のアビジット・バナジー教授とエステル・デュフロ教授、ハーバード大学のマイケル・クレーマー教授の3人の開発経済学者に対して、「世界の貧困削減への実験的アプローチ（for their experimental approach to alleviating global poverty）」の功績により授与されています。

RCTの普及により、開発経済学ではフィールド重視の傾向が強まり、現地の政府・NGO・研究者などとの連携や実際の政策やプログラムの中でのRCTや協働が浸透するなど、大きな変化が起こりました。今では政策の事後評価、効果を見るために世界銀行でも多くのRCTが行われています。開発関係の国際機関・政府機関におけるエビデンスに基づく政策立案「**Evidence-Based Policy Making：EBPM**」[3]の導入にも大きく貢献したと言えます。

ミクロデータの普及により、開発経済学の分野でもビックデータの可能性が大きくなりましたが、一方でRCTをするには個人や小規模の研究グループでは限界があり、何かしらの組織が必要になります。バナジー氏とデュフロ氏が2003年にMIT内に**J－PAL**[4]を立ち上げたように、研究体制の組織化が進んでいます。

現在、開発経済学の研究対象は拡大・多様化し、「なぜ人は貯蓄ができないか」「禁煙できないか」などの問題に行動経済学的なアプローチを取り入れるなど、学際性がさらに高まっています。また、データを中心とする動きは政治学や心理学、社会学など経済学以外の社会科学分野でも顕著で、RCTとともに、データ重視の経済学へのシフトを牽引したのが開発経済学だと言えます。

[3] 証拠に基づく政策立案（Evidence-Based Policy Making：EBPM）。政策の企画・立案において、政策目的を明確化したうえで客観的根拠（エビデンス）に基づくものとすること。

[4] Abdul Latif Jameel Poverty Action Lab の略。2003年にマサチューセッツ工科大学（MIT）のアビジット・バナジー教授とエステル・デュフロ教授らによって設立された研究センター。RCTを使った貧困の削減に取り組む。

研究者と実務者間の新たな協働のフレームワークが構築

現実的な課題を扱う問題解決型の社会科学である開発経済学が未来のことを語るのは合わないのですが、目処がたちそうな10年後について考えてみると、まず挙げられるのはミクロデータのさらなる拡大・普及です。米国ではすでに貧困のある地域とその理由を詳細なミクロデータから分析し、それをベースに議会で政策を議論する循環ができていますが、日本でもデータ拡充とアクセス性向上がより進んでいくと期待しています。

データ重視の実証研究は経済学に限らず社会科学全体の大きな潮流なので、この流れは当面続くはずです。新しいデータの活用が新たな知見や新しい研究につながることが予想され、その中から革新的研究へと飛躍したものが「実験革命」の次を担うと思います。

扱えるデータが充実して、データからの学びの社会還元が評価されるようになり、ＥＢＰＭや実務との新たな融合が進むでしょう。米国では政府やシンクタンクに多くのPh.D. 保有者が在籍して研究者と実務者をつなぐ役割を果たしています。ＥＢＰＭがより機能していくためには、日本でもそのようなキャリアパスが不可欠です。

新たな分析手法が作られたら実証サイドがそれを使い、実証サイドのさらなるニーズに応じて理論サイドが手法をよくするという、計量経済学と実証研究の連動はますます進むでしょう。研究方法は発展し、特に機械学習、ＡＩなどコンピューターサイエンスとの連携はさらに強くなると思います。ＲＣＴについても、２０００年ごろに実施されたものについては20年後のインパクトを今見ることができるように、２０３０年、50年には長期的効果の検証がさらに増えます。そうした動きの中で、個人情報の管理を含む研究・データに関する倫理的な問題の取り扱いがクリアになり、インフラ整備が進んで使いやすいデータ環境が整ってほしいです。

これから時代が進むほど、弱者（不平等、マイノリティ、難民）、社会（差別、ネットワーク、メディア）、政治（統治、民主化、政府・公共部門の質）、紛争（人権、民族、資源）、そして環境と災害（気候変動、生物多様性、パンデミック）などの諸問題をどう解決すべきか、社会のニーズに合った研究が発展すると思います。

開発経済学は実務との接点が強く、多様なものを研究対象として扱うことから学際的なアプローチを取りやすい学問です。今でも経済学だけでは足りない部分を心理学者や環境科学者など他分野とコラボしていますが、今後はデータを中心に開発経済学者のコーディネーターやコアとしての役割がさらに大きくなり、本格的な学際研究が進んでいくと考えます。

特に途上国や海外援助の場では、研究者と途上国政府との新しい協働の仕方が構築されているでしょう。途上国にとって有益なデータが取れるようにデザイン・設計の部分から協働・連携し、Ｗｉｎ－Ｗｉｎの関係を築ければ、開発経済学あるいは開発援助のフレームワークが大きく変わると思います。

未来社会との接点は？

グローバル社会の基礎となるデータ・知見を提供する

政策へのフィードバックは開発経済学研究の主目的なので、開発関連の国際・政府機関の政策に引き続き強く影響を与えていくと思います。数年後にはポストＳＤＧｓの検討が始まりますが、

ルワンダの職業訓練学校

前身のＭＤＧｓのベースが開発経済学にあるため、開発経済学はＳＤＧｓの学問的背景を形成しました。ＳＤＧｓの進捗をモニターし、達成を評価するデータを提供することで、政策への具体的フィードバックを通じて達成に寄与してきたので、ポストＳＤＧｓでも引き続き政策立案・運営の中心的な立場になると考えます。

また教育面では、開発経済学はこれまで世界銀行をはじめとした国際機関の人材育成に直結してきました。今の世の中は、国際機関に限らず、官僚、企業人、ＮＧＯなど幅広い領域で、グローバルな視点で物事を理解して考えられる真の教養が必要です。グローバル人材の育成に必要な教養を身に付ける点において、開発途上国の諸問題についての学問的基礎を提供し、教養、リベラルアーツの教育に大きく関わっています。また、問題解決型の学問として、特に発展途上国に焦点を絞って研究し、貧困などの諸問題を解決するための知見を提供することで、学問と政策に直接還元しています。

グローバル社会における社会観や倫理が形成されるには基礎となるデータや知見の提供が必要です。関連する政策、諸々の実務、企業活動など実務的なものへも影響を与え、連携しているという意味で、開発経済学は社会観や倫理に対する問いかけにつながっているともいえます。

途上国のみならず、人類が協力して「いい方向」に変化し、進んでいくために、グローバル社会の基礎となるデータ・知見を「グローバル公共財」として提供する役割を、開発経済学は担っています。

おすすめの本

アビジット・V・バナジー、
エステル・デュフロ 著
村井章子 訳
『絶望を希望に変える経済学
〜社会の重大問題をどう解決するか』
（日経BP日本経済新聞出版）

食欲が満たされた人類、食は「倫理的消費」へ

農業経済学

Agricultural Economics

中嶋康博

NAKASHIMA Yasuhiro

東京大学
大学院農学生命科学研究科教授

東京大学大学院 農学生命科学研究科副研究科長、同食の安全研究センター副センター長を兼任
1989年東京大学大学院農学系研究科博士課程修了(農学博士)。東京大学農学部助手、同大学院農学生命科学研究科助教授、准教授を経て、2012年より教授。農林水産省食料・農業・農村政策審議会委員(会長および企画・食糧・甘味資源部会長)(2019年6月まで)、日本フードシステム学会会長(2020年6月まで)を務め、現在は日本農林規格調査会会長。

研究分野は？

食の生産に関わる「フードシステム」の改善

私は農業経済学が専門で、「フードシステム」について研究しています。フードシステムとは食料の生産から流通・消費までの一連の領域・産業の相互関係を、一つの体系として捉える概念です。素材を生産する農林水産業から始まって、食品を加工する食品製造業、それを流通させる食品卸売業・小売業、さらには外食産業があり、それらが互いに取引しながら、最終的に私たち消費者のもとに食べ物を提供する、という一連のフードチェーンを形作っています。大小様々の事業者から構成される超産業としてのフードシステム内において、関係者間の連携の基礎とな

り、食の安全を安心につなげる役割を果たす「フード・コミュニケーション」も研究対象です。

食の世界では、家庭内での調理が中心だった時、その素材である米や生鮮青果物の生産や流通がフードシステムのあり方を決めてきました。農業物流通論においてその生鮮青果物や水産物を扱う卸売市場が大きな研究領域となっていました。それが1960年代になると畜産分野で生産技術の革新的な発展が起こり、畜産品のマーケットが拡大していきます。食肉や酪農品など、加工品として販売されることから、生産や流通だけではなく加工やマーケティングの観点からの研究が発展していきました。90年代ごろからフードチェーンの川下の産業に注目する研究を進めるための「フードシステム学会」が設立されました。最近では、地域の伝統食を直売所や道の駅で販売するような草の根的な地域振興活動など、ローカルなフードシステムも研究対象です。また、**食育基本法**❶が制定されたこともあり、食育への関心が高まっています。農産物がどのように生産、加工、流通されてわれわれの手元に届くのか、そのことが現代の食のあり方を左右することから、まさにフードシステム的な考え方を教育研究に取り入れる動きもあります。栄養学など異分野の専門家の学会参加も増えていて、経済学を超えた新たな消費研究も始まっています。

食品の安全・衛生管理は長らく加工段階における問題とされていましたが、**牛海綿状脳症（BSE）**❷問題をきっかけに家畜の餌など、食料の原材料の段階から管理する必要が強く認識されるようになりました。食品の供給はいくつもの企業がバトンリレーを行っているようなもので、1カ所で不適切なことが起きると全部がダメになり、最終的には消費者に健康被害が起こります。最近、食品衛生法が改正されて、すべての業者が食品の安全性をより高めるために高度な衛生管理手法**HACCP（ハサップ）**❸を導入することが義務化されています。具体的な取り組むべき手

❶ 食育の「基本理念を明らかにしてその方向性を示し、国、地方公共団体及び国民の食育の推進に関する取組を総合的かつ計画的に推進するため」に2005年に制定された法律。この基本法に基づいて5年ごとに食育の推進に関する基本的な方針や目標を定めた食育基本計画が策定されている。2016年に策定された第3次の同計画では、過去10年間の成果を踏まえて「食育の環」を広げるために「若い世代を中心とした食育の推進」、「食の循環や環境を意識した食育の推進」など五つの重点課題を目標設定した。

❷ 「狂牛病」とも呼ばれる牛などに感染する疫病。異常なタンパク質であるプリオンの神経系での蓄積が原因とされる。異常プリオンに汚染された肉骨粉を含む餌によって2000年前後に各国で感染が拡大した。

❸ 国連の国連食糧農業機関（FAO）と世界保健機関（WHO）の合同機関である食品規格（コーデックス）委員会が発表した衛生管理の手法。食品に関連する事業者に原材料の入荷から製品の出荷までの全工程で製品の安全性を確保することを求めている。

法は、食材の特性や生産・流通工程の違いから、たとえば米、牛肉、水産物で大きく異なります。フードシステム研究は、安全衛生問題を消費者や事業者の観点から検討を進めています。

2007年には、産地偽装した老舗料亭や、賞味期限を改ざんした観光土産物などで食品偽装が続き、食の信頼は地に落ちました。私たちの研究では、食に関わる全ての事業者が疑われるほどまでに評判が低下していたことが確認されました。食品業界全体の危機感は強く、フードチェーンが一丸となって対策を考え、正しいことを地道に実践して、それを消費者に伝えるという当たり前のことにしっかり取り組もうと、産官が連携した「フード・コミュニケーション・プロジェクト（FCP）」が始まりました。私も発足当初からこの活動に参加しています。

ただし、企業が自らの取り組みを発信することは大事ですが、都合の良いことだけを言って、都合の悪いことは隠しているのではと疑われてしまう可能性があります。信頼が失われた時はそのようなことが起こりがちです。一種の悪循環に陥ってしまうと抜け出せなくなります。そのために中立な立場の行政に説明してもらうことに頼りがちなのですが、それではいつまでも信頼が元に戻りません。やはり、現場の企業が自信をもって取り組みを進め、それを自ら発信することが大事です。数千の企業のFCPの取り組みの経験から、安全管理工程や情報伝達のあり方を標準化する手法は、すべての人が納得できて極めて有効な手段だという評価が得られました。悪循環から好循環に転じて、信頼を回復、維持、向上する道筋に乗せることこそフード・コミュニケーションの役割です。その有効な手段の一つが工場見学です。企業との共同研究から、見学プログラムにおけるコンテンツはもちろんのこと、予約の利便性、トイレを含めた場所の快適さなど総合的なおもてなし水準が訪問者の印象を大きく左右し、工場見学という直接のコミュニケーションが確かに信頼感獲得と顧客の消費行動の変容につながることが明らかになりました。

最終到達点は？
分野の
成り立ちは？

飢えから解放された人類、持続可能な食への意識転換

社会の変容とともに望ましいフードシステムは変わっていきます。それを実現するための経済的な制度を分析し、新たな枠組みの構築を手伝っていくことがこの研究分野のゴールになります。最近は、倫理的な消費といった新たな考え方の研究にも取り組んでいます。

伝統的に食料供給がまず目指すべきことは、とにかく飢えの解消でした。私たちは生きるために食べ続けないといけないので、食の世界では突拍子もないことはできません。変化は緩やかで、フードシステムを支える農業政策を改革する時も「時計の針を止めずに時計の修理をする」ことを心掛けるべきだと言われてきました。しかも基本的に農業に携わる事業者は家族経営が主体です。台風の襲来や病虫害の発生で1年かけた努力が水の泡になってしまう、そのような脆弱な経営がほとんどです。過酷な状況が続くと農業が続けられず、食料生産がとだえてしまうかもしれません。したがってどの国でも農家を保護し、必要な農業基盤を整備するとともに、一方でできるだけ安く食料をつくるように誘導してきたのも事実です。日本は戦後の復興とともに食料増産を進め、輸入も制限なくできるようになったことで食糧不足は解消されました。多くの国では**緑の革命**❹の普及で収穫量が劇的に増え、貧富の差や政治的不安がある地域を除いて、全人類的には史上初めて飢えから解放されつつあります。極端な増産をしなくてよいならば、地域の環境汚染が心配される化学物質の多投は抑えることができます。生態系にも配慮できる余裕が生まれ、私

❹ 1940年代から1960年代に進められた、品種改良された高収量品種を導入した穀物増産の農業革命。人口増加による食料不足の危機を克服できたとされていて、緑の革命に貢献したノーマン・ボーローグ博士は1970年にノーベル平和賞を受賞した。一方で、化学肥料を使った大規模な単一栽培によって生態系の多様性が奪われたことや、小規模な農家が多いアフリカなどで浸透しなかったために格差の拡大につながったことへの批判もある。

たちは倫理的消費という新たな発想で食べ物に向きあえるようになりました。

最近では、食料の生産・消費とグローバルな環境問題との関係にも注目が集まっています。たとえば牛肉を食べることによる環境負荷が極めて大きいことが懸念されています。牛は反芻動物なので第一胃で微生物を使って食べ物を消化し、温室効果ガスを発生させます。また牛を育てるには穀物を大量に与えなければなりませんが、その生産のために水も大量に必要です。このようなことを意識して、牛肉の消費を控える「肉離れ」の動きがあり、ベジタリアンが広がってきています。こうした考えは10年ほど前には限られたものでした。食品ロスを懸念する声もここにきて急速に高まっています。

ただ、新しい発想がある一方で、食料安全保障への配慮はこの先もずっと続けなければならないと思います。世界の人口はまだ増え続けますし、食料生産のための資源の枯渇も心配されています。環境保全をしつつ食料増産するための革新的な技術開発が必要なのです。

日本は1億人を超える人口大国ですが、同程度の国と比較して食料自給率が極めて低いです。国際的に見てもう一点特殊なのは、日本はすべての農産物の品目で純輸入、すなわち輸入を上回って輸出しているものが全くないということです。その反対は純輸出であり、それだと品目別にみて自給率が100%を超えることになります。欧米の先進国では100%超の品目と100%に届かない品目との両方をもっています。日本で唯一輸出できる生産余力があるのは米ですが、国際競争力がないと判断されたため、潜在的な過剰分は生産制限されていて、ごく一部の高級品種を除いて輸出されていません。

カロリーベースで見ると、日本の現在の総合食料自給率は37%ですが、実は1990年代は約

50%、1960年代は80%ありました。戦後は人口が急激に増えていったこと、食料消費パターンが大きく変わったこと、国内の生産がそれに十分に対応できなかったこと、産業構造の変化で農業生産者が減って生産体制が脆弱になったことから、これほどまでに下がってしまいました。

食料・農業・農村基本計画❺では、食料自給率を2030年までに45%にする目標を掲げています。環境を保護しながら、労働力や土地を確保できるかを考えると本当に難しい課題だと思いますが、これから起きる人口減少を見越して現在の生産量を維持できれば、数%は向上させることが可能ではないかと思います。この数値が少しでも上がれば食料確保の面からの国民的な安心感が得られて、環境保全型農業を進めることにも積極的な賛同が得られるのではないでしょうか。

飢えから解放された人類には、生きていくためと、楽しみのためという2種類の食選択があると思い、現在研究を進めています。生きていくために食べることが強いられるのは苦痛ですが、美味しいもののためなら時間もコストも喜んでかけたいと思う場面もあります。朝食は時短で済ませたいと思う人も、土日の夕食は手間をかけた料理をして親しい人と語らいながらゆったりと食べたいと思うこともあるでしょう。食事行動は人の働き方とも関連しているはずで、その調査にも取り組んでいます。この食選択の二面性は食研究の大きな課題だと思っていて、食の「喜び」にどれだけお金をかけるかというのは人類にとって永遠の課題ですね。

2030年、2050年は?

ICT技術で変わる食の生産と消費に期待

私たちが今後研究したいと思っているもう一つのテーマは、青果物などの卸売市場のあり方に

❺食料・農業・農村基本法に基づき、政府が中長期的に取り組むべき方針を定めた5年ごとに策定される計画。2020年3月に閣議決定された計画では、産業政策と地域政策を進め、これまでと同様に食料自給率を向上させて食料安全保障を確立することを基本方針の一つとしている。

ついてです。巨大な体育館のような卸売市場を見学すると、素人目にはそこで何が起こっているのかすぐにはわからず混乱します。大量の荷物が深夜に運び込まれ、乱雑に積み上がっていたその荷物が、早朝には取引先が決まって午前中にすべて運び出されてしまいます。近郊、遠隔、海外など様々な場所から届いた青果物が卸売業者を通して、街の八百屋さんやスーパーマーケットに売り渡される取引が、ルーティンのように続けられます。この壮大な仕組みが私たちの日々の食卓を支えています。これを私たちはメインストリーム流通システムと呼んでいます。一方でこだわりの農作物を作っている農家と、それに共感するレストランとをマッチングさせて直接取引ができるようにする、いわゆる市場外流通の仕組みも確実に広がっています。これはオルタナティブ流通システムと言います。ただ、新型コロナウイルスの感染拡大の影響で、レストランも納入業者も大きな打撃を受けました。そうなるとこだわりの作物に対価を払ってくれる人がいなくなり、それを生産する農家も立ちゆかなくなってしまいます。このようなリスクに対応するため、メインストリーム流通とオルタナティブ流通とが相互に柔軟に乗り入れするような仕組みが必要で、それをスムーズに動かすための情報、そしてその規格化を考えていきたいと思っています。このことは先ほど指摘した倫理的消費のマーケットを拡大するためにも貢献するはずです。

今はまだ情報が整理されていませんが、人的なつながりを背景にしたものすごい数の相対取引が東京の食を支えています。この状況が、もし標準化されてデジタル化したら、卸売市場もかなり違った姿に変わるはずです。センサーやネットワークを組み込んだフィールドサーバーで農作物の生育状況を把握して出荷予想を提供できて、その農家にスーパーや外食店が注文できるようになれば、さらに出荷タイミングを合わせることができれば、わずかかもしれませんがプレミアをつけて売買することも可能になります。これまでもID情報を埋め込んだチップを近距離の無線通信で読み取るRFIDを農産物流通に利用できないか研究が取り組まれてきました。

フードテック[6]の分野では、様々なビッグデータを使うことで新たな食のマーケットが生まれるのではないかと期待されていると聞いています。例えば健康データがあれば、オススメの食べ方を提案できます。これまで食品は、大量生産と大量販売で価格を抑えるのが基本でしたが、消費者が何を食べたいかに合わせて小ロットで生産できれば売れ残りもなくなり、廃棄ロスを減らせます。ウーバーイーツのようなラストワンマイルのデリバリーをいかに安く実現するかはまだ課題として残っていますが、データサイエンス、生産体系、デリバリーの仕組みが揃ってくると、これまでとは違った光景が見えてくるのではないでしょうか。

未来社会との接点は？

食は「自分ごと」、社会を変える取り組み拡大

持続可能な開発目標（SDGs）の重要性がこれだけ強調されている今、食の分野でも先ほど指摘した倫理的消費をもっと増やしていく必要があると思います。有機農産物や人権に配慮した食品は、生産工程を記録して消費者に伝わるようにする必要があります。どう違うのかを見せられるようにしなければ倫理的消費は広がりません。発信方法は、今後フード・コミュニケーションで検討すべき課題だと考えています。

私が可能性を感じる取り組みの一つに、農業と福祉の連携があります。国が定めた規格を認証するJAS規格（日本農林規格）に、新たに「ノウフクJAS」が加わりました。障害者が生

[6] 食（フード）とテクノロジーを合わせた造語で、最新技術を活用して新しい食品や調理法を開発することなどを指す。

産工程に携わって生産された生鮮食品や加工食品を認証し、それが分かるようにマークをつける制度です。このことは障害者の農場や食品企業での雇用を後押しします。実はオリンピックやパラリンピックの会場で提供する食は全部持続可能な食材で提供されなければならないのですが、その食材調達基準の中に「障がい者が主体的に携わって生産された農産物」という推奨事項を含めることとなっています。これ以外にＧＡＰ（適正農業規範）という認証もあわせて求められますが、このノウフクＪＡＳはこの推奨事項をクリアする判断基準となっており、特にパラリンピックの会場で提供されることを希望しています。まだ生まれたばかりの制度ですが、世界でも類を見ない日本独自の仕組みであり、ぜひとも普及していければと思っています。

　日本食は世界的に評価が高く、和食がユネスコの無形文化遺産に登録されたこともあり、輸出が増えていくことへ高い期待がもたれています。社会の変化にあわせてもっと改善すべき点もありますが、卸売市場も人口が集中した都市への食料供給システムとしてはかなり作り込まれた制度で、食に対する意識や嗜好に共通点が見られる東南アジアの国に輸出できるのではないかと思います。そのためにも制度を磨き上げて、倫理的消費や環境保全型農産物も扱えるように再構築したいところです。レベルアップした仕組みは国内の消費者にとっても利益になるはずです。

　気がかりなのは、欧米と比べて日本の有機農産物の普及が遅れていることです。１９９０年代に世界で環境意識が高まった時、日本はバブル崩壊後で経済状況が悪化していました。私たちの食料消費額は１９９５年あたりをピークにして、その後15年以上にわたり低下し続けていました。食の買え控えがある状況では、割高な有機農産物は選択しづらかったと思います。また、国土利用における農山村のあり方、自然と人との関係性が欧米とは違うので、環境に負荷を与えている

ノウフクＪＡＳのマーク

「悪者」の農業を変えるために有機農産物を積極的に普及しなければ、という意識が日本人には芽生えなかったのかもしれません。実はずっと下がっていた日本の食料消費額が2013年を越えたあたりから増え始めていたので、有機農産物が普及するチャンスかもしれないと期待しました。しかしながら、その後の新型コロナウイルスの感染拡大で消費が抑制されてしまいました。「あぁまたか」という感じです。それでも農福連携が登場し、食品ロスを減らそうという流れもあり、新しい兆候が出てきていると感じます。日本の食の中にこの流れがきちんと組み込まれて、新たな食のスタイルを作り上げていって欲しいです。

日本では、戦後にベビーブームで人口が一気に増えて都市に集中してしまいました。現在の食の問題は、都市の食の問題です。わざわざ北海道や九州、さらには海外から食品を東京に持ってきて、輸送費をかけて温室効果ガスを排出しながら人々に食品を届ける仕組みを構築してきたのです。農業経済学領域の人間からすると、この都市化は行き過ぎていると感じます。都市に住めばハッピーになるわけではなく、国土形成のあり方も変わろうとしています。コロナ禍でかなりの人が都会に住まなくてもいいと思うようになってきたのではないでしょうか。このタイミングで、どんな社会づくりをしていくべきなのか、農村側ももっと提案すべきだと思います。もし農村に人が留まったら、安全で新鮮な食べ物がもう少し手軽に手に入り、食をめぐる社会的課題のいくつかは解消される面もあります。今とは別の形での農村と都市の共生があってもいいかもしれません。食というのは自分ごとで、生き方を形成する一つの要素です。みなさんの考え方を少しでも変えられたら、今述べてきた問題はかなり解決すると私は思っています。

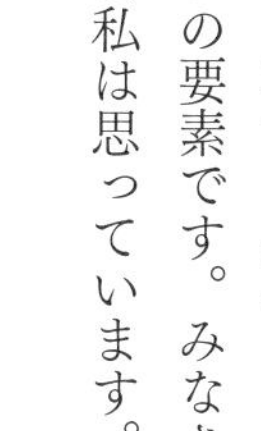

おすすめの本

中嶋康博編
『食の経済』
(ドメス出版)

人新世の食のカタチ・生きもののカタチ

環境倫理学

Environmental Ethics

福永真弓

FUKUNAGA Mayumi

東京大学大学院
新領域創成科学研究科
社会文化環境学専攻 准教授

1999年3月津田塾大学 学芸学部 国際関係学科卒業、2001年3月津田塾大学大学院 国際関係論専攻 修士課程修了。その後、2008年3月東京大学大学院 新領域創成科学研究科 環境学専攻 博士課程修了（博士:環境学）。立教大学社会学部の助教、大阪府立大学 21世紀科学研究機構エコサイエンス研究所の准教授などを経て2015年4月から現職。2018年～ 2019年UCバークレー客員研究員。

研究分野は？

変わりゆく地球と生きる人間と社会を考える

環境問題はそもそも、こんがらがった倫理とやっかいな社会課題の集合体です。誰のための、どのような環境と共にある社会をよしとするか。「誰の」には、現世代だけでなく、未来世代の人間も人間以外の生きものも含まれます。どのような社会のかたちがよいと考えるのか。人びとがよき生を追求できる条件は何か。何が廃棄や再生の対象となり、トレードオフだとみなされていて、それはどのような正当性を、どうやってえたとみなされているのか。持続可能性を実現するということは、こうした問いの答えを手探りすることです。こうした問いは、そもそも、自然とは何か、生命とは何であるのか、そしてそれらと共に人が生きるとはどのようなことなのか、という根本的な問いにつながっています。

私自身は「地球上で、地球らしい生きものと共に、人間らしく生きるとはどのようなことか」について、その「らしさ」の内実とポリティクスに着目して研究をしています。現在は跡地再生とデザインの公共社会学、環境正義と気候正義、**人新世**❶時代の魚の美学などの研究を主に進めています。

人間が資源を使い尽くしたり、公害や開発で利用できなくなってしまったり、人間活動によって人間にとっても他の生きものにとっても使えなくなった土地は、これまで繰り返し作られてきました。こうした跡地を使うことは、再生するにしても、別の人工物を置いて人間活動による荒廃という歴史ごとなかったことにするにしても、人、他の生きもの、モノ（人工物を含む）の異種混交の「系」を空間として「つくる」ことです。ではどうやってデザインするのが正しいのか。デザインという行為が可能かどうかはさておき、この言葉を用いることで、人と対象が関与し合うこと、そして人の関与がいかなるものかを探ることができます。生きものは人の意図や意匠など簡単に飛び越えて生きていく。ゆえにここでのデザインとは、応答し続けることです。ではどのように応答すべきなのか。多様な人や生きものが、世代をまたいで応答し続けられるような応答のプロセスとはどのようなものか。人間が人間中心主義的なまなざしとは異なるまなざしを得ることができるとしたら、それはどのようなものになるのか。この応答のプロセスを、多様な人びとのあいだで、人びとと人以外の間で、「公共的に」開くことは可能なのだろうか。「跡地再生とデザインの公共社会学」が議論するのはそのようなことです。

❶ノーベル化学賞受賞者のドイツ人化学者パウル・クルッツェンが提唱した「人類の時代」という意味の新しい時代区分で、2000年ごろから広く使われるようになった。人類の活動が地球の生態系や気候に大きな影響を及ぼすようになったことを受けての新たな区分で、現在の完新世の次の地質時代を指すが、いつ始まったかについては議論がされている。

関連して、「人新世と魚の美学」は、人と生きものの共進化について、変わりゆく生きものと食べるわたしたちという観点から考えてみようという研究です。人間が食べることを優先すると魚の外観的な美しさはどう変わるのか。例えばニジマスは交配や遺伝子組換えによって筋肉質の体になりますが、そのニジマスの身体は渓流で泳ぐのに適していません。美しい切り身がたくさん獲れるなら、魚の形がもはや本来の生活史に適さない形になったとしても、それはそれでよい、とも考えられます。消費者が美しさの基準をどこに置くかで生きものの形が変わる。ニジマスなら、切り身が美しければ外見はどうでも良いという考え方もあるわけです。他方、一尾まるごと視覚でも食べるアユは外見が問題になります。適応進化や自然淘汰の結果である生きものの形にはそれなりの理由があり、それが自然の面白さです。人間は生きものの環境を変え、栽培・家畜化を進めながら生きものの形に影響を与えてきました。遺伝子組み換えやゲノム編集が当たり前の技術になり、生きものの形の変容がかつてなく加速する現在において、人が生きものを食べるとは何を意味するのか。そもそも、食べるとは人間にとってどのような営みなのか。美味しいという概念と経験はどう形成されるのか。グローバルサプライチェーンや市場を介して階層化が進む食の変化もまた、つくられる魚の形を変えていく。食べるという社会的行為、そのために生きものと関わるという行為を広く紐解き、食の倫理と異種混交の系と付き合う上での実践的な環境倫理を、「魚の美学」を通して問いたいと思っています。

続く「環境正義」ですが、「正義」というと身構えてしまう人もいるかもしれません。社会運動の文脈において英語のjusticeは、「不公正さや苦痛にあえぐわたしの声はあなたに届いていますか」と問いかけ、「あなたとわたしの間で、公正さや道徳的正しさの合意はどうありえるだろ

福永真弓
『サケをつくる人びと
水産増殖と資源再生』
（東京大学出版会）

うか」と探究する概念です。そして、もし誰かが苦しむような不正義があるならばわたしたちが寄りかかっている法制度自体を見直しましょう、そのために社会内の再分配や公正さも含めて、わたしたちが手放してはいけない社会の根本的概念とは何かを積極的に議論しましょう、という社会の再設計を促す概念です。もともと米国の環境人種差別に抗する社会運動で形成された概念です。有害廃棄物の処分場などの迷惑施設を地図上にプロットすると、有色人種の比率が高い地域に偏っていました。人種差別に起因する環境リスクの偏在を、市場原理による結果だと正当化する考え方もまかりとおってきました。環境正義とは、そのような正当化の欺瞞を指摘し、いかなる人びとも、健康と生の充溢を十全に支える環境を享受する権利があることを主張し、その実現をめざすことです。日本でも、戦前の足尾鉱毒事件、戦後の水俣病事件などの公害事件、最近では原発事故においても、経済発展のために犠牲はやむをえないという経済論理のもと、棄民として疎外され苦しむ人びとと長期にわたって影響を受ける場所が生みだされてきました。正義という言葉は用いられてきませんでしたが、被害者やその支援者たちは、こうした経済論理による正当化を近代の病と捉え、対等な人間として充溢な生を求める声をあげてきました。こうした声への応答が同じ社会に生きる他者や社会に届き、被害を生み出してしまう仕組み自体を変えることが目指されてきたのです。このような環境正義の概念は、気候変動のもたらす不正義という現実から、再び大きな意味と役割を持ちはじめています。少し先の未来世代、現在の若者たちは、気候変動下のサバイバルの厳しさを上の世代よりも鋭敏に感じています。同時に、誰がより被害をこうむるのか、生存を脅かされているのかについては、既に不公正な状態にあります。グローバル正義へと発展した環境正義運動とも被害者が重なることもあって、その理論的・実践的接点について研究が進んでいます。

最終到達点は？分野の成り立ちは？

人・自然・地球の「らしさ」を問い続ける

環境倫理学は1960年代後半の環境危機の認識とともに、環境社会学はそれより前に社会が直面した食品公害、公害、環境破壊に応答してきた学問領域です。もともと融合系の学問分野で、どちらも応用色が強く、社会実験や具体的な合意形成のプラットフォームの形成をしてきた分野です。

1972年に**ローマクラブ**❷が「成長の限界」という報告書を発表し、大量生産と大量消費の社会の形について議論されるようになり、社会運動も盛んになりました。米国では環境思想・環境倫理学が産声をあげ、自然に対して支配的な態度を取る人間は、人間や人間社会にも支配的な態度をとることも警告されました。人間と自然の関係性を改めて哲学的かつ実践倫理的に考える学問が生まれました。自然を守るために、自然には自然の権利があることや、内在的な価値があることが唱えられました。

一方、日本ではもっとミクロなところでの人と自然のつながり、例えば人々がどうやって自然を使ってきたか、里山などを事例に実践的な環境倫理とはどんなものだったか、歴史を振り返りながら紐解こうとしてきました。日本的な思想や宗教を踏まえて研究した桑子敏雄や、フィールドワークを通して人間と自然の関わり方を読み解こうとした鬼頭秀一らによって、日本の環境倫理学は欧米とは少し違った発展をしました。もともとこの列島に住む人びとが、二元論的な人間

❷ 1968年に立ち上げられた民間のシンクタンク。最初の会合をローマで開催したことが名前の由来になっている。人口増加の速度に食糧や資源の増加が追い付かずに人間社会が破綻してしまう事態など、人類が直面する課題に対処するために設立され、1972年に第一回の報告書「成長の限界」を発表した。

自然関係ではなく、社会的自然とも呼ぶべき関わりのなかに身をおいて自然なるものを見いだしてきたことがその背景にあります。

環境社会学も日本の文脈を反映した展開が見られ、公害、**スモン**❸などの薬害、食品公害、開発による日常生活破壊を事例に、被害とは何か、回復とは何かという問いに向き合ってきました。高度経済成長の歪みが現れて、仕方がないという言葉で捨てられてきた民や環境、土地はいったいどのような状況にあるのか。ひたすら廃棄する社会が生み出した被害者に寄り添いながら、どんな被害が発生しているのかを社会学的に調査し、もう一度社会の設計を考えようと、飯島伸子らがこの分野を切り開きました。

現在は、気候変動への関心の高まりとともに、環境倫理学にも環境社会学にも国際的には若い研究者が一気に参入しています。特にここ10年ほどは環境について論じる人文社会科学系の研究者の裾野が広がり、グローバリゼーションがもたらした変容や気候変動がもたらす社会の不安定さ、人間社会が前提としていたシステムの揺らぎにどう対処するかが大きなテーマになっています。

人間活動に対する地球の限界がまざまざと目の前に現れている今、全体主義的な統制が進んだり、これまで以上に環境格差が経済社会格差と連動し、苛烈な自己責任によるサバイバルが求められたりするような社会にならないためには、何をなすべきか。「人間らしい」ふるまいは、倫理の形とは何か。同時に、共に生きる自然、ひいてはわたしたちが変容させてしまった地球の「地球らしさ」を、どう考えれば良いのか。環境や自然について考えてきた人たちの重要な参照点の一つが、『沈黙の春』で著者**レイチェル・カーソン**❹が言及した「sense of wonder」です。人間の

❸ 整腸剤キノホルムを服用した神経障害患者が多数発生した薬害事件。亜急性脊髄視神経末梢神経病の英語名Subacute Myelo-Optico Neuropathyの頭文字をとってSMONという疾患名がつけられている。1960年代に日本国内で一万人以上の患者が発生し、症状としては下痢と腹痛が続いた後に両脚の痺れがあり、痺れが上半身にも及んだり、視神経障害で失明したり、さらに死にいたる場合もあった。

❹ 米国の生物学者。1962年に出版された「沈黙の春」では化学物質の汚染が環境に与える悪影響を告発し、人類もその影響下にあること、人類の未来が危機に瀕していることを警告した。

思惑や意図を超えたところで、空に向かって枝を伸ばし、土の中で根を張り、鮮やかに色づき、あるいは飛翔し、あるいは水を泳ぎ、地をゆく生きものたち。岩や水、ミクロな微生物たちが集まった土、そこからたちのぼるにおい。「sense of wonder」は、そうしたものに偶然に出会い、もたらされる驚きやはっとした気づきです。環境の再生や循環を考える時に、人間がデザインできない、してはいけないものは何なのか、人間が自然に対して、どのような敬意を抱いて「自然らしさ」を守らなければならないのかという議論を、感覚的に支えてくれる言葉です。

この分野の最終的な到達目標は何か。それは、これまでの来し方を紐解きながら、地球上の生きものと人間の「らしさ」とは何か、つねに構築され続ける「らしさ」のポリティックスに目を配りながら、探究することです。そして、同じ時代に生きる他者と、人間以外の生きものと、そして過去や未来の存在と対話する術を探究し、応答を続けられる状況を実践的に作り出すことだと考えています。

2030年、2050年は？

「地球らしさ」をかつての地球イメージから探る学問に

研究対象が科学技術の進展で大きく変わり、今まで人の手が入っていなかったものにまで手が入り、今以上に「デザイン」されるようになります。そのために一層「らしさ」の構築とその政治性の理解が重要になると思います。地球温暖化対策として地球を人工的に冷やすという気候工学も議論されるようになってきています。すでに食や環境の「循環と再生の科学技術」は宇宙およびサイバー・フィジカルの融合した空間を念頭に開発が進み始めています。例えば**人工肉**❺を作

❺ これまでの動物由来の肉に代わる人工的に作った食材。植物由来のタンパク質を利用したものや、動物由来の細胞を培養して増やしたものがある。畜産と比べて生態系への負荷を少なくできることなどが期待されている。

る工場は宇宙空間に設置される可能性も、机の中で豚の尻肉を培養するＤＩＹプラントとなる可能性もあるわけです。同時に、人々の味覚、生きもののかたち、あるいはかつて生きものだったけれども生きものではなくなったもの、遺伝子を用いた生きものの復元（野生動物の復元）、特定の環境の創造などがどんどん進んでいます。気候変動も含めた人新世の中での変化に合わせて、いろいろなものが地球から離陸し、その一方で地球を再度作って純粋な地球らしい地球を求める動きがますます強くなっていると思います。

　グローバリゼーションの中で食の分散生産が当たり前になりましたが、パンデミックや気候変動に左右されて生産量が変動するリスクが明らかになりました。食のセキュリティを考えて、各国の食の囲い込みが強まると予想しています。日本列島はポテンシャルが高いので、自給自足に向けて生産体制を作り変えられればいいのですが、そのためにどのような政策が必要か。２０３０年ごろは、今よりもさらに、政治的に、個人的に、集団として、食のセキュリティをどうするかという議論のただなかにあるでしょう。気候変動の影響に対処しながら生産を確保していくことは並大抵の努力ではなしえない。コロナ危機が垣間見せたように、そのときにどのような政治体制をわたしたちが選んでいるか、学問がどのような位置にあるか、そうしたことも大きく変わっているでしょう。

　同時に、２０５０年になるとそれまでよりもさらに地球らしさを作るにはどうしたらいいかを研究するようになっていると思います。**テラフォーミング**❻の「テラ（地球）」の意味は千差万別なので、みんなが考える「地球らしい環境」を求めて、違う重力のもとでかつて地球が地球であった時代を紐解き、「ほんもの」の地球を創り出そうとする研究です。その時には環境倫理学や

❻人が移住して住めるように惑星の環境を変えて地球化するという考え方。ＳＦと科学研究の両面で発展し、１９６１年には米国カリフォルニア大学の惑星物理学者カール・セーガンが金星の環境の改造に関する論文を発表した。

環境社会学として残っているかは怪しいですが、既に宇宙を見据えた「宇宙倫理」や「宇宙人類学」という分野が出てきているように、「地球倫理学」や「地球民俗社会学」になっているかもしれません。同時に、「人間らしさ」と正義の探究も続くでしょう。環境正義も中心的な課題として不可欠だろうと思います。応用分野ですから変容するでしょう。

未来社会との接点は？

未来や選択という言葉に批判的思考を

未来、選択、これらの言葉はとても強く、そこからこぼれ落ちたり、見えなくなったりする存在を生む言葉でもあります。歴史的にも同時代的にも、市場原理や経済論理といった言葉は、未来や選択とみずからを紐付けながら、棄民や廃棄されるモノたちをつくることを正当化してきました。たとえば、限界ある資源で賄うためには総人口を抑制せよという議論が、限られた資源で賄える人口を優秀な人間で満たせという議論と結びついてきたことを忘れてはなりません。消えることなく社会のなかに根を張っていて、誰が減らされていいのか、**社会ダーウィニズム**❼的な議論や、優れた人類として誰を残すかという優生思想的な話になめらかに結びついてきましたし、今でもそうです。効率性やサバイバル、変わらぬ豊かな生活維持のために、といった言葉と共に繰り返し姿を少しずつアップデートして現れます。ファシズムをはじめとして、すでに幾度となく経験してしまった歴史の惨い轍をしっかり振り返りつつ、未来を語る言葉の中に、選択を正当化する言説の中に、ふっと混じるこうした議論について、慎重に論じる必要があります。未来や未来のための選択、という言葉が切実性を持ち、たとえばグローバリゼーションや気候変動

❼ チャールズ・ダーウィンが提唱した生物学の進化論を取り入れて、人間社会の発展を論じた社会理論。英国の社会学者ハーバート・スペンサーらによって提唱され、自然淘汰が人間社会でも作用する、もしくは作用すべきだと主張した。

のもとでの社会の不安定化と、文字通り生活のサバイバルが加速する現代だからこそ、未来や選択という言葉に批判的思考を向け、分断ではなく連帯を、差別ではなく関心を生み出すことが肝要です。

その上で、最終的に人類が地球に踏みとどまるか、宇宙に行くのかも、透明性がある形で人々が選んだ結果であればいいと私は思っています。ただ、この数世代で共にいる誰かを棄てることを何かとトレードしてはならない。棄民となってきた人びととその生きる場所について考えてきた研究者として、それは譲れないと考えています。

おすすめの本

藤原辰史
『分解の哲学』
（青土社）

日本の中世史から見えてくる人間の歴史の行方

日本史

Japanese History

本郷和人
HONGO Kazuto
東京大学 史料編纂所 教授

1960年東京下町に生まれる。私立武蔵中高に学び、1978年に東京大学入学。1983年東大文学部国史学科卒業。大学院で学び1988年に東大史料編纂所に助手として入所。東大大学院情報学環助教授、東大史料編纂所准教授などを経て2012年から現職。

研究分野は?

歴史を通じて日本のありようを明らかにする

日本史というのは、貴族の時代だった古代、源頼朝が鎌倉幕府を開いてからの武士の時代の中世、江戸時代が該当する近世、そして明治維新以降の近現代の四つの分野に分かれています。私は中世史を研究し、その中でも鎌倉時代の政治史、さらに言えば幕府ではなく朝廷史を専門にしています。

日本では歴史学が進展した過去150年の間に史料が徹底的に調査されました。中世史に限ると、ほとんどの史料がなんらかの形でデータになっていて、史料編纂所のどこかにある、という状況です。古文書のままでは読むのが相当大変でも、過去の先輩たちがほとんどを活字にしてくれたので、その活字を読み込むことが研究では非常に重要になります。「今までの人はこう読んでいるけど、こう読めるのではないか？」「この文書とこの文書は実は仲間ではないか？」ということを考えて研究を進めていきます。こうして中世史のありようを明らかにするために、「大日本史料」という史料集の編纂を史料編纂所で行っています。何年何月何日にどんなことが起きたのか、それがどこの史料に書いてあるのかということを一つずつカードにまとめ、膨大なカードの山から史料集を作っています。今のペースではあと800年かかってしまいますが、地道に進めています。

研究にはその時々で流行があり、日本史で今ホットなのは外交史です。例えばバチカンやスペイン、ポルトガルの教会にある史料を見ることもあるので、外国語を習得した新しい研究者が活躍するようになってきています。少し面白いところでは、伊達政宗がローマ教皇に送った文書が見つかっていますが、名前がローマ字で「イダテ　マサムネ」と書かれていました。明治維新を迎えた段階ではもちろん「ダテさん」だったと考えられるので、江戸時代の間に「イダテさん」から変わったということになるわけです。こういう小さいことも含めて、いろいろなことが今後さらにわかってくるかもしれません。

歴史学ではそれぞれの時代について深掘りする方向で研究が進んでいますが、私は20歳で進学してから40年間、中世史をずっと研究してきたので、日本史というのはどんな特徴があるのか、全体について考えたいと思っています。ただ、伝統的な日本の人文系の学問分野では「たこつぼ的」であることが推奨されがちです。そこを打ち破って、中世史だけに留まらずに古代史や近世史も含めて、まとめて広い視野で捉えようとしています。

最終到達点は？
分野の成り立ちは？

皇国史観、唯物史観の先の歴史観をどう生み出すか

日本の歴史研究の大きなゴールは、私たち日本人が一体どのような歴史を経て現在に至っているかを明らかにすることです。日本社会の特徴が見えれば、現代社会にも参考になるはずです。

私が所属している史料編纂所は東大文学部日本史学科よりも先にできたのですが、後からヨーロッパ的な歴史研究の方法論が入ってきました。当時、日本史研究をどういう方法論で進めるか、日本史研究の大先輩たちの間では熾烈な戦いがあったと聞いています。そして実証を重んじる科学でなければならないとの信念を持って、明治の初年に歩み出しました。

ところが、明治の元勲たちが天皇の正統性を主張しようとしたことで事態が変わります。天皇をいただいている国であることを、世界に打って出る時の日本のアイデンティティにしようと決めたため、科学としての歴史学だったはずが、神話までも歴史学に取り込むようになり、実証一辺倒から物語を許容する形へと変わっていきます。これが「**皇国史観**❶」で、東大の平泉澄らが率いていました。当時の風潮と一致していたので、歴史学は経済界、政界、さらには軍部とも密接に関わり、興隆しました。

それが戦後になると、この方向性は否定されます。一気にマルクス主義的な歴史観、「**唯物史観**❷」が全盛の時代になります。歴史で社会を変えようと本気で考えた熱い時代です。この熱気が歴史学の大スターの網野善彦が生まれる下地になりました。科学や分析を重視する姿勢はそれは

❶ 近代日本史学の一つの流れで、天皇を中心とする国家統治の発展を日本の歴史と捉える見方。南北朝時代に北畠親房が書いた「神皇正統記」がその先駆けとされるが、特に昭和前期に平泉澄らが提唱した歴史観。

❷ 19世紀にカール・マルクスが提唱した歴史観で、社会や文化が経済や科学技術などの物質的な側面によって規定されるとする唯物論の立場から歴史を解釈した。生産力の発展によって生産関係が変わり、その結果として政治や経済、文化も変化していくとし、当時の資本主義が矛盾点から社会主義革命を引き起こし、共産主義に移行すると考えた。

それで正しかったと思いますが、ベルリンの壁の崩壊があり、共産主義国でも多くの人が犠牲になり、マルクス主義の限界が見えて唯物史観も絶対的なものではないということがわかってきます。

戦前の皇国史観、戦後の唯物史観、その後のベルリンの壁の崩壊という流れの中で、本当は1990年代後半ぐらいから歴史研究者は新しい歴史観を生み出す努力をすべきだったのではないか、と私は思っています。でもしなかった、そこが問題です。歴史研究者たちは「実証主義」にしがみついたのですが、これは手続きや方法であって、哲学を含む歴史観ではないわけです。例えば社会学では構造主義が生まれて、次に脱構築ということが言われて、社会のあり方をリードしていく学問になりました。一方で、歴史学は完全に遅れを取りました。歴史観が足踏みしたまま、どの方向に行くべきか誰も指針を示せずに、個別の研究を深掘りする「たこつぼ化」が進んでいる状況にあるという危機感を私は持っています。

2030年・2050年は？ 歴史学が国立大学から姿を消す？

このままだと歴史学は国立大学から姿を消すのではないか、と私は思っています。端的に言うと、社会が研究の資金を出してくれなくなってきています。

理系の学問で、例えば新幹線が時速200キロから300キロになります、iPS細胞で医学が進展しますというような生活の質の向上につながる研究分野の可能性を聞くと、私たち人文系はもう降参するしかありません。目に見える形の成果はないので、哲学や文学、歴史学を勉強して何かいいことありますか?と言われてしまいがちです。

そういう現状に危機感を持って、日本史学を研究するとこんなに素晴らしいことがあるのですよと自分たちで言っていかないといけない。黙っていれば誰かが評価してくれる時代ではなくなってきているので、説明責任を果たさないといけません。社会のみなさんに歴史は面白いのになぜ予算を削るんだ、と言ってもらえるようになるために、歴史は面白いよと私は言い続けています。

未来社会との接点は?

世界史に通じる日本史、ファン獲得を目指して

理系に降参と言いながら、理系の分野の進展のおかげで歴史学の手法が発展しているという面もあります。1990年ごろだったと思いますが、史料編纂所にもコンピューターが導入されてデータベースの構築が始まりました。「大日本史料」の土台となるカードを1枚ずつ、コンピューターに打ち込んで検索をかけられるようにしています。

私たちが目指しているのは、見たい原史料の画像が世界中のどこにいてもワンクリックで出てくる、という仕組みです。画像の横には日本語の読み下しが活字として出てきて、さらにはその解説もあるようなサービスです。史料やデータの公開は世界的な潮流ですが、膨大な資金が必要なので、今できているのは画像データをコンピューターに取り込むところまでです。あとは史料には所有者の方がいるので、その方々との必要な調整を進めています。こうしたアーカイブの問題にも取り組んでいきたいと思っています。

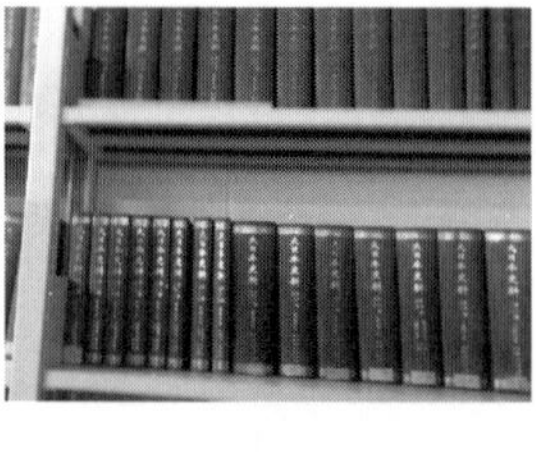

大日本史料

反知性主義が広がりを見せて、学術的な本が出版されにくくなり、町から書店がなくなっています。知性や知識に無条件に敬意が払われていた時代は終わろうとしています。そんな状況でも日本史学の可能性として期待していることが一つあります。**コジェーヴ**❸という歴史哲学者がかつて、全ての世界史は日本史になる、というような言葉を残しています。外国からの侵略がなく、自然条件も厳しすぎない環境になった時、人類はどんな成長を示すのか？ということを考えるには、日本史を見るのがいいということです。例えば中国では、何かを達成しても北方から騎馬民族がやってきて略奪していく、というようなことが起きるので、日本とは明らかに状況が違います。人間の歴史はどんな進化を遂げるのか、日本の歴史をきちんと読み解いて法則性を見出せれば世界史に貢献できるということで、そこに私は一つの希望を見出しています。やはり日本の歴史全体でものを考えて発信していくことに意味があると思います。

今、私がこうじゃないかと思っている日本の歴史のルールが五つあります。最初の三つは、「日本は一つではない、より具体的には西高東低」、「日本の歴史はぬるい、外圧でしか日本の歴史は動かない」、「日本社会は官職ではなく人、人に注目すると血より家」です。特に三つ目はわかりやすくて、日本人が官僚や研究者をあまり好きではなく、世襲が好きということに思い当たる節のある人はいるのではないでしょうか。

この三つに、「平等」「自由」を付け加えたいと思っています。日本の歴史の中に平等が入り込んでくるのは、浄土の教えとしてですが、武家の主従性とは真逆のものです。それが歴史上どうなるかというと、戦国時代に浄土真宗（一向宗）の信徒たちが、主従性を突き詰めたような信長に抵抗して一向一揆を起こしたものの、大虐殺が起きて信長が勝ったことで、平等を実現する試

❸ロシア出身のフランスの哲学者、アレクサンドル・コジェーヴ。1959年に日本を訪れ、後に著書『ヘーゲル読解入門』に「日本化についての註」を付け加えた。大きな戦乱もない300年の「歴史の終わり」が続き、社会全体がかつて特権階級の占有物だった文化を享受している様子を他国には見られない日本の特徴とした。

みは潰されたと私は捉えています。戦いが続く中でみんなが平等よりも平和を求めたのです。それが江戸時代につながっていきます。平等が成立するのはだいぶ後の明治になってからです。

平等の次に考えたいのは「自由」です。ヘーゲルは、政治哲学の著作『法の哲学』の中で所有とは自由である、自由とは所有である、と説いています。その視点で考えると、日本の歴史も所有権をめぐる成熟の歴史であり、少しずつ自由が生まれて育っていく過程そのものだということに最近気付き、どう言葉で表現するかを考えているところです。いずれにしても、私たちは空気や水みたいに自由も平等も当たり前のものだと思っていますが、いかに大事な理念かが中世史を勉強すると改めて分かります。

そしてもう一つ、日本の特徴ですが、これほど歴史資料が残っている国は他にありません。中国にも多くあったと思いますが、文化大革命で失われてしまいました。日本にはもったいない精神があって、いらなくなったら捨てましょうというヨーロッパの発想とは違います。そのおかげで古文書や歴史資料が多く残っています。そういう日本の特性を生かして歴史学を再構築して、みんなに歴史を好きになってもらえるように、活動を続けていきます。

中学や高校では日本史は暗記科目になってしまっています。これでは日本史を好きになってもらえません。私は一度、高校の教科書を書いた時に、楽しく読めるように物語を含み込んだものをまとめたのですが、面白いけど現場では無駄な叙述が多すぎて使えませんと言われてしまいました。でもそれは、暗記をさせる大学入試を実施する大学側に問題があるわけです。文系の考え方ができるかを見るための試験になっていないのであれば、大学入試から日本史を外してもいいという意見を持っています。

とにかく、まずは子供たちに歴史を好きになってもらうところから始めようと、私は今子供たちが相手の時はどこへでも行ってお話ししています。ドイツの宰相ビスマルクの言葉に「賢者は歴史に学び、愚者は経験に学ぶ」というものがあり、主観ではなく客観視の重要性を説いています。膨大な歴史をまとめ、そこにどんな法則が流れているのか、社会と人々の関係性でも技術と社会との関係性でもいいので、そうした関係性を客観的に把握するということ、つまりは歴史を学ぶということは、私たちを取り巻く事象を冷静に見る訓練を積むことにもなるわけで、人間として必要な力ではないでしょうか。

おすすめの本

『現代語訳　吾妻鏡』全16巻+別巻1
（吉川弘文館）

日本人の目と感性で捉える西洋近代美術

美術史

Art History

三浦 篤

MIURA Atsushi

東京大学大学院
総合文化研究科
教授

1957年島根県生まれ。1981年東京大学教養学部卒、1984年同大学大学院人文科学研究科美術史学修士課程修了。1985年に渡仏し、パリ第4大学で西洋近代美術史を学ぶ。東京大学教養学部助教授、東京大学大学院総合文化研究科助教授などを経て2006年より現職。パリ第4大学博士、フランス共和国芸術文化勲章シュヴァリエ。主要著書に『近代芸術家の表象－マネ、ファンタン＝ラトゥールと1860年代のフランス絵画』（2006年、サントリー学芸賞）、『エドゥアール・マネ　西洋絵画史の革命』（2018年）、『移り棲む美術―ジャポニスム、コラン、日本近代洋画』（2021年）など。

研究分野は？

19世紀のフランスと日本の美術を研究

美術史の分野は、人間の文化活動の中で「美術」と呼ばれている視覚芸術の歴史とその意味を探究しています。その中でも、私の専門は西洋近代美術史と日仏美術交流史になります。前者では、マネや**ファンタン＝ラトゥール**❶、印象派、**ラファエル・コラン**❷、**アカデミズム絵画**❸など、特に19世紀フランス絵画を対象としています。後者では、異文化間の交流によってハイブリッドな変容を遂げる美術現象に興味があり、例えば浮世絵版画がマネや印象派の画家たちに影響を与えた「**ジャポニスム**❹」や、フランスに留学してフランス絵画を学んだ黒田清輝というように、19世

❶ アンリ・ファンタン＝ラトゥール（1836-1904）は19世紀のフランスを代表する静物画・肖像画を得意とする画家。マネや印象派の画家たちと交流があったが、特定の流派には所属せず独自の道を歩んだ。

クロード・モネ《ラ・ジャポネーズ》
1876年、ボストン美術館蔵

紀後半の日本とフランスの美術における双方向的な影響関係を研究しています。

19世紀のフランス絵画という異文化の芸術作品を私は研究対象にしていますが、印象派は日本を含めて世界中で展覧会が開催されていて馴染みがあったので、私としては自然な選択でした。実際に研究するとなると言語や文化の違いといったバリアがありましたが、フランスに留学した3年間はほぼ毎日フランス国立図書館に通い、19世紀後半の新聞や雑誌、写真資料などあらゆる文字資料や視覚資料に徹底的に触れました。そのおかげで19世紀後半のパリをバーチャルに生きた感じがしていて、私は自分自身が半分「19世紀人」だと思っています。この感覚は歴史研究では大事だと思います。

今、フランスでは日本への関心が高く、ある意味で第二のジャポニスム・ブームなのではないかと思います。かつての関心は浮世絵に向かいましたが、今は漫画やアニメといったサブカルチャーの領域ですね。私自身の研究対象にはまだ含まれていませんが、最終的にはサブカルチャーも視野に入れるべきであろうと思っています。漫画やアニメにはある程度触れていますが、もっと知る必要があるかもしれません。研究を始めたころはフランス美術の研究で一生終わると思ったんですが、そうもいかなくなってきました。

❷ 外光派の影響を受けた折衷的な作風で知られる19世紀フランスのアカデミックな画家。日本から留学した黒田清輝や岡田三郎助らに油彩画を教えた師で、近代日本の洋画に影響を与えた。

❸ フランスの美術学校、芸術アカデミーで教育を受けた画家らによって描かれた歴史画や神話画など。理想美を追求する新古典主義との関連が深く、当時の権威とされたが、印象派が登場すると次第に評価されなくなった。

❹ 19世紀後半に欧米で起きた日本美術の流行を通して、海外の美術作品に与えた日本の影響のこと。日本趣味。特に日本の工芸品や浮世絵などが好まれた。マネの「エミール・ゾラの肖像」の背景に描かれた浮世絵や、日本の着物を着せた妻の絵が描かれているモネの「ラ・ジャポネーズ」などが知られている。

一方で、日本近代洋画史については、少し危機感を覚えています。国際的に評価されているのは日本の古美術、江戸の浮世絵や伊藤若冲、そして現代美術で、明治から昭和初期までの近代美術は抜けています。この時代は、開国後で一番西洋の影響を受けていて、洋画の反動として日本画も出てきますが、西洋から見ると洋画は模倣的に見えてしまいます。かつての日本の独自性は消えていて、まだ新しい独自性は出てきていない時期だ、と。その中にも日本特有のものはあるはずで、現代に直接つながる土台となる時代なので、きちんと研究しないといけないと思いますが、日本近代洋画は国立の美術館でもあまり取り上げられなくなっている状況です。

最終到達点は？分野の成り立ちは？

人間とイメージの関係を広く深く研究する美術史学

美術史学は最初、作者の生涯と作品をまとめた列伝という形で始まり、作品の様式の大きな流れに対する関心も生まれました。近代になって、作品の鑑定と目録化という詳細な調査と、様式の変化や造形性に着目する「様式論」へと進んだ興味が見られる一方で、作品の主題や意味内容を探る方法であるイコノロジーも誕生しました。20世紀後半以降になると、もっと広い文脈の中で美術作品を考えようという傾向が強まり、知覚心理学や精神分析の手法を活用した作者の知覚や深層心理の分析や、作品と歴史＝社会状況との関連性を探るコンテクスト論などが現れます。さらに他の研究分野の刺激を取り込みながら、新しい問題意識で方法や視点を多様化するなかで、**記号論**[5]、ジェンダー研究、**ポスト・コロニアリズム**[6]、人類学なども美術史に取り入れられました。外部に開かれ、美術作品が美術史の中だけで完結できなくなったのが、今の状況だと思います。

[5] 記号が持つ意味や働きを研究する分野。スイスのソシュールや米国のパースが1900年ごろに基礎を作ったとされている。

[6] 20世紀後半になってかつて植民地だった地域が独立し、様々な課題が浮き彫りになったことで始まった文化研究。旧植民地の文化への抑圧を研究するなど、西欧中心の歴史観に疑問を投げかける視点にもなっている。

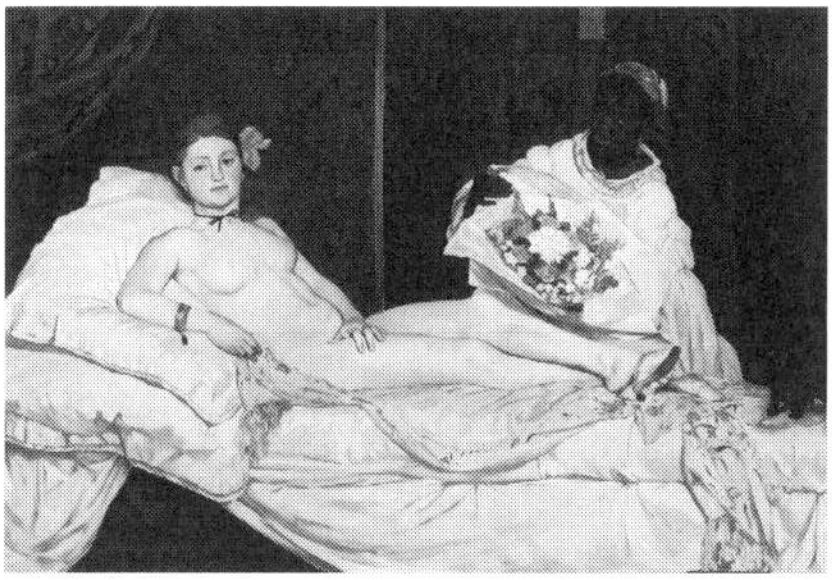

エドゥアール・マネ《オランピア》1865年、パリ、オルセー美術館

1990年代の一時期、ルノワールが官能的な裸婦ばかりを描くと酷評されたことがありました。ゴーギャンに至ってはコロニアリズムとも関連して、二重に断罪されました。このように現在の価値観で過去を判断するのは、歴史研究者にとってはおかしいと感じる部分もありますが、新しい見方を持ち込むことによって見えなかったことが見えることはあります。

例えば、マネの「オランピア」という有名なヌードを描いた絵画があります。それまで女性のヌードはヴィーナスやオダリスクなど理想化された像でしたが、マネが初めて近代的なヌードとしてリアルな高級娼婦を描いてスキャンダルになった、というストーリーでよく語られます。ただ、オランピアのイメージの説明はそれだけで終わりでしょうか。オリエンタリズム的な文脈で捉え直すと、女性は白人女性ではなくて少し黄色い肌をしています。また、当時の批評を調べてみると、この裸婦は**ホッテントットのヴィーナス**[7]のようだと批判されていて、もしかしたらピカソの「アヴィニヨンの娘たち」につながっていくような、**プリミティヴィズム**[8]の文脈を潜在的に持っていたのかもしれません。

当時のフランスにはまだ公娼制度があり、植民地主義を背景にしてタヒチやアフリカに進出していく流れがあって、今の感覚では文

❼ 19世紀初頭に、アフリカからヨーロッパに連れてこられて見世物にされた女性のこと。大きな臀部など、身体的な特徴が注目を集めた。「ホッテントット」は白人がつけた蔑称。

❽ 直訳すると「原始主義」で、始原的なものに対する興味。特に西洋美術では、西洋の視点から原始的とされる文化や先史時代の影響を受けた芸術を指す。

化の収奪や搾取になることも、ごく当たり前のこととして行われていました。万国博覧会が行われ、「第三世界」から様々な文物が入ってきたのもこの時代です。改めてマネの絵を見て面白いのは、マネ自身がどう考えていたかはわかりませんが、当時のそんな状況を冷静に、リアルに表しているところです。描いた現実について作者は価値判断をしないという姿勢を取っても、リアルな現実を突きつけられた側は批判されたような気になるものです。そんな読み方ができるのも美術作品の面白いところではないでしょうか。

こうしたイメージの多義性を浮かび上がらせられるのは、やはり様々な視点があってこそだと思います。かつて私はフランス人と同じ土俵で対等に研究をしたいと思っていましたが、フランスでは日本人であることを強く再認識させられ、やはり彼らとは違うと感じました。実際、フランスと日本の美術交流を調べるのが面白くなって、ジャポニスムや日本近代洋画史を研究するようになりました。でも今は第三のステージがあると思っています。それは私が日本人の視点でフランス美術を研究する、というものです。日本人の土俵とフランス人の土俵をずらしつつ重ね合わせて、双方が違う立場に立ちつつ、同じ対象を見ることで、新たに見えることがあると思っています。このように、人間とイメージの関係を広く、深く研究することが美術史研究の最終目標となります。

2030年、2050年は?

イメージ氾濫、アートや美術の価値どう根拠付けするか

人間は古くから「言語」(イデア)とともに「イメージ」(イコン)を用いて文化活動を行って

きました。両者は異なる性格を持ちますが、相補的な関係にもあり、共に人間という存在を支えています。デジタル革命以後の現代は、特に「イメージ」が前面に出て、絵画、彫刻、建築など「美術」と総称されるジャンルのみならず、ポスター、写真、映画から、マンガ、アニメ、コンピューター・グラフィックス、人工知能による画像認識・画像解析に至るまで、多種多様な視覚イメージが混在する時代に突入したことがわかります。また、一元化、等質化されたデジタル画像によって、これらすべてがアーカイヴ化される状況も生まれています。今後はさらに、従来の「美術史学」からあらゆるイメージを対象とする「イメージ研究」へと大きくシフトしていくのではないかと思います。そうなった時、今私たちが美術やアートと呼んで価値付けしているものはどうなるのでしょうか。

例えばレオナルド・ダヴィンチの「モナリザ」の価値は何が保証しているのでしょうか。実際にモナリザを研究すると実に緻密に描かれた素晴らしい作品ということはよくわかります。そういう技法的な卓越性や、ルーブル美術館に収蔵されていること、世界中に複製が溢れていること、誰でも知っていることなどが根拠になるのかも知れません。それが現代美術になると、コンセプト重視で何の技術も使っていないような作品もあるわけです。美術の文脈で新しい視点を切り拓いたとか、別の価値付けがありますが、物自体は取るに足らないものであることもあります。そしてデジタルの時代には、アナログ的なものの価値も再び考え直さざるを得ないと思います。リアルなものに向き合って半分「19世紀人」になった私としては、アナログの意義を主張したいところですが、それもIT技術がさらに発展してインターネットで資料の手触りやカビ臭さまでも再現できるようになったら、どうなるかはわかりません。私たちがアートや芸術と呼ぶイメージの価値の根拠は、今まで以上に問題になってくる気がします。

世界情勢に目を向けると、米国と中国が二大強国になって、美術の世界でも中国人研究者が圧倒的に力を持つようになっている可能性があります。今のグローバリゼーションも美術史も、結局は西洋中心なので、世界の政治地図が変わって西洋が相対化されることは美術史的にはいい影響があるのではないかと思います。

その反面、日本の美術の存在感が薄れてしまうことを危惧しています。日本は世界の中でも非常に特異な文化を持っていると思います。ジャポニスムが席巻して「カワイイ」が広まっていますが、何か覇権主義的な国とは違う独特の価値観や感性があるのではないでしょうか。ほかに強国が現れるかもしれませんが、日本は独自の感性でイメージを生み出し、その研究を進めてほしいし、できるような気がしています。

未来社会との接点は？

イメージの中で溺れないためのリテラシーが必要

イメージはこれからもどんどん洗練されて、増えていくでしょう。非常に示唆的なのは、これまで美術館は所蔵品の画像を簡単には無料で外に出さなかったのですが、最近はメトロポリタン美術館もアムステルダムの国立美術館も、パブリックドメインに画像をおいて誰でも使えるようにしていることです。面白いイメージは囲い込むよりも広めた方が意義があるし、結果的に宣伝にもなるという判断でしょう。

ただし、たくさんのイメージに取り囲まれて、イメージの中で溺れてしまうようなことにならないように意識する必要があります。例えば最近米国では、各地にあるクリストファー・コロンブスの銅像を撤去する動きがあります。撤去までする必要があるのかという考え方もありますが、イメージというのはなかなか怖いものです。本当は残虐な侵略者かもしれないのが、彫像があると偉大な英雄として美化されたり理想化されたりします。さらに擦り込みによって強化されるので、撤去するという判断もわからなくはないです。実は私たちが思っている以上にイメージは潜在意識にいろいろと働きかけてきます。

大学では、学生に対してイメージが氾濫する時代を生きるためのリテラシー（読解能力）と倫理（権利と善用）を伝えることができるでしょう。場合によっては、新しいイメージクリエーター（19世紀的な「芸術家」とはもはや呼べず、「アーティスト」という言葉も齟齬を生じるようなイメージ創出者）の誕生を促すことができるかもしれません。

美術史家と社会の関係も、まだ明確には見えませんが、社会の中で「イメージ」をどのように生かしていくかという考え方が基本となるでしょう（コントロールや規制の問題）。また、その際には、特にイメージ研究と科学技術との接合は不可避でしょう。これまでは美術関連の書籍の出版、美術展やテレビの番組制作への学術協力という形で社会連携を行ってきましたが、もっと広くイメージに関連する産業、社会貢献との関わりが生まれる可能性があります。

例えば展覧会も、今までのように美術作品をただ壁にかけるというシステム以外に、音や匂いなど、視覚以外の感覚にも訴えかけるような一種の総合美術展に発展させられないでしょうか。私も現在企画中の展覧会において、美術だけではなく建築や舞台美術、音楽、文学とつながるようなものができないかと考えているところです。

おすすめの本

三浦 篤
『エドゥアール・マネ
西洋絵画史の革命』
（KADOKAWA）

温故知新、未来社会で蘇る仏教的思考

仏教学

Buddhist Studies

馬場 紀寿
BABA Norihisa
東京大学
東洋文化研究所教授

1973年青森県生まれ。2006年東京大学大学院人文社会系研究科博士課程修了。ケンブリッジ大学ダーウィンカレッジのリサーチ・アソシエイト、スタンフォード大学仏教学センターのビジティング・リサーチ・フェロー、東京大学東洋文化研究所准教授などを経て2019年から現職。研究テーマは「インド仏教の思想と歴史」。バックパッカーとしての軽いフットワークを生かし、仏教が広まったアジア各地の遺跡、僧院、聖地を訪れている。最近の著作には『初期仏教 ブッダの思想をたどる』（岩波書店、2018年）などがある。

研究分野は？

古代に世界に広まった仏教の源流をたどる

古代インドで始まった仏教は、ユーラシア大陸を縦横に走る交易ルートに乗ってアジア各地へと広がりました。インドで起こった考え方が非常に広い地域の文化、言語、美術、思想に大きく影響を与えることになります。例えば日本でも律令国家の成立と仏教の導入が6世紀から7世紀に重なって起きています。「十七条の憲法」に、「篤く三宝を敬え」、そして「仏・法・僧」（三宝）は「万国の極宗（究極の教え）なり」とあるのは象徴的で、当時仏教は南アジア、中央アジア、東アジア、東南アジア、内陸アジアに広まる世界最大の宗教でした。この条文は、日本が仏教を国際的な規範として受け入れたことをよく示しています。瞬く間に四天王寺や法隆寺、薬師寺が建立され、東大寺に仏教教団の礎が築かれました。ほぼ同じことが日本のみならずアジア各地で起きていました。

インドの仏教は、高度な文法体系をもつサンスクリット語などで多種多様なテキストを伝承しました。それらのテキストから抽象的な概念や思想体系がアジア各地にもたらされていったのです。さらに18世紀末になると、サンスクリット語などのインドの言語は、実はヨーロッパの言語と構造や語彙を共有し、同じ起源だということが発見されました。

このように、言語という視点に立つと、インドとヨーロッパのつながりがわかり、仏教を歴史的・文化的なものとして捉えると、インドからアジア各地への流れが見えてきます。ユーラシア大陸の東西と深くかかわる仏教について、資料に基づき、実証的に研究する学問として近代に始まったのが仏教学です。

最終到達点は？
分野の
成り立ちは？

「知の構造」の大転換を繰り返しながら人類の知に貢献

歴史的にも思想的にも大きな役割を果たした仏教の理解が深まるほど、様々な形で人類の知に貢献していくことになると思います。

仏教に関連して、これまで何度か知の構造がガラリと変わる大発見がありました。まず、18世紀末に英国の植民地だったインドにウィリアム・ジョーンズという英国人がやってきて、ギリシア語、ラテン語などのヨーロッパ語と、仏典の原語であるサンスクリット語やパーリ語などのインド語が共通の起源をもつことに気付いたことが**インド・ヨーロッパ語族**❶の発見になりました。この発見は、ヘーゲルが「新大陸の発見に比すべき歴史上の大発見である」と評したことから明らかなように、ヨーロッパに衝撃を与えました。

また、Buddhismという概念も、実は1820年ごろにヨーロッパで生まれた比較的新しい概念です。それ以前、例えば戦国時代の日本に来たイエズス会の宣教師は仏教が一つの宗教だという認識がなく、仏教の諸宗派について「阿弥陀」や「大日」を信仰する別々の宗教として記録しています。同様に、中国で信じられている「仏（フォー）」やタイの「ブッダ」が、もともとインドで始まって広まった宗教だとは認識されていませんでした。本拠地のはずの**インドでは仏教が滅んでしまっていて**❷、カトリック教会のような中央集権的な組織もなく、各地で多様な思想や信仰が展開していたからです。逆に言えば、Buddhismという概念はグローバルに世界地図を俯瞰し、同じとは見なされていなかった各地の宗教現象を歴史的に説明する視点に立って初めて生まれたのです。日本語の「仏教」は、明治以降にBuddhismの訳語として用いられてきました。もちろん明治をまたずとも漢訳仏典に「仏教」という単語はたくさん出てきますが、そこでは「仏たちの教え」や「仏の言葉」という意味であって、Religion（宗教）の一つという意味はありません。なぜならReligionという概念自体がキリスト教由来のものだからです。このように、「仏教」という概念そのものが新しい知の枠組みを生み出したのです。

今も新発見は続いています。1990年代の中頃以降、アフガニスタンから非常に古い「ガンダーラ写本」が続々と見つかりました。ちょうどソ連が崩壊し、アフガニスタンでタリバンが勢力を拡大して難民が増えた時期です。難民が持ち出した写本が英国の古美術商を介して仏教学者

❶ ユーラシアから南アジアまで広く分布する語族で、世界でもっとも広範に分布している。現在の英語を含むヨーロッパに広がるゲルマン語、ラテン語やフランス語を含むロマンス語などと、インドのサンスクリット語やヒンディー語といった同じ起源を持つ言語をまとめて指す。

❷ インドで仏教が滅んだ理由について、かつてはイスラム勢力が入ってきて仏教の僧院を破壊したこと、あるいはイスラム教が仏教に取って代わったなどの説があったが、仏教が15、16世紀くらいまでインドに残っていた形跡があるという報告もあり、再検証が始まっている。

の目に留まり、字体から見て1、2世紀、場合によっては紀元前の写本だと専門家の間で大きな話題となりました。2000年代に入ってからガンダーラ写本の研究成果が次々と出版されるようになり、これまでの定説がぐらぐらと揺さぶられています。現在は、研究の最前線がダイナミックに変動している、仏教学史上、最も面白い時期だと言えるでしょう。

仏典全体の分量は、私が一生かけても全て読み切れないほど膨大で、キリスト教の聖書とは比べものになりません。写本や翻訳などで残るこれら膨大なインド仏典のテキストを読みながら、かつてのインドにあったテキストのもとの形を再構築したり、テキストとテキストを比較したりして、どういう形で仏教の思想や教団が展開していったかを研究することが、これまでのこの分野の基礎作業でした。

2030年、2050年は?

グローバル時代の先駆け、マルチリンガル・マルチリージョナルな仏教

ガンダーラ写本が見つかった1990年代中頃から仏典テキストを電子化するプロジェクトが始まりました。現在までに多くのデータベースが完成していますが、これで仏典の語彙を一気に検索できるようになります。データベースができる前なら、例えば「平等」という仏教の概念について何年もかけて用例を集め、それ自体が研究として評価されていたのが、1秒で用例が集まるようになりました。研究者についても、たくさんのテキストや論文を読み、多くの情報を整理する能力は以前ほど評価されなくなり、未知の事柄を明らかにする分析力や新しい角度で問いを立てる問題設定力の重要度がますます上がっています。

「涅槃経」ガンダーラ写本の断片（後2-3世紀）
（J. Braarvig / F. Liland, Traces of Gandhāran Buddhism, Oslo, 2010, p. 7.

新資料の発見とデータベースが出そろった結果、研究の進度は加速していると思います。2030年までには、飛躍的に進展するのではないかと予測しています。例えば、現在、学界で百家争鳴の観がある、**大乗仏教**❸がどうして出てきたかという問題も解明されるかもしれません。

2050年の仏教学については、新資料の発見やデータベースの分析方法の発展次第という面が大きいので予測が難しいですが、グローバルな視点での思想研究、歴史研究、文学研究が進んで、仏教学に限らず人文学という大きな枠組みの中で分野の再編が起きるでしょう。再編の流れにいち早く乗った歴史学では、グローバルヒストリーという新たな潮流が大きくなっていますね。思想についても、「世界思想史」という視点で、言語ごと、地域ごとに探求されてきた諸思想の研究が世界的視野に立って再編されるようになるでしょう。

思想史を振り返ると、近代の知は主に西欧が中心でしたが、西欧から見えない非キリスト教世界にも立派に伝統知がありました。本当に思想史を論じるのであれば西欧以外の地域も視野に入れて既存の枠組みを超えた研究をしなければなりません。グローバルな視野に立った研究者が問題意識を共有すれば、思想史研究の景色が大きく変わると思いますし、その中から新たな哲学が生まれてくるのではないかと期待しています。

仏教学は、この思想史の再編の先駆けになるのではないかと考えてい

❸ 紀元前後、インド仏教で起こった、菩薩として生きることを説く運動。解脱を目指す従来の仏教に対して、将来、ブッダに成ることを目指すこの運動は「大乗」と称するようになり、その後中国や朝鮮、日本へと伝わった。

ます。仏教の文献は、マルチリンガル、かつマルチリージョナルに伝承されてきました。つまり仏典は、インドではパーリ語やガンダーラ語やサンスクリット語であり、後に漢語やチベット語に翻訳されました。ユーラシア大陸の東西を結ぶ交易の拠点だったインドから広がっていった仏教は、文字通り、言語を超え、民族を超え、国境を越えて知が流動する役割を担いました。仏教学は、こうして多言語で多地域に広がった特定のテキストを分析する手法を確立しています。今進められているグローバルな人文知の再編の中で改めて焦点が当たった時、仏教学が培ってきた研究方法はユニークな貢献をするだろうと思います。

未来社会との接点は？

蘇る宗教の知と技術

社会問題と宗教の関係について考えると、もともと宗教が持っていた組織開発、実践方法、思考方法が現代の新たな状況の中でこれまでと違う形で復活し広がりつつあると感じます。例えばパンデミックなどのグローバルな課題に直面すると、一国では対処できない事態が起こりますね。国内では社会保障がうまく機能しなくなり、貧困層にしわ寄せが行きます。しかし、国家の福祉政策がうまくいかなくなればなるほど、貧困層の相互扶助を行う団体の役割は増すでしょう。アジアを例にとれば、フィリピンや韓国では、福音派のキリスト教会が貧困層を扶助するネットワークとしての役割を果たし、信者数を伸ばしてきました。日本でも、第二次世界大戦後、創価学会など『法華経』系の団体は、都市に地縁血縁のない地方出身者に相互扶助のネットワークを提供することによって急速に教線を拡大しました。創価学会を主要な支持団体とする公明党が現在自民党とともに与党であることを考えると、しばしば「無宗教」が大半と言われる日本でさえ、宗教を無視して政治を論じられないことがわかるでしょう。

一方で、拡大する貧富の格差の「富」の方では、エリート同士の競争が激化しています。そんな中で、新興企業が集まる米国サンフランシスコ・ベイエリアを中心に、元々仏教の瞑想を実践している人が増えています。スティーブ・ジョブズが日本人の禅僧と親しく、「禅」の思想に影響を受けていたことは有名ですね。また、いまや禅以上に米国で流行っている「ヴィパッサナー」という瞑想は、もともとは、スリランカや東南アジアに広まる上座部仏教の修行法の一つなんです。ミャンマーの近代仏教で高名なレーディー長老の系統の瞑想方法を学んだ在家仏教徒の**ゴエンカ**[4]が各地にセンターを作り、仏教の儀礼的な要素をできるだけなくし、ある意味で脱宗教化して瞑想に特化したところ、爆発的に広まりました。近年のベストセラー『サピエンス全史』の著者の**ユヴァル・ノア・ハラリ**[5]氏も、ゴエンカを「私の人生の師」と呼ぶヴィパッサナー瞑想の実践者であり、21世紀の人類への処方箋として瞑想を取り上げています。

これら禅や上座部仏教に由来する諸実践は、米国でいわゆる「マインドフルネス」瞑想として人気を博し、今やヨーロッパにも定着しつつあり、また日本を含むアジアにも逆輸入されているので、耳にした方も多いでしょう。他にも、米国でリチャード・ドーキンスとともに宗教批判を展開した批評家の**サム・ハリス**[6]は、チベット仏教系の瞑想を実践しています。ユヴァル・ノア・ハラリとサム・ハリスは、瞑想は熱心に実践するが、教義は信じないことを公言していて、言わば、「信仰なき仏教徒」とでも呼べるでしょう。

また、SNSなどで個人の発信が容易になると、個の信用度が重要になってくると思います。

[4] サティア・ナラヤン・ゴエンカ（1924-2013年）。ミャンマー出身のヴィパッサナー瞑想の在家指導者。ミャンマー上座部仏教の伝統的なヴィパッサナー瞑想法を元に確立された在家の瞑想法を世界各地に普及させた。

[5] 1976年生まれ、イスラエルの歴史学者。世界的なベストセラーとなった2014年の『サピエンス全史 文明の構造と人類の幸福』や2016年の『ホモ・デウス テクノロジーとサピエンスの未来』などの著作がある。

[6] 1967年生まれ、米国の著述家、神経科学者。スタンフォード大学在学中にインド哲学に興味を持ち、休学してインドやネパールで宗教者たちの教えを受けた。復学後に哲学の学位を取得し、のちに神経科学の博士号を取得。宗教について批判的に論じた2004年の著作『End of Faith: Religion, Terror, And the Future of Reason』がベストセラーになった。

中国ではすでに個人の信用度を数値化する「信用スコア社会」が実現し始めていますね。ビジネスでも自分の名前を積極的に出して信用度を高める競争をするようになるのではないでしょうか。ツイッターのフォロワー数獲得にも同じような意味合いがあると感じます。こうした流れにも、いいかわるいかは別として、宗教は絡んでくるでしょう。

　というのは、「信」こそ、まさに宗教が問うてきたことだからです。仏教と共通点の多い**ジャイナ教**❼という宗教では、生き物を殺さないという戒律が厳格に守られます。だから一切菜食にして肉は食べない、小さい虫すら誤って吸って殺さないためにマスクをするとか、踏んで殺さないために箒で前を掃いて進むといった戒律を守ります。殺さないとか嘘をつかないという戒律が厳しいからこそ、周りから信用を得ていくのです。興味深いことに、出家者の生活を支える在家信者は裕福な場合が多く、所有しない者たち（出家者）の周り（在家信者）に、どんどん資金と情報が集まってきます。ジャイナ教徒はインドの人口の1％にも満たないですが、政府の所得税収の4分の1を払っています。

　貧困層の相互扶助のネットワーク、瞑想方法、そして信用力。この三つは仏教などの宗教が提供してきた知や技術です。これらの三つに対する需要は、将来ますます高まるでしょう。その兆候は、現在すでに世界のあちこちで現れています。それらが最終的に宗教団体という形をとるのか、とらないのかは私にはわかりませんが、人類の未来を考えるには、自然科学からは見えてこないような、こうした問題にも向き合う必要があるのではないでしょうか。仏教の研究を通して、人類の問題についても考えていきたいと思っています。

❼ ブッダが仏教を創始したのと同時期に古代インドでヴァルダマーナが始めた徹底した不殺生を説く宗教。儀礼主義を批判し、インドのカースト制度を否定するなど仏教と共通点もある。農業や畜産業は不殺生の戒を破ることになるため、商業に従事する信者が多い。現在でもインドに約400万人の信者がいる。

おすすめの本

馬場紀寿
『初期仏教
―ブッダの思想をたどる』
（岩波新書）

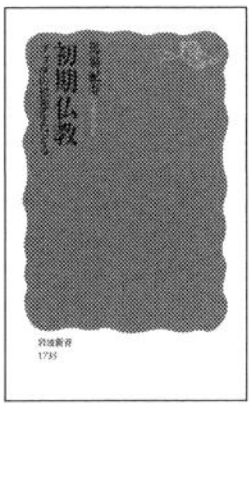

社会をデータ駆動に変えるデータ工学

データ工学

Data Engineering

喜連川 優
KITSUREGAWA Masaru
東京大学生産技術研究所教授

1983年東京大学大学院工学系研究科情報工学専攻博士課程修了、同年東京大学生産技術研究所入所、2013年より国立情報学研究所所長。元情報処理学会会長、中国コンピューター学会栄誉会員。受賞歴：ACM SIGMOD Edgar F.Codd Innovations Award、紫綬褒章、C&C賞、IEEE Innovation in Societal Infrastructure Award、レジオン・ドヌール勲章シュバリエ、全国発明表彰21世紀発明賞、学士院賞等、受賞多数。

研究分野は？

データの管理や分析に不可欠なデータベース技術の基盤を作る

私が学生の時、指導教官だった元岡達教授から、今日のコンピューターには二つの機能があると習いました。一つは「非常に高速に計算すること」。この機能に関する研究を象徴するのが**京**や**富岳**❶のようなスーパーコンピューターで、いかに高速に計算するコンピューターを作るかを目指す研究です。

もう一つは「無限ともいえるほど膨大な情報を記憶し、管理すること」です。私はこの二つめの機能に注目し、データの管理に関する研究に40年近く取り組んできました。こちらの研究のフ

❶理化学研究所と富士通により共同開発された日本のスーパーコンピューター。京は1秒間に1京回の計算能力を持ち、2012年から2019年まで運用された。その後継機である富岳は京の100倍の性能を目指して開発され、2020年から試行運用が始まっている。

ォーカスは、データをどう集め、どう管理し、それを柔軟に利用可能にするか。対象はマシンパワーではなく「データ」です。

私が研究の世界に足を踏み入れた当時は前者の計算高速化の研究がコンピューター科学の中心と目され、志す人が多い一方で、後者は研究しようとする人が少ない状況でした。コンピューター言語一つとっても、計算のための言語Fortranは大学でほとんどの学生が使っていましたが、事務・データベース用の言語COBOLは東大の大型計算機センターでもそもそも登録されていませんでした（当時センターにおられた鷹野澄先生に親切にしていただき、幸運にもすぐに用意していただきました）。しかし私は、この先アカデミアはもちろん企業や社会の活動にコンピューターが広く使われるようになることは間違いないのだから、根源的にデータ管理のニーズは科学技術計算よりずっと大きいはずだと思い、この分野を選んだ次第です。

結果的にその後、世界にはGoogleが生まれ、彼らは「世の中のすべての情報をオーガナイズする」ことをビジョンとして成長し、世界中を動かす大きな力となっています。Googleに続いてFacebookなどのSNSが台頭し、Twitterも生まれました。刻一刻と膨大な量のデータが生み出される時代になりました。データ管理や分析の重要性が飛躍的に拡大しつつあるのが現在の状況です。

私が研究を始めた当時、これほどまでデータ管理に関する研究分野が注目されると予測していたわけでもないのですが、当時から「データ工学(Data Engineering)」という言葉は存在しておりまして、IEEEという巨大学会はすでに重要性を感じていたのかもしれません。この研究分野はいま、社会のデータ利活用推進に欠かせない重要な分野と考えられるようになっています。

ちなみにデータサイエンスという言葉が最近よく使われますが、その起源は2009年ごろです。

2019年、自治医科大学の永井良三先生のグループとレセプトデータの解析を共同で行いました。日本は国民皆保険ですから、レセプトは膨大な数の国民の健康情報といえ、世界的にもユニークです。患者がどういう疾病を患い、病院でどんな薬を処方され、どれだけお金を払ったかというデータが集約されています。その6年分のデータを我々が独自に開発した超高速データベースエンジンを用い、永井グループと一緒に解析しました。実に、2000億レコードに及ぶビッグデータでした。日本で健康保険のデータがこれだけ大規模に解析されたのは初めてではないでしょうか。

その研究で明らかになったことの一つは、処方された抗生剤の半数は本来の目的ではない形で処方されていたということでした。「抗生物質はほぼ効かない風邪に処方してしまう」という問題はよく言われていましたが、これまではエビデンスがありませんでした。大規模データを扱う技術基盤ができて初めて明らかになったのです。その成果は国際ジャーナルに発表し、新聞でも取り上げられました。

大きな変化を捉える

情報爆発プロジェクトを、米国ビッグデータイニシアティブの7年前に立ち上げ、データ工学研究を牽引

コンピューターがまともに使われ始めてからまだ100年も経っていません。私が大学生の頃には、そもそもコンピューターの研究をしている教授はとても少なく、しかも、いろいろな学問

■ 図1　情報爆発

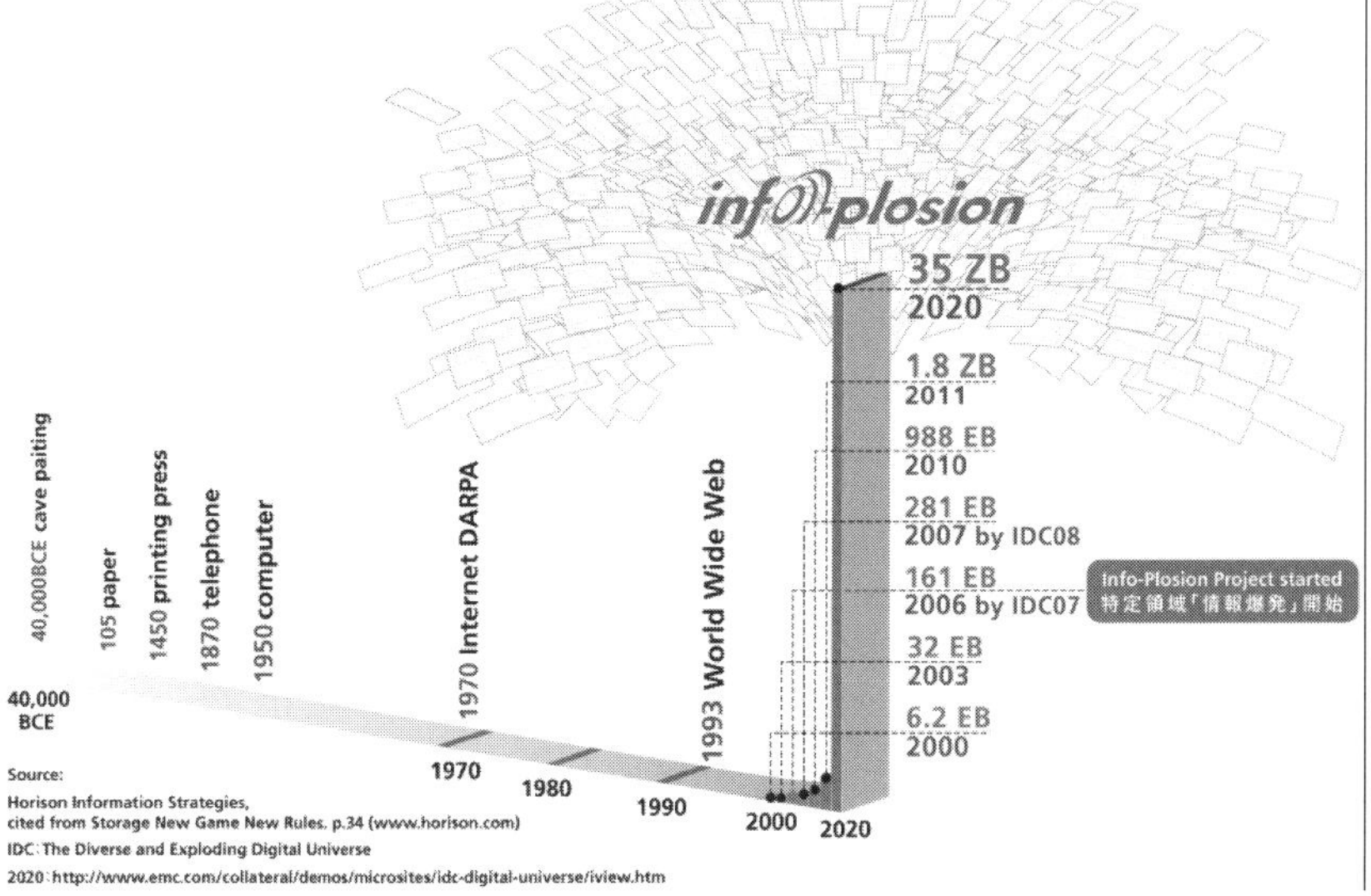

Source:
Horison Information Strategies,
cited from Storage New Game New Rules. p.34 (www.horison.com)
IDC: The Diverse and Exploding Digital Universe
2020: http://www.emc.com/collateral/demos/microsites/idc-digital-universe/iview.htm

分野に散らばっているというありさまでした。ざっくり、ハードとソフトという程度でも、東大工学系研究科では、ハードウエアは電気・電子工学科、ソフトウエアは計数工学科にそれぞれ一つの研究室しかありませんでした。

しかし１９９０年代半ばごろから情報技術（ＩＴ）が急速に社会に浸透し、ＩＴ社会と言われるようになっていきました。私が２０１３年から14年まで会長を務めた情報処理学会ではいまや、画像処理、オペレーティングシステム、自然言語処理、プログラミング、データベース、分散処理など、およそ40もの分野に分化した研究会が設けられています。

とくに近年は人やセンサー、コンピューターによって生み出されるデータの量が爆発的に増加していますので、それらを実社会で利活用するためのデータに関する技術の研究が盛んに進められています。私が軸足を置いているのもこうしたデータベース工学です。

２０１２年には当時のオバマ大統領が米国の国家イニシアチブとして「**ビッグデータイニシアチブ**」[2]を世界に向けて宣言しました。これからはビッグデータの時代であり、米国が先導的立場をとっていくぞという宣言ですが、ちょっと自慢話的で気恥ずかしくもあり、お許しいただきたいのですが、私はそれに先立つ２００５年、文部科学省の特定領域と呼ばれる大型の研究プロジェクトとして「情報爆発時代に向けた新しいＩＴ基盤技術の研究」をスタートさせていました（図１）。情報爆発とはビッグデータとほぼ同じ概念です。つまり、大量情報からの価値創出を意味するわけですが、米国が打ち出す７〜８年前にはこうした動きをスタートさせていたということになります。

メディアではよく、日本のＩＴ関係者が描く未来は常に米国から遅れていると言われますが、私がこうして早い時期に大規模データの重要性やＩＴ分野が将来進んでいくだろう方向性に気づくことができたのは、学生のころからデータ管理の必要性を意識していたことによるものかもしれません。もちろん私以外にも同様のことを早くから考えていた海外の研究者はいたと思います。米国で「ビッグデータイニシアチブ」が打ち出された２０１２年は、人工知能（ＡＩ）技術の中でも深層学習が画像の認識率を飛躍的に向上させて世の中をあっと驚かせた年でもありました。

深層学習はたしかに大きな発明です。しかし、そのパワーは大量のデータが利用可能になって初めて発揮されるものです。米国ではよく「Data fuel AI」という表現をします。ガソリンがなければ自動車は動かない。それと同じく、ＡＩの燃料はデータなのです。データが無ければ今のＡＩは動きません。医療分野でもＡＩによる診断が広がり始めていますが、膨大なデータが必須

[2] オバマ政権がビッグデータの研究開発と活用を促進するために立ち上げた戦略。膨大なデジタルデータを管理・解析する技術を向上させることにより、自国の科学や産業、そして社会を大きく変容させることができると考えた。

となります。データベース工学の進展がＡＩの進展に大きな貢献をしています。

２０３０年、２０５０年は？

学問全体をデータ駆動型へと変革したい。データを共有の財産に

実は、日本は、欧米と比べるとデータの蓄積をあまりしていない国なのです。これは国内における記録デバイス購入量からわかります。しかしデータは先ほどお話ししたようなＡＩの進展にはもちろん、社会の課題解決にも欠かせないものですから、よりデータを保存しやすく使いやすい環境を作ることが必要です。

私が所長を務めている国立情報学研究所（ＮＩＩ）では研究者のためのデータ共有基盤を構築しつつあります。**ＳＩＮＥＴ**❸（サイネット）というＮＩＩのバックボーンネットワークは北は北海道から南は沖縄まで、各地の研究拠点を１００Ｇｂｉｔ／秒という超高速大容量のネットワークでつないでいます。このネットワークをフルに活用し、研究者は日本のどこにいても自分の研究のデータを保存でき、どんなに大量のデータでも軽々と読みだすことができ、共有も自在なシステムを作ろうとしています。

新型コロナウイルス（ＣＯＶＩＤ－19）の流行によって、大量のデータを瞬時に全国で共有することの重要性はますます明確になってきています。たとえば、感染が疑われる患者さんのＣＴ撮影をする時に、ＣＴを撮ってすぐに新型コロナウイルス肺炎か否かがわかれば、その患者さんがＣＴ検査室を出る前に、一般病棟へ連れていくか、専用病棟かを判断できます。そのためにはＡＩによる迅速かつ的確な画像診断が不可欠ですが、ＣＴ画像はレントゲン画像と違って一人に

❸ 日本全国の大学や研究機関などが接続された情報通信ネットワーク。国立情報学研究所（ＮＩＩ）が構築・運用している。超高速回線によって全国各地の研究拠点を接続し、大量のデータ通信や大型実験施設の遠隔利用などをはじめとして、研究者の日々の研究に利用されている。９００以上の大学や研究機関に接続されている。

つき多数の画像がありますから、膨大な量のデータをやりとりしなくてはなりません。しかしＳＩＮＥＴを使えば全国から大量のＣＴ画像が集まりますし、そのデータを使ってＡＩによる画像判断を瞬時に行うことができるのです。ＮＩＩは放射線学会と連携して医療画像のプラットフォームも構築しました。１００名以上の研究者が登録して利用していますが、コロナ肺炎は名古屋大学の森健策先生のチームがいち早く開発され、約83%の精度を達成しています。データが増えればもっと精度は上がるでしょう。

このようなデータ駆動型のシステムが有効なのは医療だけではありません。私はどんな研究もデータ駆動に変えていくべきだと思っています。たとえばスポーツ科学などもいまや、データがなければ始まりません。体操競技などでは**AIが採点支援**❹をするようになってきています。練習のときに演技を動画で撮影すればＡＩがその人に必要な練習を提案してくれる、というシステムも開発されています。あらゆる分野がこのようにデータから始まるようになっていくと見ています。

しかしこの先が難しいところで、個々の研究者がデータをほかの人と共有しないかぎり、データはなかなか増えて行きません。データが大量にないとＡＩは動かないことをすでに述べました。いまのところ、大型研究は別として、個人個人の小さな研究プロジェクトでは、苦労して集めたデータは自分の財産であり、人と共有するものではない、という考え方が支配的です。とくに人文学や社会科学ではデータ共有に抵抗がある研究者が現時点では多いでしょう。共有を拒絶する習慣が続きますと学問全体がデータ駆動になっていかないわけですが、今後、研究者のマインドが大きく変容して行ってほしいと期待しています。

❹ 3Dレーザーセンサーを使って選手の動きを立体的に把握し、AIで採点するシステム。AIにはあらかじめAIに体操競技の技の3Dデータを大量に学習させておき、競技の際にモデルと照らし合わせる。

とはいえ、いま、メジャーな論文誌では論文提出の際、データの提出も求めるところが増えてきています。研究に対する評価は「集めたデータ」ではなくそのデータで何を見出したかで決まる、データは学問の世界の共有財産である、という考え方に踏み出そうとしています。データが共有されれば、そのデータを今度は別の研究者が別の視点で研究に用い、新たな発見をすることができる。つまりデータには、研究成果以上に「共有される価値」があるともいえるのです。

「ネットワーク基盤とデータベース基盤の融合によってデータがアカデミアで共有され、そこから新たな研究がどんどん生まれてくる世界を作ること、すなわち『データ駆動型学術』が進展すること」が私の夢です。データベース分野への貢献でチューリング賞を受賞された著名なコンピューター・サイエンティスト、故**ジム・グレイ**❺博士は2回来日され、米国でも何度かお目にかかりましたが、4thパラダイムで主張されているようにデータが中核に来るという考えをお持ちでした。第4とは、観測科学、理論科学、計算科学の次という意味です。つまり、スパコンの次のフェーズがデータ駆動科学であると位置づけられます。

未来社会との接点は？①

データ工学は社会の課題解決に新たな手立てを提供できる

データ駆動型に変わっていくのはアカデミアだけではありません。社会も大きく変わりつつあります。

私の研究室には、マラリアで苦しむ国民を抱えたアフリカの国からリアルタイムでデータが来ます。アウトブレイク予測の支援を行っています。これまでは物資や資金の援助が中心だった国

❺ 米国のコンピューター科学者（1944〜2012死亡認定）。データベース、とりわけトランザクション処理に関する研究でコンピューター・サイエンスのノーベル賞とも言われるチューリング賞を1998年に受賞。2007年に洋上で行方不明となったが、没後、これからの科学の推進にはデータが不可欠であると論じたエッセイ"The Fourth Paradigm: Data-Intensive Scientific Discovery"が出版された。

際支援のやり方も、データが変えていくのです。経済的に脆弱になりつつある今の日本に、途上国に提供できる潤沢な資金は残念ながらそれほどにはありません。しかし、データ駆動型の社会になることによって、日本は「知恵」で途上国を助けることができるのです。

世界がデータ駆動型に変容してゆきますと、結局はマシンパワーをもつ先進国やGAFAのような超大型IT企業がデータ集約や解析において優位に立ち、持つ者と持たざる者の格差が広がるのではないかという指摘もあります。たしかにそういう将来像もありえるでしょう。しかし私は今のところ、マシンパワーに対するデータの優位性はゆるがないと見ています。なぜなら、マシンは買えますが、たとえば国民全体の長期にわたる健康調査のようなデータは買えるものではないからです。その証拠に、Googleは機械学習などAIのプラットフォームを無料で公開しています。重要なのは解析能力の独占より、そのプラットフォームに集まってくるデータだ、と彼らも考えているのではないでしょうか。課題があり、それを解くためにどんなデータが必要か、それをどう集めればいいか、これがポイントです。AIの手法そのものはほとんどがオープンです。学問の世界でも産業の世界でも、そうしたことを考える「データの設計学」のような分野が生まれると考えています。この学問がもっともエキサイティングになるでしょう。

日本政府もSociety5.0[6]というキーワードでデータ駆動型社会を目指そうと呼びかけています。冒頭にあげた国民健康保険の例のように、「なんとなく」ではなく、これからはエビデンスにもとづいて、つまりデータにもとづいて社会構造を進化させてゆくべきと考えています。

未来社会との接点は？②

教育をデータ駆動化する

[6] 日本の未来社会の姿として国が提唱するコンセプト。データ駆動型社会の実現を目指す。ビッグデータをもとに、AIやロボットなどの最新技術を活用することにより、現在の社会（Society4.0）が抱える少子高齢化や地域格差などの課題の解決と経済発展の両立を目指す。

私は日本でもっともデータ駆動でない分野は実は教育ではないかと思っています。たとえば「ゆとり教育」というものがありましたが、その方針によって実際に学力や人格形成にどのような影響があったのか、ほとんど解明されていないと思われます。データの裏付けなく教育の方針が決まっているように思われます。医療の世界では、病気になった人に対して治療を施します。医師がどんな治療を選ぶかには厳然たるエビデンスが利用されます。しかし教育は、落ちこぼれたり、やる気をなくしたりしている生徒に学校や教師が何をするか。データをもとに考える文化があまりないように思われます。

ところでコロナ禍のため、大学の講義は世界的にオンライン化されました。学生の通信環境が悪い場合もあるため、原則レコーディングされることがほとんどです。全国の大学の録画された講義を、まるごとオープンにしてみてはどうでしょう。今まではA大学の学生はB大学の講義を聴講することは実質的に大変困難でした。しかし誰でもどの大学の先生の講義でも聞けることにより、学習意欲のある学生はどんどんいろいろな学問を勉強するかもしれません。イノベーションを起こすには多様な知識が必要になるはずです。また、基本的な学問の講義は教え方が上手な先生の講義が超人気になるかもしれません。学生のつまづきやすい場所をデータによって捕捉し、改良する手がかりを解析することにより、どんどん教材が改善される時代が来るでしょう。

教育は次世代を育てる、社会にとってもっとも重要な営みです。教育をデータ駆動にすることにも、データ工学は大いに貢献できるだろうと思っています。

「人を幸せにするユビキタス」とは何か

情報ネットワーク

Information Networks

川原圭博

KAWAHARA Yoshihiro

東京大学インクルーシブ工学連携研究機構機構長、大学院工学系研究科教授

2005年東京大学大学院情報理工学系研究科博士課程修了。博士(情報理工学)。2005年大学院情報理工学系研究助手。助教を経て、2010年同講師、2013年同准教授。2019年より現職。2018年日本学術振興会賞受賞。ユビキタスコンピューティングの研究に従事。

研究分野は？

「遍在するコンピューターがさりげなく人の生活を支える世界」を作る

「コンピューターネットワーク」や「情報ネットワーク」と呼ばれる分野で、私が軸足を置いている分野をより細かく言えば「**ユビキタス**[1]**・コンピューティング**」となります。ユビキタス・コンピューティングの研究とは、人間が必要とするどんな場所にでも入り込むことができる小さなコンピューターを作り、それらが人間の活動をそれとなくサポートしてくれる技術を考える研究です。ユビキタスとは「IoT」(Internet of Things。すべてのものがインターネットにつながった状態)とほぼ同じと言っていいでしょう。

[1] コンピューターがあらゆるものに組み込まれて身の回りのいたるところに存在し、人々がその存在を意識することなく、コンピューターに支えられながら快適な生活を送る状態を指す。ユビキタスは「遍在する」という意味のラテン語を語源とする言葉。

ユビキタス・コンピューティングを実現するには、どこにでも組み込めるようにコンピューターを小さく安く作る技術、人間のニーズをリアルタイムに察知し判断するセンサーや人工知能（Artificial Intelligence：AI）の技術、そして人間がいちいち充電しなくても動き続けるようにコンピューター自身が自力で電力を確保する「給電」の技術が必要です。

どれか一つの領域に特化する研究者が多いと思いますが、私はこの三つすべてに取り組んでいます。たとえば、**市販のプリンターで電子回路を印刷できる技術**❷の開発。特殊なインクを開発し、パソコンで回路図を描いてプリントするだけで回路が作れるようになりました。デバイスや回路を作るには試行錯誤が不可欠ですが、それまでは設計図を書いたら専門の業者さんに外注して作ってもらう必要がありました。このインクがあれば研究者が自分で回路が作れるので、試行錯誤のサイクルが劇的に速くなります。開発と同時にインクを市販するベンチャーも立ち上がり、世界中の研究者に使ってもらえるようになりました。これは「作る技術」を下支えする研究です。

また、農地の土壌水分を検知できる低コストなセンサーとＡＩを使って農作物の水やりを最適化する研究や、充電器と離れていてもバッテリーが充電できる無線給電技術の研究などにも取り組んでいます。

最終到達点は？

20年前には見えていた最終到達点が、近づくにつれ見えなくなってきた

20年前なら、最終到達点は「ユビキタス・コンピューティングの実現」だと言えました。現実に、**ムーアの法則**❸と矛盾することなくコンピューターの小型化、高性能化、低コスト化はこれま

❷ 2013年に発表した「インスタントインクジェット回路」。後処理が不要な銀ナノインクの画期的な活用法を川原が論文で示した。研究室の出身学生がベンチャーを立ち上げてこのインクを市販し始めたことで大きな話題となり、広まった。

❸ インテルの創業者の一人であるゴードン・ムーアが1965年に提唱した、半導体技術の進歩に関する経験則。「半導体の集積密度は18～24カ月で倍増する」というもので、この法則に沿った半導体の性能向上がコンピューターの小型化や高性能化、低価格化を支えてきた。

で順調に進んできています。このままいけば、形の上ではユビキタス・コンピューティングの実現は可能でしょう。しかし、技術的に可能であることが見えてきたいま、むしろ最終到達点は見えなくなりつつあるというのが私の実感です。

コンピューターが進化するだけでなく、まもなく、センサーやネットワークなどの発達によって膨大なデータを集めることもできるようになるでしょう。では、そのデータをどう活かしていくか。ＡＩを活用するためにはどのようなデータが必要になってくるのか。分野としてのゴールはいまや、技術的な実現を目指すという目標から、人々はどんな暮らしをしたいのか、何を幸せと思うのか、コンピューターとどんなつきあい方をしたいのかを知り、そこに向かって目標を定めることへと変容しつつあるように思います。

私自身はものづくりが好きで、作ったものが人の役に立つとうれしいというのが研究の原動力になっているんですが、より小さく、より安く、より速く、より効率がいいものを作れば人々が喜ぶ時代は終わりを告げつつあると思います。工学という分野全体が、社会や人々がほんとうに求めているものは何かを知り、新たな目標を描く局面にさしかかっているのではないでしょうか。価値が多様化する時代に人々が幸せをどこに置くかを見定めるのは実に難しいですが、同時に、研究が新たなフェーズを迎えているというのはワクワクすることでもあります。

分野としての到達点はかくのごとく五里霧中ですが、個々の研究に関しては研究室と現場の行き来によって求められているものが見えてくることは非常に多いと実感しています。

分野の成り立ちは?

ユビキタスの概念を生み出したパソコンと無線ＬＡＮ

銀インクで印刷した軽量で薄型の蝶の形をしたロボット

❹ 米国のコンピューター・サイエンティスト。1952〜1999年。ゼロックスのパロアルト研究所の技術主任だった1991年、「1人1台」に続くコンピューターの利用形態として、誰もが環境に溶け込んだ無数のコンピューターを意識せずに使うユビキタス・コンピューティングの概念を論文で発表した。

コンピューターが世界に登場して以来、大型のコンピューターをシェアして使う時代が長く続きました。それが大きく変わったのが1990年代で、コンピューターは「一人一台」の時代となった。ユビキタスの概念が生まれたのはそのころです。ユビキタスは**マーク・ワイザー**❹という研究者が提唱した言葉ですが、その前から日本では**坂村健**❺が「どこでもコンピューター」という表現でこの概念を示していました。

分野として盛り上がりを見せ始めたのはインターネットが普及し、無線LANが広まり始めた2000年代。この時期に作られた「**IPv6**❻」という通信規格は、ネットワーク上で世界中のあらゆるものにアドレスを与えることを可能にしました。ユビキタスの礎はIPv6であると言っていいでしょう。当時、大学院にいた私が「この分野は面白い！」と思い、研究し始めたのもこのころでした。

その後、コンピューターはどんどん小さくなり、無線LANの通信速度が速くなり、消費電力も下がっていきました。数センチや数ミリの小さなコンピューターが、縦横無尽に飛び交う無線を使って通信できるようになり、それをうまく使う技術をつくり出そうとしているのがこの分野の現在です。

2030年、2050年は？

給電技術が進化し、AIが分野の未来を左右する。しかし30年先は見えない

私が携わっている領域でいえば、無線給電の技術は2030年にはかなり発達しているだろう

❺ コンピューター・サイエンティスト。1951年生まれ。1984年に立ち上げたコンピューター・アーキテクチャ（基本設計）構築プロジェクト「TRON（トロン）」は、あらゆる機器や設備に組み込まれたコンピューターがネットワークで結ばれ、人々の生活を助ける環境の実現を目指すもので、ユビキタス・コンピューティングの思想を先取りしていた。

❻ インターネット・プロトコル（通信規約）の規格。これまで主流だったIPv4では機器に割り当てられるIPアドレスの数は約43億個が上限であるのに対し、IPv6では実質無限のため、近い将来に予測されるIPアドレス不足を解消できる。日本における「インターネットの父」とも言われる慶應義塾大学教授の村井純が普及に尽力した。

と思います。いまスマートフォンの充電でよく使われている無線給電はスマートフォンと充電器が接触している必要がありますが、10年以内には、バッグに充電器とスマートフォンを一緒に入れておけば充電される、同じ棚の上に無造作に置いておくだけで充電できるぐらいになるのではと思っています。

さらに、いま私たちは「部屋中どこでもワイヤレス充電」というシステムを開発しています。その部屋に入るだけでスマートフォンなどが充電できるしくみで、こうなると充電器の存在は、より普段は意識しない、さりげないものになるでしょう。

ＡＩ技術のうち機械学習、とくにディープラーニングの発達はユビキタスの可能性に大きな影響を与えています。ディープラーニングというと超高性能のＣＰＵや大きなサーバを使って膨大なデータを処理する技術というイメージがありますが、もっと簡易なものでもかなり現実的に使えるレベルのものになりつつあります。ディープラーニングを使ったＡＩの認識・判断の技術をスマートフォンや車、あるいは眼鏡に入れるようになってくるとまたこの分野は大きく変わっていくと思いますし、それは比較的近い未来に訪れる世界ではないでしょうか。

より広く、ユビキタス・コンピューティングという分野全体が10年後にどう変わっていくかは、正直なところ、わかりません。１９９０年代にマーク・ワイザーがユビキタス・コンピューティングの概念を提唱したとき、その論文にはユビキタスの未来をイメージした1シーンが描かれていました。ＳＡＬという名のひとりの女性がベッドで眠っていて、朝になるとコンピューターが彼女の寝返りなどから目覚めが近いと認識・判断し、コーヒーの準備を始める。ＳＡＬはそのコーヒーのいい香りで目を覚ます――。このように、コンピューターがさりげなく本人の望むことをやってくれるというのがこの分野の描いてきた未来像であり、その未来像は今もそう変わらないような気がします。

ただ、技術面を考えるなら、この分野の発展の背景となるコンピューターの高速化、低価格化はこの先もずっと進むと思います。少し前まではこれ以上の高速化は必要なのか、そんなに需要が伸び続けるものなのかという議論もありましたが、ディープラーニングの登場以降、扱うデータは「これで十分」ということはなく、多ければ多いほどいいという世界になってきているので、よりたくさんのデータをより低コストで集める需要は存在し続け、技術の側もそれに応えていくだろうと思います。

部屋中どこでもワイヤレス充電システム

今から30年後の2050年となると、まるで予測がつかないですね。この分野において30年前となるとインターネットが産声をあげたころですが、当時、インターネットが社会を大きく変革するような技術だと考える人はほとんどいなかった。インターネットがもはやインフラとなっているいまの社会を30年前の人が予測するのは不可能だったでしょう。と考えると、30年後にはいまの私たちには現実感がないような技術（たとえば人の脳に別の人の神経活動を移植するなど）が大きな地位を占めているかもしれませんね。

未来社会との接点は？

社会が学問を鍛え、学問が社会に貢献する関係を作りたい

実は、新型コロナウイルス対策として開発された**接触確認アプリ（COCOA）**❼はユビキタス・コンピューティングの分野で2000年〜05年ごろ、世界的に流行った研究の社会実装といってもいいものなんです。当時の研究や議論を間近で見てきた私は、このような時期にこの技術が社会の役に立てられようとしていることにうっすら感動を覚えました。しかし現実には、いざ世に出ていったアプリに対して、多くの人が、プライバシー保護に関する不信から非常に強い忌避感を示しました。これからは、データを扱う技術に関わる研究者はプライバシーや法律の問題について法の専門家に任せきりにするのではなく、自ら仕組みを提案していかなくてはならないのだと痛感しました。

そこで私はいま、東大の中で学生同士がソーシャルディスタンスを保って教室を利用できるようなアプリを試験的に作ろうとしています。開発段階から法学部の学生に関わってもらって、開発側が最初から法や倫理に配慮して運用を考えています。また、研究者だけで作っていてもユーザー（社会）に受容されないので、開発のコア部分は学部の3〜4年生に、PRは1〜2年生に担ってもらおうと考えています。

技術の安全性という面でも、技術を開発する側の人間が、安全性の確保はもちろん、それを人々にしっかりと伝えて「安心」してもらう重要性を感じています。たとえば、前述の「部屋中どこでもワイヤレス充電」は人体に悪影響はないのかと不安に思う人が多いかもしれません。電磁場を構成する電場は人体に影響を及ぼすことが知られていますが、磁場は強度に気を付ければ生体

❼ 厚生労働省が開発したスマートフォン向けの「新型コロナウイルス接触確認アプリ（略称・COCOA）」。Bluetoothによって利用者同士の近距離の接触を検知・記録し、新型コロナウイルス感染症の陽性者と接触した可能性があった際に通知する。位置情報や携帯電話の番号等、個人が特定できる情報は記録されない。

の組織に影響を与えません。このシステムでは主に、その磁場を使って給電を行います。電磁場を使うことは使うのですが、システム自体の壁の中に仕込まれた素子近傍に電場が集中する設計になっており、電場は壁から離れた場所にはほとんど出てこないのです。

こうしたことを制作段階から意識し、作った後にもどういう理屈で安全なのか、どんな安全基準を満たしているかを科学者自身が発信していくことが人々の心に「安心」を醸成していくのではないかと思っています。

これまでお話ししてきた通り、ユビキタス・コンピューティングは技術的な実現を目標としていた時代が終わり、本当に人々が求めていることはなにか、社会に役に立つことはなにかを探りながら運用の仕方も含めて考えていく研究フェーズに入っています。となれば、情報系や工学系以外の研究分野との連携、企業や個人との行き来は欠かせません。私自身はそういう行き来のある研究スタイルが好きで、たとえば農業用センサー開発の際も、農業にはまったくの素人でしたので農学部の研究室の扉を叩いて教えてもらうところから始めたりしてきたのですが、工学全体で研究分野や産学の垣根を超えて連携し、社会課題に取り組めないかという思いから、２０１９年にインクルーシブ工学連携研究機構（略称ＲＩＩＳＥ）という組織を立ち上げました。

たとえば**フリマアプリ**❽のメルカリとの連携においては、ユーザーインタフェースやデータベースなどの情報技術だけでなく、ユーザーの選択を分析する行動経済学や数理科学を使った最適化などの研究が生まれるかもしれません。社会と行き来することで、社会に役立つ研究になると同時に、新しいビジネスをプラットフォームとしてさまざまな研究を深めていくことができる。学問と社会の新しい関係を紡いでいきたいと思っています。

❽ フリーマーケット（蚤の市）のように、不用品などの個人間売買をインターネット上で行うことができるスマートフォン向けのアプリ。

おすすめの本

朝永振一郎
『物理学とは何だろうか〈上〉』
（岩波新書）

情報通信が変えゆく社会の課題を腑分けする

憲法学

Constitutional Law

宍戸常寿

SHISHIDO George

東京大学大学院
法学政治学研究科
教授

1993年東京大学入学。95年司法試験（二次試験）合格。97年東京大学法学部卒業。東京大学大学院法学政治学研究科助手、東京都立大学法学部助教授、一橋大学大学院法学研究科准教授、UC Berkeley, Law School, Visiting Scholarなどを経て、2013年より現職。国立情報学研究所客員教授、公益財団法人東京大学新聞社理事長、日本公法学会理事、衆議院議員選挙区画定審議会委員、法務省司法試験考査委員等。

研究分野は？

権力と法の関係、情報と法の関係を研究

広く言えば「人間と人間の間に生まれる力の働き」を研究しています。人が何人か集まれば必ずそこには誰かが誰かを物理的に支配したり、間接的に行動をコントロールしたりといった「権力作用」が生まれます。私が専門とする憲法学・国法学では、特に国家という主体を対象として、権力をどう作り制限するか、権力をどう適正に作用させるかを法の面から考えます。

「国法学」という分野はあまり聞き慣れないかもしれません。これは、どの国の憲法にも共通する、憲法に必須の要素は何なのか、各国憲法の違いはどこにあるかなどを探る、いわば「憲法の

基礎理論」を研究する学問です。欧米型の憲法は、日本では明治維新のあとに初めて制定されましたが、そのとき各国の憲法を研究することが必要になりました。このため、東京大学の法学部が創設された後に、国法学という講座が設けられました。大日本帝国憲法の制定後には、その運用解釈に関わる研究をする学問として日本の憲法学が立ち上がりました。

私自身の憲法学・国法学の研究には、二つの柱があります。一つは、私たちの日常生活に直接的な影響を与える立法権や行政権をコントロールする重要な権力である、司法権の適正な実現について。もう一つは情報通信に関する法制度、すなわち情報法の研究です。

情報化社会の進展によって広く多くの人が国の意思決定について参加できる環境が生まれたことは、憲法が掲げる民主主義にとって望ましいことです。しかし同時に、特に近年では国や企業が入手する種々の個人情報が人々のプライバシーを侵す危険性など、人権にかかわる問題も生まれています。民主主義や基本的人権のあり方と情報通信が非常に密接な関わりをもつようになっているのです。私は憲法学者の立場からその関係を研究し、社会に対して課題や論点を提示することを仕事としています。

最終到達点は？

権力作用と情報通信の法学的議論を整理し、社会に提示する

法学に限らず社会科学が対象とするのは人間の営みであり、人間の営みは時とともに変容していくものですので、研究内容も常に変わり続けます。このため最終到達点はありませんが、どのように社会が変容しようとも、適正な権力作用をどう実現するかを、憲法学は探り続けることに

なるでしょう。

いま社会が迎えている大きな変化の一つがサイバー空間（オンライン空間）の拡大でしょう。これまで我々は、社会や権力作用はフィジカルな（リアルな）空間のものだと思ってきました。サイバー空間で起こる物事も最終的にはフィジカルな世界に具現化されて出てくるのだと。しかしいま、人々の活動はサイバー空間へと大きく広がり、人間の社会はフィジカルな空間とサイバー空間が融合したものになろうとしています。「社会」の姿が変わりつつあるわけです。

たとえばこの新しい社会においては、人間のもっとも基本的な価値に関わる「死」の概念も変わってきます。物理空間では亡くなっている人を**人工知能（AI）**❶によってサイバー空間で生き続けさせることもできる。

２０１９年に「**AI美空ひばり**」❷が注目を集めました。フィジカルな空間においては美空ひばりさんは30年前に亡くなっているけれども、ＡＩ技術によってサイバー空間に生み出されたＡＩ美空ひばりが、テレビ番組の中で、存命中のご本人が歌ったことのない新曲を歌った。この時、故美空ひばりさんの人権をどう考えるのかが議論になりました。「死」がフィジカルな空間だけでは完結しない社会が生まれつつあるのかもしれません。

ただ、どれだけ社会が変わっても、人間の本性に関わる価値観の問題や、権力作用の問題は常に存在します。サイバー空間とフィジカル空間が融合しつつある社会においても、我々は何を公正だと思うのか、取り残されている弱者はいないか、守るべき価値は何か、権力の暴走はないかを検証し、公正で包摂的な社会をつくるために権力を使い、組み換え、抑制し、必要であれば新たにルールを作る議論が必要です。私は憲法学者として、また情報法を専門とする者として、そ

❶ 学習、推論、判断といった人間の知的な活動をコンピューターに行わせる技術。人工知能技術のうち学習に焦点をあてたものを機械学習という。機械学習のうち画像認識や音声認識などで高い精度をもたらす手法として深層学習（ディープラーニング）があり、様々な分野で応用されている。AIは「Artificial Intelligence」の略。

❷ 1989年に死去した歌手、美空ひばりの歌唱をAI技術で再現したNHKやヤマハなどによるプロジェクト。過去の音源や映像をもとに、深層学習を駆使した合成音声とCG映像で本人の歌声と姿を創出した。

うした問題の整理をすることが社会における役割の一つだと思っています。

分野の成り立ちは？

憲法学の源流の一つは中世ヨーロッパの教会に

人間が複数集まった時に、いったい誰がものを決めるのか、決めたことに従わせる権力はどう生まれるのかを問う知的な営みは、近代国家の登場前からありました。

たとえば中世ヨーロッパでローマ・カトリック教会において絶対的な力を持っているのは神ですが、神がすべてを決めてくれるわけではなく、現実の権力者として法王がいます。しかし法王が勝手に神の名をかたって意のままに物事を進めてしまうことがないように、教義の解釈など重要なことを決める時には公会議という特別な会議が開かれました。そこで、法王・公会議など権力をもつ者と一般の信徒との関係が議論された。それが、今の我々が知っている憲法の議論の源流の一つなのです。

そして近代社会の成立とともに、とりわけ**ロック**❸や**ルソー**❹や**モンテスキュー**❺の活躍した市民革命の時代以降、国家という主体を対象にその権力の行使について考える学問が形成されていった。それが学問としての憲法学です。

日本では先ほどお話ししたように明治維新のあと、急いで欧米諸国のような近代国家に社会を作り変えていく必要に迫られ、ドイツを近代国家のモデルにすることにしました。当時のドイツは最強国であった英国を追って急速に成長しつつあり、しかも国家としての発展と、大学を中心とする学問の成長が連動していました。すべてを一から学びながら国家を発展させたい日本にと

❸ ジョン・ロック（１６３２〜１７０４年）。イギリスの哲学者、政治思想家。当時の王権神授説を批判して社会契約説を説き、人民の抵抗権を主張して名誉革命の正当性を理論化した。

❹ ジャン＝ジャック・ルソー（１７１２〜１７７８年）。主にフランスで活躍した政治思想家。著書『社会契約論』（１７６２年）などにより人民主権を唱え、フランス革命に大きな影響を与えた。

❺ シャルル＝ルイ・ド・モンテスキュー（１６８９〜１７５５年）。フランスの政治思想家。主著『法の精神』（１７４８年）で司法、立法、行政の三権分立を説き、フランス革命やアメリカ合衆国憲法などに大きな影響を与えた。

ってドイツは格好のモデルだったのです。

その後、日本は第二次世界大戦で負け、米国の間接統治を受けながら、大きな構造変化を経験します。それまでの大日本帝国憲法はドイツ流の「君主の権力が強い」憲法でしたが、現行の日本国憲法には米国流の「自由で民主的で、個人を尊重する」リベラルデモクラシーの価値観が色濃く反映されています。日本の憲法学はこうした社会や政治の変化と歩調をあわせ、ときには変化を促し、ときには時の政権と対立する局面も交えながら現在まで発展してきました。

一方、情報と権力の関係を考える営みにおいてスタート地点と言えるのは、情報通信技術の発達が社会に大きな変化を与え始めた19世紀後半です。

まず電信・電話が生まれ、カメラの誕生によって新聞の影響力が増大し、ラジオが生まれ、それまでごく限られた人だけがかかわってきた社会の意思決定の様子を多くの一般の人々が知り、議論できるようになった。大衆による世論が形成されていったのです。そして、映画、テレビといった情報技術によって、多くの人が社会の意思決定に参加できるようになったという恩恵の一方で、逆にメディアを利用して社会の意思決定を恣意的に左右することができる危険性も生まれました。たとえばヒトラーは映画を活用して独裁体制をより強固なものとしました。そこでそのような権力の行使を規律するための法が必要となってきた。これが情報法の始まりです。

いまではその対象はメディアだけでなく、人々の個人情報やネット上のプライバシーの問題、**GAFA**❻など巨大プラットフォーム事業者の問題、ＡＩの問題など、情報通信と法に関して議論すべき領域が大きく広がってきています。とくに巨大プラットフォームはインターネット上を活動領域としており、もともと国境を超えていますから、国家を単位とするこれまでの世界秩序の

❻ 米国の巨大IT企業であるグーグル（Google）、アマゾン（Amazon）、フェイスブック（Facebook）、アップル（Apple）の4社を指す。それぞれの頭文字を取ってGAFA（ガーファ）と称される。

あり方を変えていくかもしれません。それでも、日本においては日本が重視する基本的人権や民主主義の価値観を尊重して事業活動をしてもらわないといけない。そうしたことを考える研究分野として、より広範な「情報法」が分野として立ち上がりつつあるのが現在だと思います。

２０３０年、２０５０年は？

「価値」と「手段」で意思決定のスピードを分けるイノベーションが必要に

未来社会において、ＡＩが裁判をすることができるかという問いがよく話題になりますが、とりわけサイバー空間において、ある程度のパターン化が可能な裁判に関してはＡＩ弁護士が活躍すべきだろうと私は思います。これまでのように人間だけでやり続けようとしたら、法から取り残される人がたくさん出てしまいますから。

ただ根幹的な価値に関わる裁判は人間がおこなうべきだと思っています。その切り分けは人間がすることになるでしょう。とはいえ、価値観に関わる問題において人間が常にＡＩより優れているわけではありません。人間は先入観や偏見などによって判断が偏ることがあるという事実にも目を向けるべきです。将棋のプロがＡＩの手を借りて最善手を研究するように、人間の法律家が自身の弱点を探すためにＡＩと協働するという形はありえるし、むしろ必要だろうと思います。

情報通信に関しては、２０２０年には**5G**⑦がローンチし、２０２５年ごろには広く社会で使われるようになるだろうと言われています。私は総務省のＢｅｙｏｎｄ 5G推進戦略懇談会（座長：五神真・東大総長）の部会のメンバーだったのですが、２０３０年には**6G**⑧がスタートする見込みだということです。このことに象徴されるように、情報通信の世界は10年、20年というス

⑦ 第5世代移動通信システム。現在の主軸である4G（LTE）に代わる次世代通信規格。「高速大容量」「低遅延」「多数同時接続」を主な特徴とし、日本では2020年に商用サービスが開始された。

⑧ 第6世代移動通信システム。5Gに続く新たな次世代通信規格。ネットワークの負担増大への懸念から、早期の実現に向けて開発が進められている。

ピードで巨大な変化が起きていくでしょう。単に通信が大容量・高速になるだけでなく、我々の日常生活や社会、政治が大きく変容していくと思われます。それに柔軟に対応できるように法制度を整えなければならないことは言うまでもありません。しかし同時に重要なことは、「変えてはいけないことは維持する」ということです。

そのために必要なのは意思決定のトラックを二つに分け、振り分けていくことだと私は考えています。一方は、柔軟に迅速に議論すべき課題を扱うファストトラック。もう一方は慎重に議論を重ねていくスロートラック。こうした、社会の意思決定のやり方、つまり**ガバナンス**[9]を変える「イノベーション」が求められていると思うのです。

たとえば現在の新型コロナウイルス感染症の問題で考えてみましょう。日本で公衆衛生の権限は国よりも地方公共団体に大きく振り分けられていますが、このような緊急事態においては国に一元化すべきだという主張もよく聞かれます。しかしこれは国と地方の根本的な関係に関わる、すなわち「価値」の問題であり、ことによっては憲法改正も含めて議論しなくてはならない問題です。数年単位でじっくり議論すべきことでしょう。

一方、国と地方とのデータの共有といった「手段」に関しては法整備を迅速に進めることが可能です。もちろん、いくら迅速にとはいってもプライバシー侵害の懸念などがありますから、しっかりした法律は必要です。行政主導で今日明日というタイムスケールで決めるのではなく、数カ月から1年で法律を作っていく。

こうした問題の切り分けと振り分けができる人が必要です。今は誰もが、全部賛成、全部反対のどちらかになりがちです。そこをマクロな視点で見て、二項対立に見えるが実はどちらも同じ

❾ 人や場合によりいろいろな使われ方をするが、主に、
・国家や企業が国民や従業員を統治すること、コントロールすること
・国家（社会）や企業の意思決定のあり方
・意思決定が適正に行われるためのルールや手順
といった意味がある。

ゴールを目指している、といったことを見抜き、同じゴールを目指すためにどう問題を腑分けしたらいいのかを考え、発言できる人が、法律家や官僚だけでなく、メディアからも、政治家からも出てこないといけない。情報法という領域がそれに資する分野として進化を遂げられるように、私も力を尽くしたいと思っています。

未来社会との接点は？

常に変わりゆく社会と法の関係を理解したうえで議論・運用できる人を育てる

法において慎重に議論すべき「価値」の部分と、ダイナミックに運用を変えることで機動的に事態に対応できる「手段」の部分を切り分け、執行していくには、それを理解している公務員や法律家を増やすことが必要です。旧来のような既存の法知識をパッケージとして詰め込むような教育では、それは実現できないでしょう。

すでに高校の公民の授業は、知識詰め込みより「考え、議論する力」を重視し、育てるカリキュラムへと変わりつつあります。そうした高校生が大学に入ってくることによって大学の教育も変わるでしょうし、変わっていかなくてはならない。

我々は教員として、学生が社会に出たあとも、世の中の変化とともに変わっていく法を学び続けられる素養や思考力、語彙を身につけられるようにサポートする責任があります。それによって、幅広い社会の構成員が最新の知見を得ながら、法のあり方を考えたり、ルールを変えたりしていくという循環がつくられていくことを願っています。

おすすめの本

谷口将紀・宍戸常寿
『デジタル・デモクラシーがやってくる！』
（中央公論新社）

ジャーナリズムのあり方の研究を通じて社会貢献

ジャーナリズム研究

Journalism Studies

林 香里
HAYASHI Kaori
東京大学大学院情報学環教授

1963年名古屋市生まれ。ロイター通信東京支局記者、東京大学社会情報研究所助手、ドイツ、バンベルク大学客員研究員（フンボルト財団）を経て現職。社会情報学博士、専門はジャーナリズム／マスメディア研究。東京大学Beyond AI推進研究機構「B'AI Global Forum」リーダー。Yahoo!ニュース 有識者会議メンバー、日本マス・コミュニケーション学会理事、日本フンボルト協会理事を務める。著作に『足をどかしてくれませんか　メディアは女たちの声を届けているか』（編著）、『メディア不信　何が問われているのか』、『＜オンナ・コドモ＞のジャーナリズム　ケアの倫理とともに』など。ホームページ http://www.hayashik.iii.u-tokyo.ac.jp/

研究分野は？

「ジャーナリズム」の役割を考察

ジャーナリズム研究とは、文字通りジャーナリズムやメディアのあり方を研究する分野です。私は記者として働いていた経験もあり、大学院時代からパブリック領域における表現活動と社会の関係に関心を持ってきましたが、中でも「ジャーナリズム」の定義に着目しています。現存する権力への監視機能だけでなく、まだ見えない光景、聞こえない声をすくい上げ、広く社会に伝え、そこに現れる権力作用を可視化することこそ、ジャーナリズムの役割です。これは新聞しかなかった時代から、ソーシャルメディアやビデオ・オン・デマンド（ＶＯＤ）が急速に普及する

「DX（デジタルトランスフォーメーション）[1]の時代」に移り変わった今でも不変で、記者やジャーナリストだけでなく、社会のあらゆる人が実践できる活動です。

最近はこうした「ジャーナリズム」の社会的理解、役割や制度についての国際間の比較研究を進めてきました。さらに、ジェンダーの視点を研究に取り入れて、女性やマイノリティが生きづらい社会を変えるために、研究者、ジャーナリスト、アクティビストたちとともに、メディアはマイノリティとともに何ができるか、ジャーナリズムはやるべきことをやっているかなどについてさまざまな観点から問題提起をし、議論しています。

日本のジャーナリズムの特徴として、少数の大手メディア組織が歴史的に一貫して力を持っているということがあります。メディアは記者クラブを介して経済界や政治と強くつながり、インハウスで人材を養成し、研究所まで持っている場合もあります。さらに、新聞社と民放テレビ局は資本関係や人事で結びついています。インターネットが浸透する2000年ごろまで、情報を一元的に占有しているメディアは、私たちの言論空間の中心的存在でした。このような寡占的仕組みのせいで、エスタブリッシュメント（支配階級）およびマジョリティ側の情報は効率的に伝わるわけですが、マイノリティ側の情報は報じられにくくなってきました。そして情報の受け手も、大手メディアなら信頼できる、とナイーブに信じてきたところがありました。

比較研究によって、この現状をグローバルな文脈で相対化することで、日本のジャーナリズムのあり方だけが唯一の形ではないこと、もっと良い形がありうることを、論拠をもって示せるようになります。良いジャーナリズム、より良い社会につながるジャーナリズムとは何か。絶対的な「良い」という解はないのですが、制度設計や職業文化は変えられる、変われる部分もあるの

[1] スウェーデンのウメオ大学のエリック・ストルターマン氏らが2004年に提唱した「ITの浸透が、人々の生活をあらゆる面でより良い方向に変化させること」という概念が始まりで、現在ではIT技術の活用によって起きる企業やビジネスモデル、産業構造の変化などの変化全般を指す。

で、みんなで議論をして、「良いメディア」のあり方を考えていく必要があると思っています。

時代とともに変わるジャーナリズムのあり方を問い続ける

東京大学でのジャーナリズム研究は、1929年に小野秀雄先生が文学部に「新聞研究室」を開設したことに端を発します。戦後になると、日本に民主的なジャーナリズムを再興するという目的で、連合国最高司令官総司令部（GHQ）が民主化政策の一環として、ジャーナリスト教育を目的とする「新聞研究所」を主要大学に設置し、東京大学の新聞研究室もその一つとして「新聞研究所」と名称を変えました。東大新聞研究所はその後、世の中のメディアの趨勢を反映して1992年に「社会情報研究所」に改組され、2004年には大学院情報学環に合流しました。こうしてジャーナリズム研究は情報を届ける媒体のあり方に合わせて時代とともに変化を遂げ、発展してきました。

私の研究対象も、最近は新聞やテレビだけではなく、ソーシャルメディア上での人々のニュースの読み方や、情報のやりとりについてなど、範囲が広がっています。ジャーナリズムや表現分野におけるAI（人工知能）の可能性や弊害についても考えていて、いまプロジェクト・リーダーとして取り組んでいるのが「B'AIグローバル・フォーラム」です。これは、AI時代における真のジェンダー平等社会の実現、そしてマイノリティの権利保障のための「規範・倫理・実践を研究する場」と位置づけて、東京大学 Beyond AI 研究推進機構の「AIと社会」の中・長期プロジェクトとして発足させていただきました。ジャーナリズム研究でAIという組み合わせは意外かもしれませんが、ＡＩもメディアで利用され始めており、情報技術、表現者、コンテンツ、そして利用者の四つが相互に関係して、新たな表現活動や情報発信にＡＩが活用され始めています。問題は、現状ではＡＩが稼働する機械学習の元手にはマジョリティ側から出てくるデータが中心に利用されていることです。このままではＡＩは格差解消のためのイノベーションではなく、むしろ今ある女性やマイノリティへの偏見の助長と、差別の強化になる可能性があるということです。こうしたテクノロジーの限界やリスクについて議論を始めています。

海外の大学におけるジャーナリズム学科に目を向けると、主に二本の柱があります。一つが専門職としての記者を育成する教育機関としての役割で、20世紀のはじめに**ジョーゼフ・ピューリッツアー**❷の遺志を継いでコロンビア大学に設立されたジャーナリズム・スクールはその代表例です。もう一つの柱がジャーナリズム研究です。コミュニケーション研究の中の一つの部門として、ジャーナリズムの制度や組織について、さらに世論研究など、日本での研究よりも幅広いテーマを扱っています。台頭する中国のメディア・コミュニケーションも大きなテーマになりつつあります。私が取り組んでいるジャーナリズムの比較研究は、この部門の中で２００４年ごろに機運が高まった潮流です。各国のメディアの状況をモニターしてレポートを出しているオックスフォード大学のロイタージャーナリズム研究所の取り組みも、こうした流れの中から出てきたものです。

今、海外のジャーナリズム研究で最も注目されているのが、ＤＸ時代ならではのテーマですが、**ＧＡＦＡ**❸といったネット上のプラットフォーマーとそこに置かれるジャーナリズムのコンテンツとデリバリーの変化、そしてそれを人々はどのように受け止めているか、という新たなジャーナ

❷ ジャーナリストで新聞出版者。米国連邦下院議員として活動していた時期もある。コロンビア大学に多額の寄付とともにジャーナリズムの学校の設立を提案した。提案は当初却下されたが、その後受け入れられ、ピューリッツアーの死後の1912年に実現した。また、大学設立のための資金の一部で、ジャーナリズムや文学で功績を残した人に贈る「ピューリッツアー賞」が1917年に創設された。賞は現在、コロンビア大学が運営している。

❸ グーグル、アップル、フェースブック、アマゾンの巨大IT企業4社の頭文字をとった総称。マイクロソフトの「M」を足したGAFAM、ネットフリックスの「N」を含めたFANGなどもある。

リズムのエコロジー（循環）変容についてです。また、ＧＡＦＡのようなグローバル情報産業が情報空間を占有し、さらには個人の行動データまで集めるような、**監視資本主義**❹が問題になっています。この巨大権力は時に政府以上の権力を持つ。その際、ジャーナリズムはどのようにその「権力の監視機能」を果たしていけばいいのか。こうした議論は日本ではあまりされていません。国内向けの紙の新聞や雑誌、あるいは地上波放送がまだまだ力を持っているからです。日本のジャーナリズムもジャーナリズム研究も、世界からは切り離されてしまっている状況です。

社会正義のために発達したジャーナリズムですが、定義は曖昧です。グローバル化社会、デジタル情報化社会においては、マイノリティの声がしっかりと反映され、より「よき」公共領域の表現のあり方の指針となるように再構築されていけばよいと考えています。紙の新聞、テレビ、さらにはインターネット、ソーシャルメディア、ＡＩなど、それぞれの技術の可能性を考えていきたいです。ジャーナリズムという営為は、技術環境や社会環境がどのように変化しても、民主主義社会において必要だということを確認し、そのあり方を問い続けていきたいです。

2030年、2050年は？

細分化するメディア、社会課題ごとにテーマ再編へ

ジャーナリズムは、民主主義を支えるべく、権力監視の役割を担って、国民国家とともに成長してきました。今後ますますグローバル化が進めば、日本も宗教やエスニシティをはじめ多様な人々が生きる社会となり、社会の細分化も進むでしょう。その中で「総合メディア」のあり方も変化し、コンテンツのさらなる個人向けテーラーメード化、細分化が予想されます。メディア研

❹ スマホなどを通して個人が生み出すさまざまなデータを資源として巨大情報テクノロジー企業が成長、発展していくという、資本主義の新たな形態を指す。ハーバード・ビジネス・スクール名誉教授のショシャナ・ズボフによる『The Age of Surveillance Capitalism』（監視資本主義の時代）で提唱された概念。データ駆動型社会が定着し、人間の行動予測が可能になったことによって、情報テクノロジー企業が絶大な権力を行使する危険性を説いている。

究もテーマも方法論も、まったく新たな視点が要求されるようになると思います。

いずれ紙の新聞や雑誌は限定的にしか存在しなくなり、地上波テレビは淘汰されてネットと融合し、現在のような「テレビ局」や放送制度も残っていない可能性があります。メディアの制作プロセスでは、ＡＩに頼る部分も増えていくことになるでしょう（ベタ記事の執筆、校閲、簡単なナレーション、コマーシャルをはじめコンテンツの発出など）。

メディアの記者や制作者の専門職としてのスキルも厳しく問われる時代になると思います。つまり、専門的あるいは芸術的コンテンツをつくる者と、機械的にコンテンツを製造する者（あるいは機械）との二極分化が進むでしょう。また、YouTubeのようなユーザーが作るコンテンツ（ＵＧＣ）の台頭により、素人とプロフェッショナル、私的な表現の領域と公的な表現の領域との境界線がますますあいまいになっています。これはプライバシーの問題とともに、公共領域の表現・言論の倫理問題にも関係します。「ジャーナリスト」という職業のあり方や定義も組み替えていく必要があります。

ネットが普及するまでは、マスメディアが情報の送り手の主流でした。したがって、ジャーナリズム研究の研究対象も、マスメディアが主となってきました。それがいまや私たち一人ひとりが情報の作り手・送り手になってきています。２０３０年・２０５０年の情報発信の研究を「ジャーナリズム研究」の発展したものだとするなら、そこでは「新聞研究」「テレビ研究」などといった媒体ごとに分けられていた伝統的研究カテゴリーは完全に影を潜め、媒体横断的な情報流通、表現や表象問題、倫理、プライバシー保護といったテーマ、つまり社会課題ごとのテーマが主流になっていると思います。また、哲学、芸術、社会学、情報工学などの知見を取り入れた、いっそうの学際性が要求されるようになるのではないでしょうか。

未来社会との接点は？

クリティカルなマインドでマイノリティの声と向き合う

日本社会の中には　社会の安定を優先して、変革を嫌うような風潮がある気がします。ですが、デジタル化やグローバル化の進展で人の移動が活発化し、価値観も多様化して、否応なしに社会は変化しています。これまでの組織や制度に疑問を持たずに追従する姿勢ではもうやっていけないのではないでしょうか。社会の一部である既存のメディアも安定志向で、社会に信頼されてきました。ですが、そのメディアは、いわゆる「当局取材」に注力し、旧来のマジョリティ側、つまりエスタブリッシュメントの情報を伝えるために組織されてきた面があります。その分、社会の中で声が小さい女性をはじめ、マイノリティの情報がなかなか伝わってきません。調査をすると、政治やニュースに関心を持てない女性が、教育や収入の高低にかかわらず多くいます。女性やマイノリティたちがいくら叫んでもなかなか声を聞き入れられず、興味関心を失っていくという状況も否めません。男性中心の日本のメディアには、自分たちが従来のシステムで特権をもつマジョリティなのだという自覚を持ってもらいたいです。様々な人の声を取り入れなければ、社会の発展は望めません。ぜひ、社会変革のために行動で示してほしいと思います。

ネット上にはフェイクニュースやヘイトスピーチも存在しています。現代はそんな情報空間の荒野に一人ひとりが真正面からぶつかって飛び込んでいかないといけない状況です。この荒野で攻撃され、傷つくのは女性やマイノリティのことが多いのです。しかし、この荒野を規制するとなると、誰がどの範囲をどのように規制するのかが問題になり、表現の自由に抵触することにもなるので難しい問題が出てきます。まずは一人ひとりがメディア・リテラシーを身に付け、人間社会におけるコミュニケーションの大切さ、言葉や表現のもつ可能性とリスクについて体得していかなければなりません。社会の側も、このような教育を施していく必要があると思います。

メディア・リテラシーの教育とは、すなわちクリティカルなマインドの醸成でもあります。なぜ、現代社会でメディアの役割が重要なのかを学ぶ機会が日本の社会にはありません。私は、学生、市民、ジャーナリストたちがメディアについて話し合う場所や機会がもっと必要だと思っています。ここにメディア研究やジャーナリズム研究がお手伝いできるのではないかと思い、「メディア表現とダイバーシティを抜本的に検討する会（ＭｅＤｉ）」も立ち上げました。

米国では民主党と共和党という二大政党を中心にしたイデオロギー的対立や社会分断が深刻ですが、日本にはそういう政治的な分断はあまり顕在化していません。日本ではむしろ、政治やメディアに関わっている人と、そのほか大勢の政治無関心層との間に深い溝があり、その溝はどんどん深くなっている気がしています。無関心層でも生活に困っていたり悩みがあったり、本当は身近にいろいろな問題を抱えています。メディアは様々な、身近ではあるけれども深刻な課題を発見し、社会に広く周知し、多様な声を政治に届けることで、皆が生きやすい社会づくりに貢献できます。また、共通の課題を市民同士で考えれば、そこから一体感も醸成できるのではないでしょうか。情報を伝える側が、新しいジャーナリズムの型を考えるだけでなく、情報を受け止める側もメディア・リテラシーとクリティカルなマインドを学ぶことが、日本的分断の解消とより良い未来社会の実現につながっていくはずです。

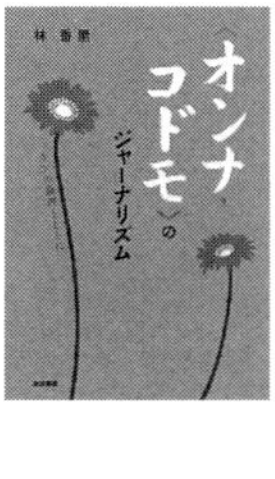

おすすめの本

林香里
『〈オンナ・コドモ〉のジャーナリズム』
（岩波書店）

ロボットの概念を変えるソフトロボティクス

ロボット研究

Robotics

新山龍馬
NIIYAMA Ryuma
ロボット研究者
東京大学大学院情報理工学系研究科
知能機械情報学専攻 講師

東京大学工学部を卒業。2010年、東京大学大学院学際情報学府博士課程修了、博士号取得。マサチューセッツ工科大学（MIT）にて研究員（コンピュータ科学・人工知能研究所、メディアラボ、機械工学科）を経て、2014年より現職。専門は、身体に根ざした知能、人工筋肉で動作する生物規範ロボット、およびソフトロボティクス。著書に『やわらかいロボット』（金子書房）がある。

研究分野は？

やわらかい素材でロボットを作り、可能性を広げる研究

ロボット研究は産業用ロボット、ヒト型ロボットから、ドローン、手術ロボットなどまで多岐にわたる形・用途のロボットを対象としています。

ロボット研究の中には社会実装に近い応用研究と、ロボットの概念そのものを問い直すようないわば基礎科学的な研究があり、私は後者の研究者として「やわらかい（ソフトな）ロボット」の研究を軸に、ロボットの可能性を広げたいと思って研究しています。

ロボット研究は、たとえばＡＩなどのソフトウェアにフォーカスした研究とハードウェアにフォーカスした研究に分けることもできます。私自身はソフトウェアも重視しつつ、主にロボットの「体」をどうデザインするか、つまりメカニズムの研究をしています。いわば「ソフトなハードウェア」を作る研究ですね。

一口にソフトといっても、ロボットのやわらかさにはいろいろな定義がありえます。**ボストン・ダイナミクスのロボット**[1]のように、まるで生物のように巧みに動けることも、ある意味では生物の動きのやわらかさを体現しているかもしれませんが、彼らのロボットは硬く重い金属でできています。人が当たれば怪我をするし、近くに物があれば破壊されるでしょう。私が研究しているのはこうした硬い体のロボットではなく、ぬいぐるみや風船のようにやわらかい素材でできたロボットです。たとえば、ディズニー映画の「ベイマックス」は風船構造を使ったやわらかいロボットですね。

カブトムシのように硬いイメージのある昆虫もその体の内部にはやわらかい組織があり、そのやわらかい部分が、生物ならではのなめらかな動きや複雑に変わりうる環境に対応できるしぶとさなどを支えています。いまのロボットにはこうしたしなやかさが足りないと思うのです。

だからといってソフトロボティクスは、ぐにゃぐにゃのタコやクラゲのようなロボットを目指しているのかというとそれだけではなく、人間の筋肉と骨の組み合わせのように、やわらかいものと硬いものをもっとうまく組み合わせて、硬い素材だけで作られてきたロボット研究に選択肢を増やそうとしています。ロボット研究は機械工学から発達してきた分野でもあるため、どうしても従来からこの分野で使われてきた金属などの硬い素材に偏ってしまいがちです。ソフトロボティクスは、機械工学の枠を越え、生物学、材料科学、電子工学を巻き込んだ学際的な分野とし

[1] ボストン・ダイナミクスは、人間や動物に似た動きをするロボットの開発で知られる米国のテクノロジー企業。犬のような動きで坂道や階段でも巧みに移動する四足歩行ロボットや、宙返りなどアクロバティックな動きもできる二足歩行のヒト型ロボットなどを生み出している。https://www.bostondynamics.com/

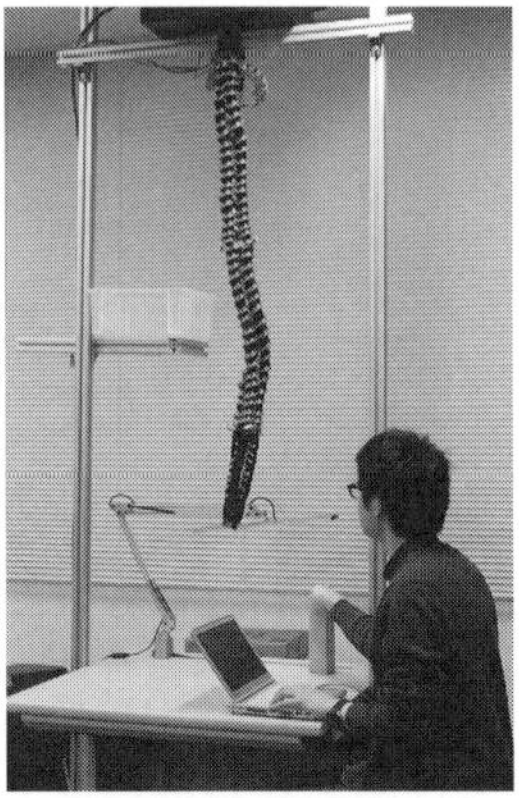
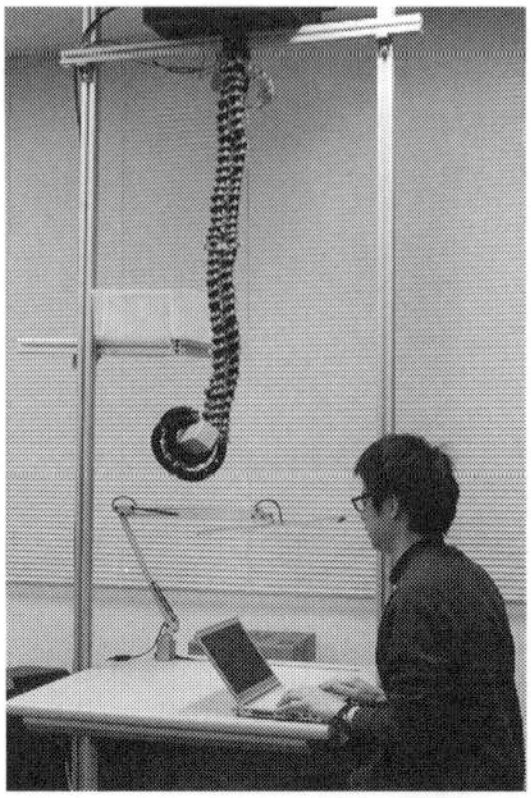

ゾウの鼻のような連続ロボットアームが積み木をつかんで持ち上げているところ

車輪も車体も風船構造で作られたバイク型の乗り物

て新しい可能性に挑戦している分野である、といえるでしょう。

ソフトロボティクスの代表的なロボットというと、こわれやすかったり形がまちまちだったりする物をやわらかくつかむことのできる「ソフトグリッパー」でしょうか。すでに工場などでよく使われているロボットグリッパーのソフト版ですね。

私自身はそもそも生物に強い興味があって、やわらかい組織でできていながらも、しなやかで強い生物のようなものが作りたいという欲求からソフトロボティクスの世界に入ったこともあり、**人工筋肉**❷で動くロボットの研究が主要なテーマの一つです。モーターで金属の関節を動かすのではなく、空気や液体の圧力で動作するやわらかい駆動源を使ったロボットです。

また、乗り物をもっとソフトな素材で作ったら事故や怪我が減らせますよね？ ロボットではないのですが人間とソフトな機械とのインタラクションの研究として、まるごとエアバッグのようなバイクや車椅子もつくっています。

❷電気や空気などにより、筋肉のように収縮する駆動装置。空気圧で動く人工筋肉はやわらかい素材でつくられ、縮む、曲がるなどの動きが可能。ロボットを人工筋肉で駆動させることで、より人間に近い効率的な動きが実現できる。

最終到達点は？

人が世話しなくても生き延び、増殖するロボットが人と共存する世界

ロボット研究の展開は多岐にわたるので、私がこの分野の到達点を語ることは難しいのですが、個人的に私がロボットとして予測する姿の一つは、単なる「人間に代わる労働力」という位置づけを超えて、人間が世話をしなくても、まるで生き物のように勝手に餌をとってきて生き延び、自分自身を複製して増えていくロボットです。もはやそれは人工物でも自然物でもない存在かもしれませんが、そんなクリーチャーと人間（生物）が共存する世界を遠い未来として予感してい

ます。実際、すでに**分子ロボット**❸の世界では自己複製・増殖が研究されていますので、ロボットの自己増殖は単なるSFの世界のお話ではなくなりつつあります。

それを踏まえてソフトロボティクスの研究者として私が目指すのは、生き物にはできるのにロボットにできないことを減らし、その上で生き物を超えていくということです。生き物への関心から始めた研究ではありますが、生き物を模倣することが究極のゴールではないのです。生き物はみな進化的なしがらみを数多く引き受けています。しかもいま私たちの目の前にいる生物は、進化の究極の形ではなく、この時代のスナップショットでしかないので、生き物を真似しさえすればより優れたロボットができるわけではない。ですから、まずは生き物に学びながらも、同時に生き物の設計解を疑ってかかることも必要だと思っています。

もっと言えば、生命も物理的なメカニズムのひとつだと私は思っています。分子機械の高度なバージョンが人間である、と。その意味では、エンジニアとしての私は生物とロボットを区別せずに考えています。ただ、ロボットと人間が混じり合う未来として、サイボーグのような形態はあまり想定していません。私が見る限り、人間はやはり自分の体の境界を大事にしているのではないかと思うのです。いくら便利になるといっても、時代や社会が変わっても、自分の体を切ってコネクターや機械を埋め込みたいとは思わないのではないか。それよりはむしろウエアラブルなものが普及するという共存関係を予想しています。

ソフトロボットの研究は、これまでSFや未来予想図などで描かれてきたような「ロボットによってなんでも自動化された世界」を実現することではなく、これまでのロボットの典型的なイメージ――たとえば、重く硬く、ギコギコとぎこちなく動き、エネルギーの供給や修理や複製な

❸ 細胞の生体分子などを組み立ててつくる、マイクロメートル（100万分の1メートル）からナノメートル（10億分の1メートル）サイズの極小ロボット。人体内を巡って検査や治療を行う医療用ナノマシンとしての応用などが期待されている。

ど人間による世話を必要とする存在——を相対化し、人々の生物観や身体観に新たな光を当てることに貢献する分野ではないかと思っています。

分野の成り立ちは？

ソフトロボティクスは2010年ごろから大きな流れに

物理学などに比べればロボット研究が分野として成立したのはごく最近で、スタートは産業用機械とプログラム内蔵式コンピューターが組み合わさった1960年代あたりからと考えられています。産業用ロボットの研究開発はその後、拡大の一途をたどります。

それとは別に生物に規範を求めようという流れが生まれたのは、やはり同じころに義手や義足の研究からヒト型ロボットの研究につながっていったことからです。また、人間だけでなくほかの生物も機械で模擬できるのではという試みもあり、1980年代には**ヘビロボットの研究**❹なども産声を上げました。

ソフトな素材でロボットを作ろうという流れについては、ゴム素材の変形を利用したロボットが1960年代からちらほらとありましたが、散発的でした。大きな流れが起こったのはごく最近で、2010年ごろでした。当時、ヨーロッパでタコ型ロボットの、米国ではアメーバのような不定形なロボットの大型研究がスタートし、やわらかいロボットのあり方を模索するこの分野に名前をつける必要が出てきて「ソフトロボティクス」という呼び名が定着していったのです。

2018年には**IEEE**❺の国際会議としてRoboSoftという会議が創設され、世界中のソフトロボティクス研究者が年に一回、一堂に会して研究発表を行うようになっています。ロボ

❹ 1970年代に東京工業大学の広瀬茂男氏がヘビの動きに着想を得たロボットを開発し、ヘビ型ロボット研究の端緒を開いた。細長い形状でしなやかに動き、人間が立ち入れない狭所へも入り込めるヘビ型ロボットは、配管の検査や災害救助などの場面で活用が期待されている。

❺ 米国に本部を置く電気・電子技術に関する国際的な専門家組織。Institute of Electrical and Electronics Engineersの略で「アイ・トリプル・イー」と呼ばれる。電気・電子分野を始め、多岐にわたる工学系分野の学会としての活動と、工業技術の標準化団体としての活動を行っている。

ット研究のなかでも比較的新興の分野ですが、論文数では医療・介護系ロボットの分野に追いつき、越えようとしているぐらいの規模に成長してきたところです。

2030年、2050年は？

わざわざ「ソフト」ロボティクスという必要がなくなる

2030年というと10年後ですので、研究分野としては根本的な変革は起きていないのではないかと思います。ソフトウェアと違ってハードウェアはどうしても物理法則に縛られるので、10年の間に研究が劇的に進化したり、変容したりということは考えにくいでしょう。ただ、いま機械学習はロボットの認識の部分を担うものとして注目されることが多いのですが、それだけではなく運動のコントロールなどを大きく進化させる可能性をもっていますし、そもそもロボットのデザインそのものやシミュレーションもコンピューターが行うようになっていくと、現実世界ではありえない速度で試行錯誤が進むかもしれません。また、いまはゴムのようなソフトな素材が使える3Dプリンターもあり、そうしたデジタルファブリケーションの進化も、研究を加速させる要素の一つです。

それらがうまく相乗効果を発揮してやわらかいロボットを作る技術、制御する技術が成熟していくと、わざわざ「ソフト」ロボティクスという必要がない状況が生まれると思います。従来のロボティクスを「ハード」なロボティクスとして区別するから「ソフトロボティクス」という言葉が成り立つわけですが、ロボット研究全般にソフトロボティクスの考え方や手法がごく当たり前のものになっていけば、あえて「ソフト」とラベルを貼る必要はなくなるのではないか、と。

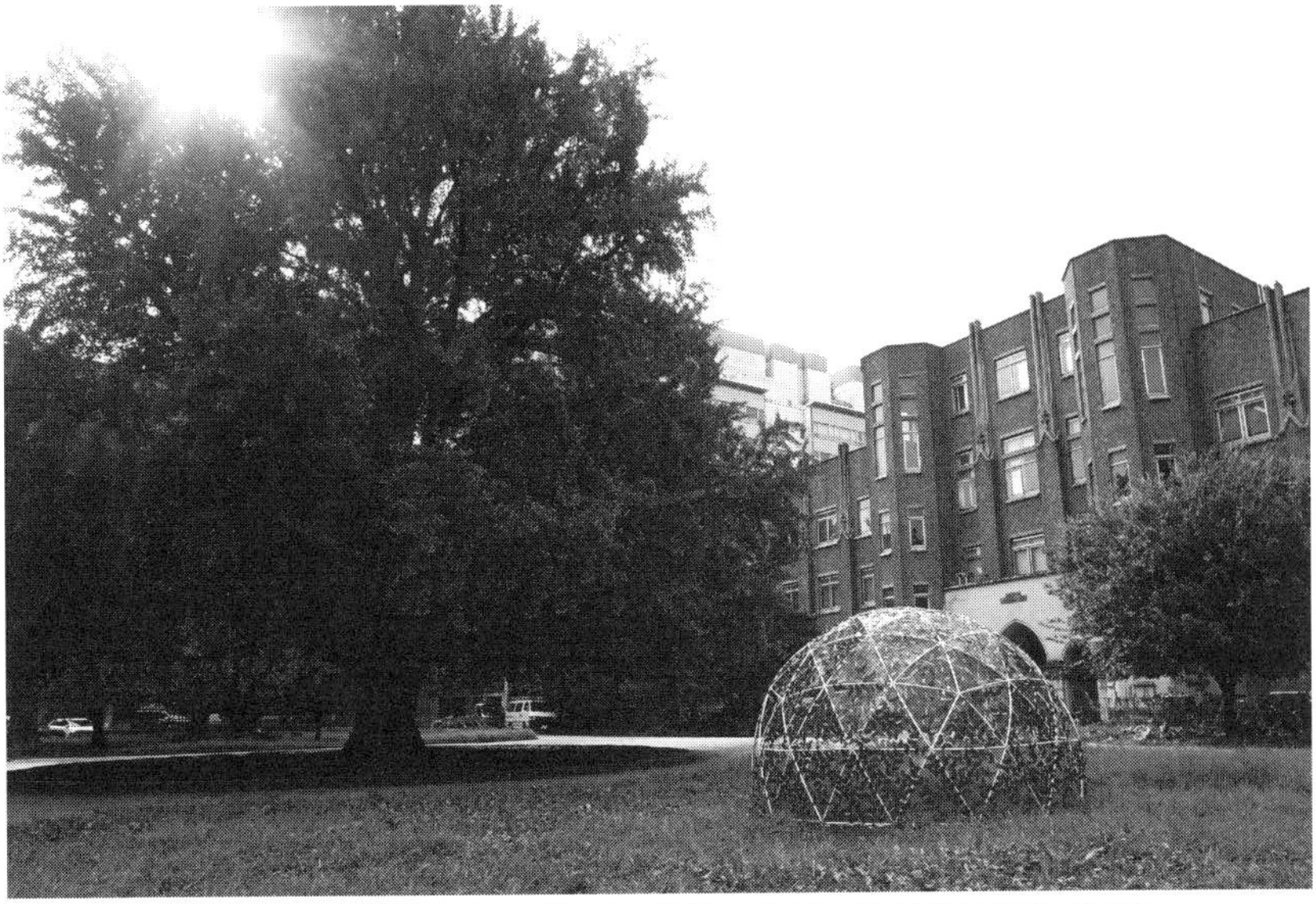

やわらかい駆動装置で通気性を調整するドーム型テント。環境の温度変化を利用するので電気が必要ない。

軽量で安全な関節機構。風船ロボットの可動部分に使うことを想定している。

これは、そうなってほしいという期待をこめた予測ですが。

2050年となると、社会がロボットをどう受容しているかを読むのが非常に難しいですね。よくSFや未来予想図に描かれてきた「一家に一台のロボット」という未来ではなく、ロボットが、一見ロボットには見えないような形で（たとえばウエアラブルな形で、あるいは家具や乗り物、建築として）社会にとけこんでいくのではないかと予想しています。ソフトロボティクスはそのあたりもカバーする分野になっていくのかもしれません。

未来社会との接点は？

ソフトロボットは社会課題や環境問題のさまざまな場面で活用できる

ロボットの研究は労働力不足や過重労働といった社会課題の解決が期待される分野です。ソフトロボティクスも、ハードなロボットにはできない、人がいまやっている仕事を肩代わりできる可能性を多く秘めていると思います。それは例えば、農業における野菜や果実の収穫や、弁当工場でのおかずの盛り付けなどの作業です。

また、手術や検査などのために体内に挿入する医療ロボットが考えられます。狭くてやわらかいところに入っていくわけですが、ソフトなロボットなら人体を傷つけずに済みます。また、人間の体は個人差が大きいものです。やわらかいロボットはその場その場で生物ならではの複雑な形になじむことができるというメリットがあります。

自然環境保護の面でもソフトロボティクスにはさまざまな可能性がありそうです。たとえば、今後は動物福祉や生態系保護の観点から、水族館や動物園で生体飼育をすることが難しくなることも考えられます。もちろん、動物園や水族館で子どもたちが生きている本物を見ることには大きな価値がありますが、それが不可能ならば、生物そっくりのソフトロボットで代替することで、野生動物への影響を抑えつつ人の好奇心や楽しみも部分的に両立させることができるかもしれません。

また環境負荷の小さい生態系調査ロボットなどもありえそうです。たとえば大きく硬いロボットでは繊細な環境を調査しようとしても土壌生物や植物に影響を与えずに調査することは難しいですが、軽くやわらかいロボットなら可能でしょう。また、屋内で働くロボットと異なり、外で働くロボットには必ず、迷子になったりバッテリーが切れたりするリスクがつきまといますが、仮にロボットが外で行き倒れたとしても、土に還るような材料でロボットを作っておけば環境負荷を低減できます。

こうした貢献の可能性とともにロボット研究者として考えていかなくてはいけないのが、今後、ソフトな素材で実物の生き物そっくりにロボットを作れるようになったときに立ちあがってくる倫理的、法的、社会的な問題だと思います。とくに人間の体の一部や全体を表象させたときにはたちまち問題が出てくるでしょう。ロボット研究者はどうしても技術的なハードルを超えることだけに傾注してしまう傾向がありますので、意識的に人文・社会科学系の方と連携していく必要があるだろうと思います。

おすすめの本

新山龍馬
『超ロボット化社会
–ロボットだらけの未来を賢く生きる–』
（日刊工業新聞社）

素粒子実験で宇宙の成り立ちを解明

素粒子物理学実験

Particle Physics Experiment

早戸良成
HAYATO Yoshinari
東京大学宇宙線研究所
附属神岡宇宙素粒子
研究施設准教授

大学院生時代から建設中のスーパーカミオカンデ（SK）実験に参加、ニュートリノ・原子核散乱および陽子崩壊を研究し学位を取得。卒業後は、高エネルギー加速器研究機構において、世界初の長基線ニュートリノ振動実験（K2K実験）に携わった。その後、現職において、SK実験、T2K実験、SciBooNE実験などのニュートリノ振動、ニュートリノ・原子核散乱、陽子崩壊探索の研究を進めてきたほか、現在はハイパーカミオカンデ実験の準備も行っている。

研究分野は？

素粒子を衝突させ、作り、観測する実験で、世界を形作っているブロックを知る

素粒子物理学とは、身の回りのすべての物を限界まで小さく分け、これ以上分けることのできないところまで細かく分けた「素粒子」を研究することで、この世界がどう成り立っているかを理解しようとする学問です。理論的な研究によってその理解に迫ろうとする理論物理学者と、実験によって解明しようとする研究者がいます。私は現在スーパーカミオカンデを拠点として実験を行っています。

❶ 欧州合同原子核研究機構。スイスのジュネーヴ郊外、フランスとの国境地帯に位置する世界最大規模の素粒子物理学の研究所。ヨーロッパを中心とする23のメンバー国により運営され、日本はオブザーバー国として参加している。

私たちがいま生きているこの世の中が、どんな基本ブロックでできているのかを知るには物をどんどん細かく分けていくことが必要で、そのために素粒子実験の研究者が主にやっているのは「とにかく物と物をぶつけてみる」ことです。大きな粒子をぶつけて壊れれば、破片として、より小さな粒子が見つかることもありますし、素粒子として知られている小さな粒子を大きなエネルギーでぶつけるとこれまでに知られていなかった新しい素粒子が生み出されることもあります。

ヨーロッパの**CERN**《セルン》❶や茨城県東海村の**J-PARC**《ジェイ・パーク》❷に代表される研究施設は、粒子に大きなエネルギーを与えて光速近くまで加速する「粒子加速器」を持ち、これをぶつけることで生成した粒子を「粒子検出器」を用いて観測することで様々な研究を行っています。一方、**スーパーカミオカンデ**❸は研究施設内に大きな加速器を持たず、外部から飛んできた素粒子や、検出器の内部で起きた粒子の変化を観測、研究します。

素粒子として電子やクオークなど様々なものが知られていますが、私はその中の一種であるニュートリノを研究対象としています。ニュートリノは電子などと違って「見えない」素粒子。１９３０年にその存在が予言されていましたが、実際に発見されるまでには25年もかかりました。見えないニュートリノをどう見るか。やはりここでも「何かにぶつけてみる」というやり方をとります。ニュートリノ自体は見えなくても、何か別の物（Ａ）にぶつかれば、Ａとニュートリノが反応して「見える」粒子ができることがあります。それを観察するのです。ニュートリノが残した痕跡から、ニュートリノの性質を逆回し再生のように理解しよう、というわけです。

この実験で使われるニュートリノ生成源の一つがＪ－ＰＡＲＣです。Ｊ－ＰＡＲＣで作ったニュートリノを神岡鉱山の地下１０００メートルにあるスーパーカミオカンデに向かって打ち込み、

❷ 茨城県東海村にある大強度陽子加速器施設（Japan Proton Accelerator Research Complex）。世界最高強度の陽子ビームを標的に当てて発生させた中性子やニュートリノなど多彩な粒子のビームを利用し、素粒子・原子核物理学など幅広い分野の最先端研究を行う。ここで作ったニュートリノ・ビームを岐阜県の神岡にあるスーパーカミオカンデに打ち込む実験は「Tokai to Kamioka」の頭文字をとってT2K実験と呼ばれる。

❸ 岐阜県飛騨市の神岡鉱山の地下に作られた世界最大の水チェレンコフ宇宙素粒子観測装置。5万トンの純水で満たされた巨大タンクとその内壁に設置された約1万3000本の光電子増倍管（光センサー）によって、タンクを通過するニュートリノなどの素粒子を観測する。宇宙から飛来するニュートリノを観測する際に観測の邪魔になる他の宇宙線を避けるため、地下深くに設置されている。

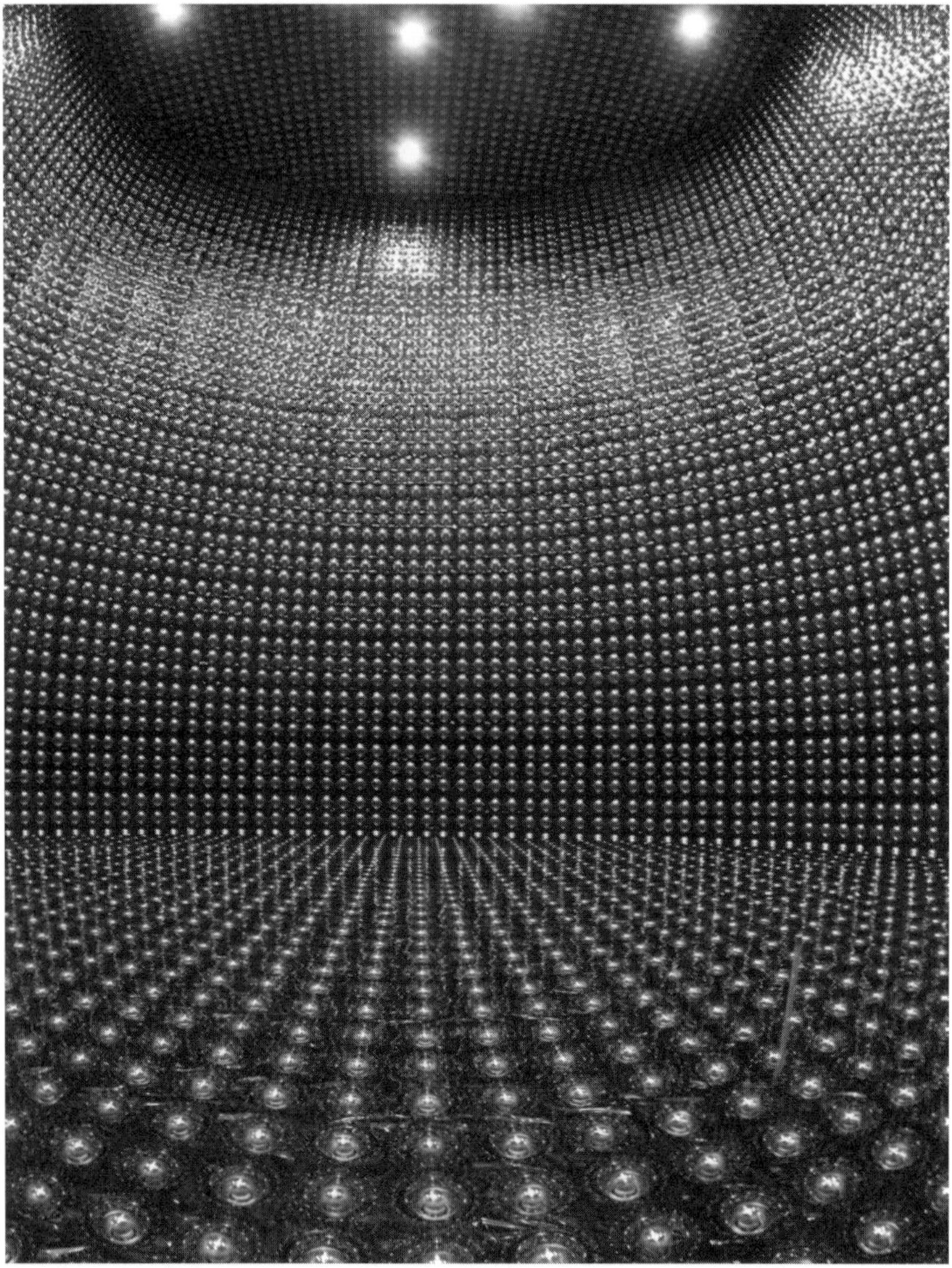
スーパーカミオカンデの内部

観測します。スーパーカミオカンデでは、こうして人工的に作ったニュートリノだけでなく、自然が作ったニュートリノ（例えば太陽でできるニュートリノ、地球の大気でできるニュートリノなど）の観測もずっと行っています。私自身はこうした実験に直接参加して、ニュートリノの持つ性質を調べるほか、理論研究者の構築したモデルや別の実験グループが取ってくれたデータを使ってニュートリノの性質をシミュレーションする研究も行っています。どのようなシミュレーションがより正しく現実を再現するかについて理論物理学者と議論することも研究の一部です。

また、実験家にとっては実験装置を作ることもきわめて重要な仕事です。素粒子物理の実験施設は、どこかから買ってくるというわけにはいきません。自分たちが何を見たいのか、どんな粒子を作りたいのか、そのためにはどんな条件の場所に作り、どんな仕様にするか——すべて、自分たちで考えます。たとえば、スーパーカミオカンデはタンクいっぱいに満たした水の純度が観測精度を左右するため、水そのものが生命線の一つです。2015年にノーベル物理学賞を受賞した梶田隆章さんは、スーパーカミオカンデの最初の水処理システムも担当されていました。

最終到達点は？

素粒子の理解を通じて宇宙の過去と現在と未来を知ること

先ほどお話しした通り、素粒子物理の出発点は「世の中を細かく分けていくことですべての構成要素を理解したい」ということです。ここでいう「すべて」とは、素粒子という言葉から粒子として通常イメージされる物質だけでなく、その間に働く力も対象としています。

では、その理解を深めることで私たち素粒子物理学者は何を手に入れたいのか。素粒子の理解が深まれば、いまの宇宙がなぜこのような姿なのかがわかってきます。今がちゃんとわかれば、その少し前はきっとこうなっていたはずだと推測できるでしょう。今ここを走っている車の速度や位置がちゃんとわかれば、数秒前には車がどこにいたかわかるように。同様に、先も予測できるようになります。

そうやって、最も細かく分けた構成要素と、それらの間でどんな力が働いて引き寄せ合ったり、反発したり、相手の力を弱めたりしているかを理解すれば、この宇宙の成り立ちといまの姿、そして行く末を理解できるようになる。それが素粒子物理の目指す到達点だと言っていいと思います。

ただこれはあくまで「目指す方向」であり、私自身はこの到達点を毎日意識して過ごしているわけではないのですが、研究者として願っていることの一つは、「陽子崩壊」をこの目でみることです。私たちの体や身の回りの物を形作っている陽子は、いくつかの理論によれば10の34〜35乗年後には壊れると予言されています。すさまじく長い寿命ではありますが、いつかは壊れる。そのころにまだ宇宙が存在しているとしたら、物質という物質はすべてなくなってしまった宇宙なのです。陽子崩壊のことを知った高校生の時、「すべてがなくなって、光だけが残る」なんて状態がありえるんだ、と衝撃を受けました。だから、もしそんな証拠を自分で見られるものなら自分で見たいですね。幸いなことに、陽子崩壊の検出を大きな目標の一つとして掲げて作られた**カミオカンデ**❹の後継施設で研究していますので、チャンスはあります。

分野の成り立ちは？

理論と実験が両輪となり、より強い理論を模索してきた

❹ 1983年、陽子崩壊を探索するために3000トンのタンクと1000本の光電子増倍管を備えた素粒子検出器として作られた。1987年、超新星爆発によって生じたニュートリノを世界で初めて検出。スーパーカミオカンデの観測が始まった1996年まで稼働した。

素粒子物理の実験の歴史は、非常に乱暴に言えば「ひたすら粒子を何かにぶつけて壊してきた歴史」です。ぶつける実験によって未知の粒子が見つかり、それをもとに理論的な模型（モデル）が構築され、その理論に基づいて「このような素粒子があるはずだ」という予言が出され、その予言が実験によって検証される。実験結果が予言と一致していればその理論模型は正しいということになり、一致しない場合は模型を改良したり、新たな理論が構築されて別の予言が出される。素粒子物理の研究はそのようなサイクルを繰り返し、1970年代には「標準模型」と呼ばれる強力な理論ができあがってきました。

標準模型はそれまでの実験結果をほぼすべて矛盾なく説明できていました。しかし1998年に大事件が起こります。スーパーカミオカンデで梶田さんがニュートリノに重さがあることを発見したのです。標準模型ではニュートリノに重さがないとされていたので、この実験結果は素粒子物理の世界に、足元の地面が崩れ落ちるような衝撃を与えました。

もちろん素粒子物理学者は標準模型に固執しているのではなく、よりうまくこの世界の物理現象を説明できる模型を見つけたいと思っているので、この衝撃はネガティブなものだったわけではありません。梶田さんの発見によって、標準模型をどう改良すればよりよい模型が作れるかを考え、検証するための新たな道が拓かれたのです。このように、理論と実験が両輪となってより強い理論を模索してきたというのが素粒子物理学の歴史です。

素粒子実験の分野では、検出器や加速器の進化が研究の歩みを支えてきました。私が研究対象としているニュートリノはこれまで知られている素粒子の中でも観測するのがきわめて難しく、最初に発見した**F・ライネス**[5]はノーベル物理学賞を受賞していますし、2種類あることを見つけ

[5] フレデリック・ライネス（1918〜1998年）。米国の物理学者。1953年に原子炉で発生したニュートリノをクライド・カワン（1919〜1974年）とともに検出し、理論的に予言されていたニュートリノの存在を実証した。1995年にノーベル物理学賞を受賞。

た**L・レーダーマン**❻らも受賞しています。**優れた検出器を考案した人**❼も受賞しているぐらいです。

スーパーカミオカンデの前身であるカミオカンデは、巨大なタンクに水を満たし、その内側に光センサーを埋め込む「水チェレンコフ型」の素粒子検出器として世界で最初に作られた大型検出器の一つです。

ニュートリノを見るために必ずしも水が必要なわけではないのですが、カミオカンデを計画された小柴昌俊さんはそもそも、陽子崩壊を観測したいと考えていました。大量の水があればそこに含まれている陽子も多くなるため、大量の陽子のどれかがいつか壊れるだろう、その様子を見よう、と考えていたのです。結果的にカミオカンデでは陽子崩壊は見られず、小柴さんは超新星爆発によるニュートリノを観測してノーベル物理学賞を受賞されましたが、検出器を満たす水が多ければ多いほど陽子崩壊発見の可能性が高まるだけでなくニュートリノが水にぶつかって観測できる事象数が増えるので、カミオカンデの後継として、タンクの体積を16倍まで大型化したスーパーカミオカンデが作られました。そして、梶田さんがここでニュートリノに質量があることを示す「ニュートリノ振動」を観測したのです。カミオカンデもスーパーカミオカンデも、素粒子物理の歴史に大きなインパクトを与えてきた検出器です。

2030年・2050年は？

ハイパーカミオカンデの稼働で陽子崩壊や反物質などの解明が進むことを期待

巨大なスーパーカミオカンデでも、世界のほかの実験装置でも、陽子崩壊はいまだ観測できて

❻ レオン・レーダーマン（米国の物理学者。1922〜2018年）、メルヴィン・シュワーツ（米国の物理学者。1932〜2006年）、ジャック・シュタインバーガー（米国、スイスで活動した物理学者。1921年〜2020年）の3人は1988年、ミューニュートリノの発見によってノーベル物理学賞が授与された。

❼ 粒子の飛んだ軌跡を検出する「泡箱」の発明で1960年にノーベル物理学賞を受賞した米国の物理学者ドナルド・グレーザー（1926〜2013年）や、多線式比例計数管の発明で1992年に受賞したポーランド系フランス人物理学者ジョルジュ・シャルパク（1924〜2010年）など。

■日本における大型ニュートリノ実験装置

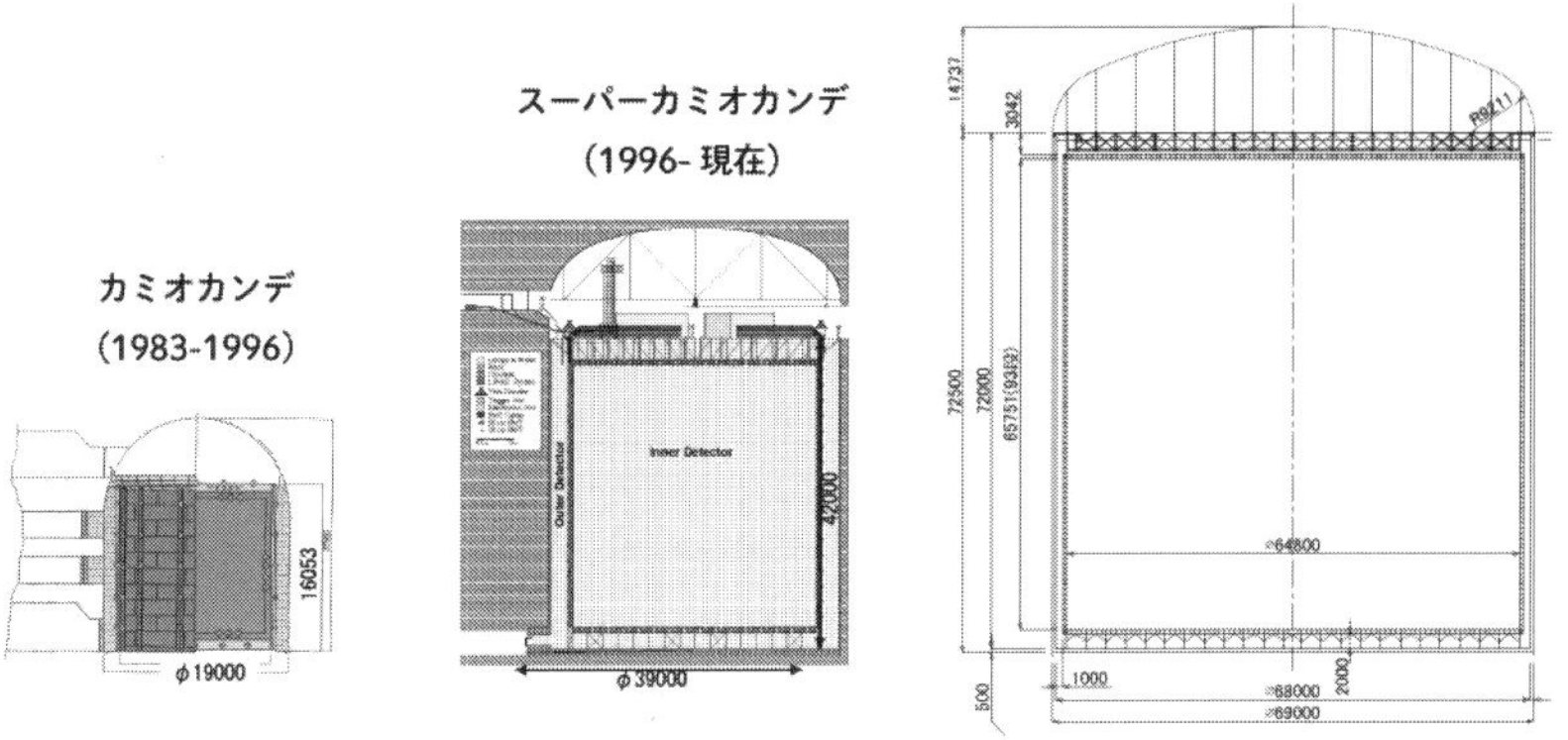

カミオカンデ（1983-1996）
スーパーカミオカンデ（1996- 現在）
ハイパーカミオカンデ（2027 年実験開始を目指す）

いません。太陽から来るニュートリノはふだん私たちの手のひらに１秒間に数千億個が降ってきているにもかかわらず、スーパーカミオカンデで検出できるのは１日に20個程度。さらに検出器を大きくしようと、次世代検出器「ハイパーカミオカンデ」建設の計画が進められています。

ハイパーカミオカンデはスーパーカミオカンデの５倍となる26万トンの水が入る超巨大検出器となります。２０２０年に予算が承認され、約４年をかけて地下掘削工事が行われ、２０２７年に実験開始予定です。２０３０年はその３年後。最初の実験結果が出始めるころではないでしょうか。

私たちはこうした巨大実験施設を作るときに、「このようなことが発見できるだろう」という計画を（希望を込めて）10～20年先ぐらいまで作ります。つまり、計画には２０４０年代まで入っています。ですから、２０３０年が「未来」だという感覚はあまりありません。

とはいえ、素粒子実験は実験装置が進歩してもどうにもならないことが数多くあります。私たちが観察できる視野やタイムスケールのなかで物事が起きるとは限らないからです。ゆえに、2030年までに見つかっているであろう物事を予測することは困難です。ここから先は「自然が素粒子物理学者たちに優しければ」という前提で聞いてください。

2030年ごろには、私たちがずっと追い続けてきた陽子崩壊の探索は大きく進み始めると期待しています。また素粒子物理学には、なぜ宇宙に「**反物質**❽」がないのかという大きな謎があり、ニュートリノと反ニュートリノの違いを知ることが解明の第一歩になると思われています。2030年に答えが出ているとは思えませんが、答えに近づくための情報が増えている可能性が高いと思います。

ほかにもいまの素粒子物理学が追いきれていないものはたくさんあります。実は、宇宙の重さのほとんどを占めているのは私たちが知っている物質ではないと考えられています。しかしそれらは直接観測することができないため、その正体がわからない。私たちがまだ捉えきれていないエネルギーも存在していると言われています。それらはみな、私たちが知っている素粒子の枠組みの中にない粒子が関わっているのかもしれない。そうしたものを暗黒物質とか暗黒エネルギーと呼んでいるのですが、2030年代にはそれらの探索が進み、候補が確認されているかもしれません。

2050年以後の予測は2030年代、2040年代に何がわかっていくかによって変わるので、正直なところ予想は困難です。陽子崩壊が確認され、標準理論からさらに大きな枠組みの理論と目されている「**大統一理論**❾」が確立されるという未来もありえますし、反対に、大統一理論が間

❽ 私たちの身の回りの物や宇宙の星を形作っている粒子とは性質が反対の粒子（反粒子）でできた物質。対の関係にある粒子同士が出合うと消滅（対消滅）する。宇宙ができたときにはふつうの粒子と反粒子が同数あったと考えられ、それならどちらもすべて消滅しているはずだが、実際にはふつうの粒子でできた物質だけが存在し、反粒子でできた反物質は残っていない。なぜそんなことが起きたのか、いまの素粒子物理学では説明ができない。

❾ 自然界の基本的な力とされる電磁気力、弱い力、強い力、重力のうち、前者二つは1967年に「ワインバーグ＝サラムの理論」により電弱力として統一された。電弱力と強い力を統一する大統一理論の実験的検証は難しく、陽子崩壊は数少ない直接的な検証手法と考えられている。

違っているという実験結果が出ているかもしれません。

未来社会との接点は？

いま応用可能には見えない発見が、未来社会で必須の知識になる可能性は高い

素粒子物理の研究そのものから、その時点の成果が直接的に社会に還元されることはあまりないと思います。ただこれまで、実験や解析のために開発された技術が後に一般社会で活用されるようになった例は少なくありません。

たとえば素粒子を検出するための光センサーや、素粒子を作ったりぶつけたりするための加速器の技術はいま、がんの検査に用いられるＰＥＴや粒子線治療のための加速器として使われています。また、素粒子分野は昔から非常に大量のデータを扱い、国をまたいで多くの研究者が共有する必要があったことから、昔からコンピューター分野においても大規模データの処理技術が高度に進化していました。データを簡単に共有・参照できる仕組みとしてＷＷＷ（ワールド・ワイド・ウェブ）を生み出したのがＣＥＲＮにいた研究者であることはよく知られている通りです。

素粒子実験から得られた理論の枠組みが現在の社会に影響を与える可能性は小さいかもしれませんが、たとえば量子論のように、発見された当初には応用可能とは思われなかった物理現象でも後に技術革新によって応用可能になることはこれまでにもしばしばありましたし、今後もその方向に進むでしょう。ですから、いまの理論が数十年先の何かに必須となる技術の前提条件を整えている可能性は高いと思います。

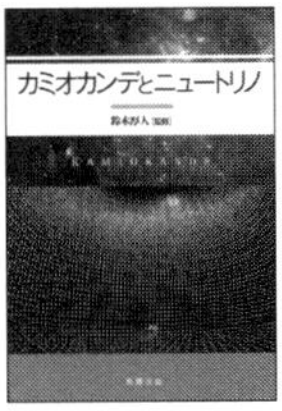

おすすめの本

鈴木厚人監修

『カミオカンデとニュートリノ』

（丸善出版）

地球のダイナミクスの解明と、火山との共生

火山物理学

Volcano Physics

市原美恵
ICHIHARA Mie
東京大学
地震研究所 准教授

徳島県出身。1998年東京大学大学院理学系研究科 地球惑星物理学専攻 博士課程終了。1998年に日本学術振興会特別研究員として東京農工大学機械工学科へ、1999年には海外特別研究員としてカリフォルニア工科大学航空宇宙工学科へ。帰国後は東北大学流体科学研究所で工学分野の研究者と主に共同研究を進める。2004年東京大学地震研究所助手に着任、2013年から現職。

研究分野は？

観測とモデルの両面から火山を理解

火山物理学では地球物理学的な手法を用いて火山の観測を行い、その活動を解明する研究が中心となります。また、マグマの移動や噴火のメカニズムについて、理論やモデル実験を通して理解を進め、地球物理観測や地質・岩石学的研究によるデータに、物理に基づく定量的な説明を与えるという部分もあります。私は後者に興味を持ってこの分野に入りましたが、その基盤となる観測データの重要性がわかってくるにつれ、前者にも取り組むようになりました。

理論やモデルは数式で表現されますが、式に含まれていないものは当然、計算結果には出てき

ません。火山はいろんな現象が複雑に絡まり合っていてメカニズムがまだわかっていないことも多く、どういう数式が必要かからまず考えなければなりません。そのためには実験が重要になると考えています。まずは観測データからメカニズムと数式を考えます。そこから観測した現象を再現できるように、実験系を準備します。例えば高圧ガスを使って、机の上に載るような模擬火山を作ることもあります。ところが再現しようとすると必ず予想外のことが生じるので、自分たちが考えたメカニズムでは何を見落としたのかを検討し、本物の火山でも同じことが起きるかどうかを考えることで発見があります。常に考えるトレーニングにもなる実験は、アイデアの発掘にもつながります。

火山物理学は固体地球惑星科学の一分野ですが、地球や惑星全体の空間・時間スケールを対象とする研究に比べ、小さく地域的な研究とも捉えられがちです。ですが、火山現象には固体地球惑星科学のあらゆる物理化学過程、つまりは地球全体のダイナミクスが凝集されており、一人の研究者の活動時間のスケールでその過程を早回しして経験することができるという魅力があります。

また、噴火が発生すると、地域や規模によっては世界全体において人の生活に影響を与えるため、火山活動の把握や理解は実用的需要も大いに含んでいます。火山学の中でも特に火山物理学は、噴火予知への期待の後押しを受けて発展してきたという側面もあります。日本では1974年度に第一次火山噴火予知計画が始まり、2009年度より地震予知計画と統合しました。2011年の東日本大震災で地震学はこれまでの発想を転換しなければならない事態に直面し、「予知研究」は「災害軽減のための研究」へと方向修正をしました。火山学分野では2014年に発生した御嶽山噴火を受けて、火山の研究・教育体制を強化することとなりました。一つの火山の歴史を見ると、何回か同じタイプの噴火を繰り返すので、ある程度次の噴火を予測することができます。ただ、経験していないことも起こりうるのが自然現象です。火山地域の形成や活動を決める地球科学的な環境（プレートの配置や運動）は1000万年スケールで変化し、一つの火山の寿命は約10万年と言われています。それに対して、地球物理学的な観測の歴史はまだ100年程度です。

最終到達点は？
分野の
成り立ちは？

火山の知見の継続的アップデート

現代の地球物理学の根幹をなす**プレートテクトニクス**❶の基礎を作った**アルフレッド・ウェゲナー**❷は以下のように書いています（『大陸と海洋の起源・第四版』序文（1929年）を抜粋引用、竹内均・訳）。

「ある瞬間には地球はある形をしているだけである。…それ（問題）に関する直接の情報を地球は提供しない。…この場合に、「真理」を発見するただひとつの道は、すべての地球科学が提供する情報を総合するだけである。すなわち、知られたすべての事実をもっともよく配列し、したがってもっとも確率の高いモデルを選び出すことである。さらにまた、いかなる科学がそれを提供するにしろ、新しい発見がわれわれの引き出した結論を変えるかもしれないという可能性に対して、たえず準備をととのえなければならない。」

その通り火山研究は、火山についてその時々でベストなモデルを考えて、新しい事象が起きたらモデルを更新していくことの繰り返しになります。人間よりもはるかに寿命が長い地球が対象

❶ 地球の表面が10数枚のプレートと呼ばれる固い岩盤で覆われていて、そのプレートが対流するマグマに乗って動いているとする学説。それまでに登場した大陸移動説やマントル対流説、海洋底拡大説などをまとめて、テュゾー・ウイルソンが1968年に完成させた。

❷ ドイツの気象学研究者で、1912年に「大陸移動説」を提唱した。現在の地球の大陸はかつては「パンゲア大陸」という巨大なひとつの大陸だったのが、徐々に離れていったとした。離れた大陸に共通する生物の化石があることや、共通する地層があることなど、分野にとらわれず実証を試みたが、発表当時は受け入れられなかった。

の学問としてできることは、未来でも研究が続けられるように今の地球の姿をちゃんと記録することで、最終的なゴールはないと思っています。地球物理データは過去に遡って取ることができません。かといって、むやみにデータを増やしては維持・管理に追われ、将来に負荷をかけることになります。20年ほどの良質なデータが蓄積した現在、そのデータを精査し、必要不可欠なデータを見極めて未来につなげることが求められています。

火山学は主に地質学・岩石学・地球化学という物質科学分野の研究者によって進められてきました。その一方で、地震学をはじめとする地球物理学分野の研究者が火山自体を対象として、あるいは、地球物理的観測技術のテストフィールドとして、火山の観測に取り組むようになりました。二つの火山研究の間には見ている時間スケールも考え方も大きな隔たりがありましたが、近年は映像技術の発展もあって噴火をリアルタイムで観察して同じ現象の地質学的なデータと地球物理学的なデータが同じ時間スケールで得られるようになり、分野間の融合や協力が進んでいます。日本では、近年の主だった噴火（伊豆大島・1986年、雲仙普賢岳・1990－1995年、有珠・2000年、三宅島・2000年、霧島新燃岳・2011、2018年）を対象として、また、定常的に活動レベルの高い桜島、阿蘇、浅間などで、多角的な研究が行われています。

そして火山の物理モデルの研究は、地球全体のダイナミクスの研究と並行して進められてきました。1960年代から70年代にかけてプレートテクトニクスに基づく地球観が確立され、マントルが対流し、その流れの一環としてマグマが発生し、地表に出てくるという一連の現象を、流体力学的モデルを通して考える研究が盛んに行われました。同じ物理の方程式を用いて、地球規模のマントルと火山のマグマ溜りの対流や分化が研究され、時間・空間スケールを縮小したモデル実験が実験室で行われました。1980年に米国で発生したセントヘレンズ火山噴火をはじめとして、火山噴火に伴う噴煙や衝撃波など、速い現象の観測情報が増え、そのダイナミクスの理論的な研究や高速撮影を駆使した実験が進められています。

これから火山学の分野で特に注目されると考えているのは、火山がなぜその位置にできたのかのメカニズムの解明です。すでに知られているメカニズムもありますが、例えば富士山はなぜあの位置にあんなに大きな火山ができたのか、まだわかっていません。マグマの生成論から見てもマグマができにくいはずなのに、非常に大きな火山で他とは組成が違うマグマが存在しています。まだ定説ではありませんが、沈み込むプレートの上に別の火山や傷などがあると、それがその後の火山のでき方を決めているのではないか、という仮説も登場しています。富士山だけでなく現代の日本の県境にも影響を与えた火山形成のルーツは、1億5000万年前の中央海嶺の誕生にまで遡ることができるかもしれません。

2030年、2050年は?

地球の「今」をより効率的に記録

2030年には監視技術が向上し、2050年になったらこれまでの常識を覆すイベントが1回は起きて、また発想の転換が起きるのではないかと思います。

この10年で通信と映像の技術が飛躍的に伸び、火山噴火観測が大きく変わりました。ドローンなど、遠隔操作による観測も実用化されました。2000年代初めから始まった火口近傍での多項目観測が進められ、噴火に伴う表面活動の詳細が明らかになりました。また、1990年代か

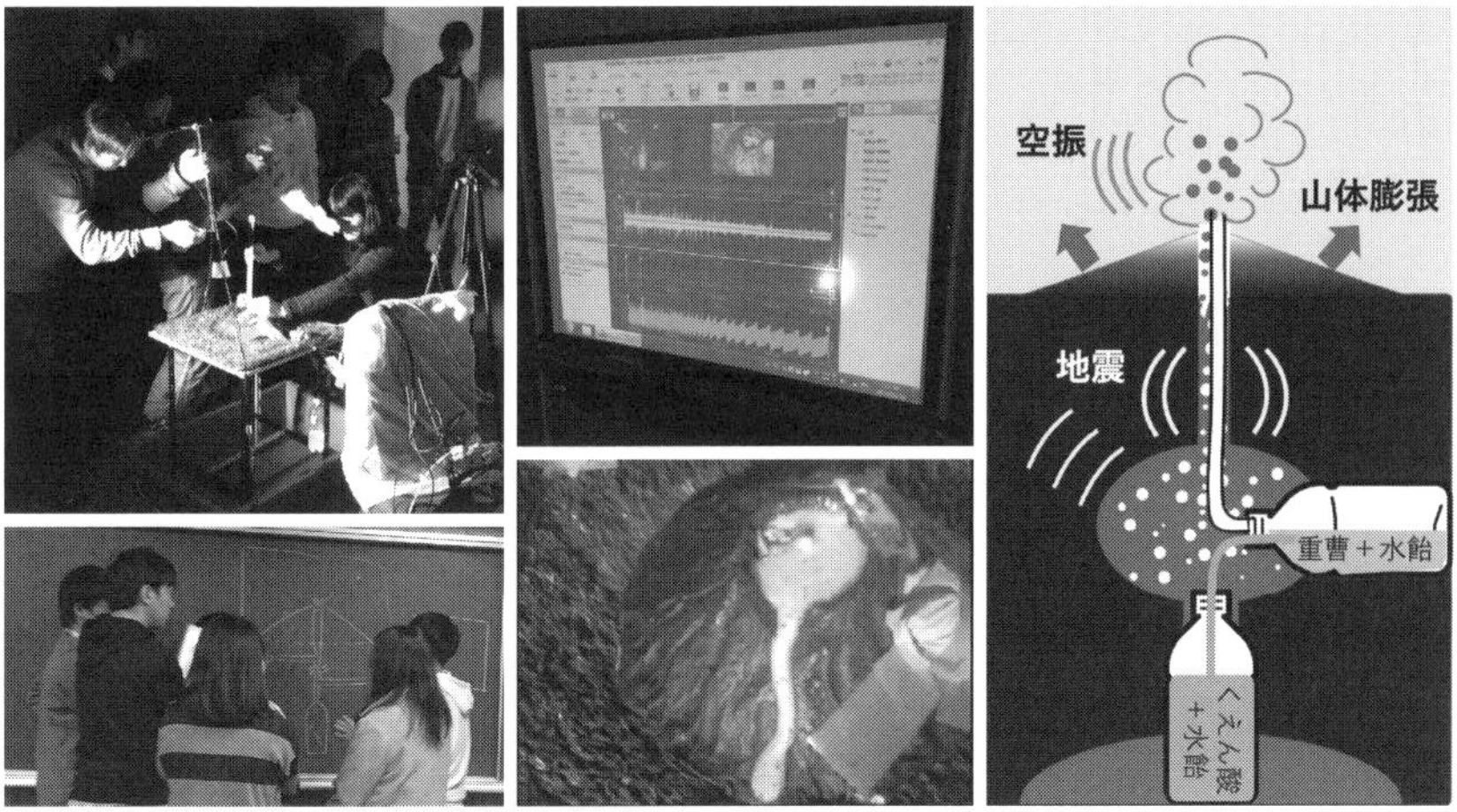

ペットボトルと水飴を使った火山の噴火実験と，それを題材にした実験火山学コースの様子．学生がグループで議論をしつつ，モデル火山の噴火の制御や観測を工夫している．

らの観測機器の開発や、ＧＰＳの利用を受けて、2000年に入ってからの火山観測データの質と量は大きく変化しています。火山の活動のサイクルは、10年から数十年にわたるもので、その全貌を記録したデータが蓄積しつつあります。そして長期間の連続データを用いて状態の変化を探る解析手法も開発されてきました。こうした技術の進展に伴う分野の発展は今後も続くはずです。

モデリングの観点では、近年30年は既存の概念に基づいて、理解を深める方向で進んで来ましたが、新しい展開が必要になっていると思います。私はマグマ物性の複雑性・多様性を考慮した新しいモデルが必要だと考え、現在研究を進めています。また、**非平衡過程**❸の定量的な理解を進めることで、物質科学データに時間軸を入れるという研究も、理論と物質分析技術の進展から今後さらに進展すると期待しています。

スパコンや人工知能（ＡＩ）、ビッグデータの活用という流れは火山学でも進むと思います。ス

❸ 熱力学的に平衡な状態では、系が熱的、力学的、化学的に平衡で系全体が安定している。非平衡過程では、三つの平衡のうちいずれかが満たされていない不安定な状態になる。地球の現象は複雑な非平衡過程が多く、変化の速度に依存して状態が変わる。反対に、それを利用して、岩石等に残された情報から過去の変化の速さや時間を推定することができるが，理論・実験での検証が必要である。

パコンを使った噴煙の3次元シミュレーションは今も積極的に取り組まれています。噴火予知もAIによる早期の異常検知ができるようになるのではないでしょうか。地下のマグマの動きに対するデータ同化の試みもありますが、元となるモデルに不確定要素が多く、データ自体も十分ではないため、まだまだ未発達で、次世代につなげるために、まだ足りていない地下のマグマのデータの収集を続けることは欠かせません。ただ、こうした泥臭い仕事だけでは研究者として生き残ることは難しく、既存のデータ解析ばかりするような状況が火山学でも出てきています。また、残念ながら分野としては高齢化が進み、学生を教育できる立場にある30代教員は非常に少ないのが現状です。30年後の進展のためには、現在の学生への教育と若手研究者への処遇の改善が不可欠です。

未来社会との接点は？

噴火予知の精度向上で火山と共存

地球の進化の流れは止められないので、火山の噴火は抑えられません。噴火予知を100％正確に行うことは無理かもしれませんが、ある程度できるようになると期待しています。地下のマグマが地表に出る噴火までは時間が長いので、前兆で様々な現象が見られます。観測データが充実すれば、その前兆を今よりも精度よく捉えることもできるはずです。ただ、マグマが出てくる途中で止まることもあり、その原因についてはわかりません。御嶽山は前兆があったものの、確実に噴火するという決め手を事前に見つけられないまま噴火が発生してしまいました。最後の過程をどうやって読み解くかが課題です。噴火直前の数分前でも確実なプロセスを捉えることができれば避難につなげられる可能性があります。圧力で山が膨れるというのはわかりやすい前兆の一つで、センサーが常備されている山もあります。さらに最近は御嶽山の噴火を受けて活動的ではない火山にも設置するようになっています。センサーと合わせて、データをどういうふうに見ていれば最後の加速過程が捉えられるかがわかるようになれば、より正確な予知が可能になります。経験と工夫を積み重ねていく必要があります。

噴火現象のデータの収集は頻繁に噴火する火山で集中的に実施されています。日本の桜島、イタリアのストロンボリ火山は代表的な観測対象です。ストロンボリ火山では間欠泉のような噴火がいつも見られますが、大量のマグマを出す噴火も観測が充実してから3回起きました。こうした危険な噴火を予測しながら観光資源としても活用されていましたが、２０１９年は想定していた前兆なしで爆発が起きました。幸い火口周辺に登山者はいませんでしたが、山腹で1名が犠牲になりました。十分なデータと経験があっても過去20年の間には起きなかったことが起きます。

ただ、噴火はすべてが災害ではありません。ストロンボリ火山は観光資源になっていて、桜島を見に行く人もたくさんいます。時として災害を起こしてしまう噴火が起きるのが問題です。火山の研究をしていると地元の方々とお話をする機会もありますが、地元の象徴として愛着を持っている方も多くいます。桜島については「ウチの子が最近素行が悪くて」という言い方をする方もいました。災害の被害を防いで復興もスムーズに行えるようにすることは大事です。ジオパークのプロジェクトは自然との共存を通して地域を活性化させる活動で、火山地域も多く参加しています。火山と共存できる未来のためにも、火山についての理解を深めることが重要です。

おすすめの本

柳川喜郎
『復刻　桜島噴火記
―住民ハ理論ニ信頼セズ』
（南方新社）

地球規模の雨や雲のメカニズムを解明

気象学

Meteorology

高薮 縁

TAKAYABU Yukari

東京大学
大気海洋研究所
教授

1983年東京大学理学部地球物理学科卒業、1985年東京大学理学系研究科地球物理学科修士課程修了。凸版印刷株式会社勤務を経て1987年より国立公害研究所（現 国立環境研究所）研究員。1993年東京大学理学系研究科博士号取得。論文題目「熱帯太平洋における積雲対流の組織化」。2000年東京大学気候システム研究センター（現 大気海洋研究所）助教授、2007年から現職。1998年日本気象学会賞、2007年猿橋賞を受賞。2021年米国気象学会フェロー。

研究分野は？

地球の雨を丸ごと外から衛星で観測する気象学

気候学や気象学では、気候や気象の仕組みを物理的に理解するための研究をしています。その中でも私は、大気の対流活動が主役となる地域の気象の仕組みを紐解くことに挑んでいます。大気の対流活動は雲や雨を伴うもので、具体的には熱帯の気象や、中緯度暖候期の大雨の仕組みを理解するために、様々な人工衛星による雲や雨の観測データと気象データを使った統計解析研究を行っています。大気の対流活動は、雨粒が成長していく過程といった**微物理**❶から、積乱雲や雲クラスターと呼ばれる構造の発生など数十キロメートルから数百キロメートルの規模で起きる現

❶ 雲粒の生成・蒸発や雨粒・雪粒の生成など、目に見える雲のような現象と比較してエアロゾルの粒の単位で起きる気象学としては微細な物理過程のこと。

■降水の立体観測

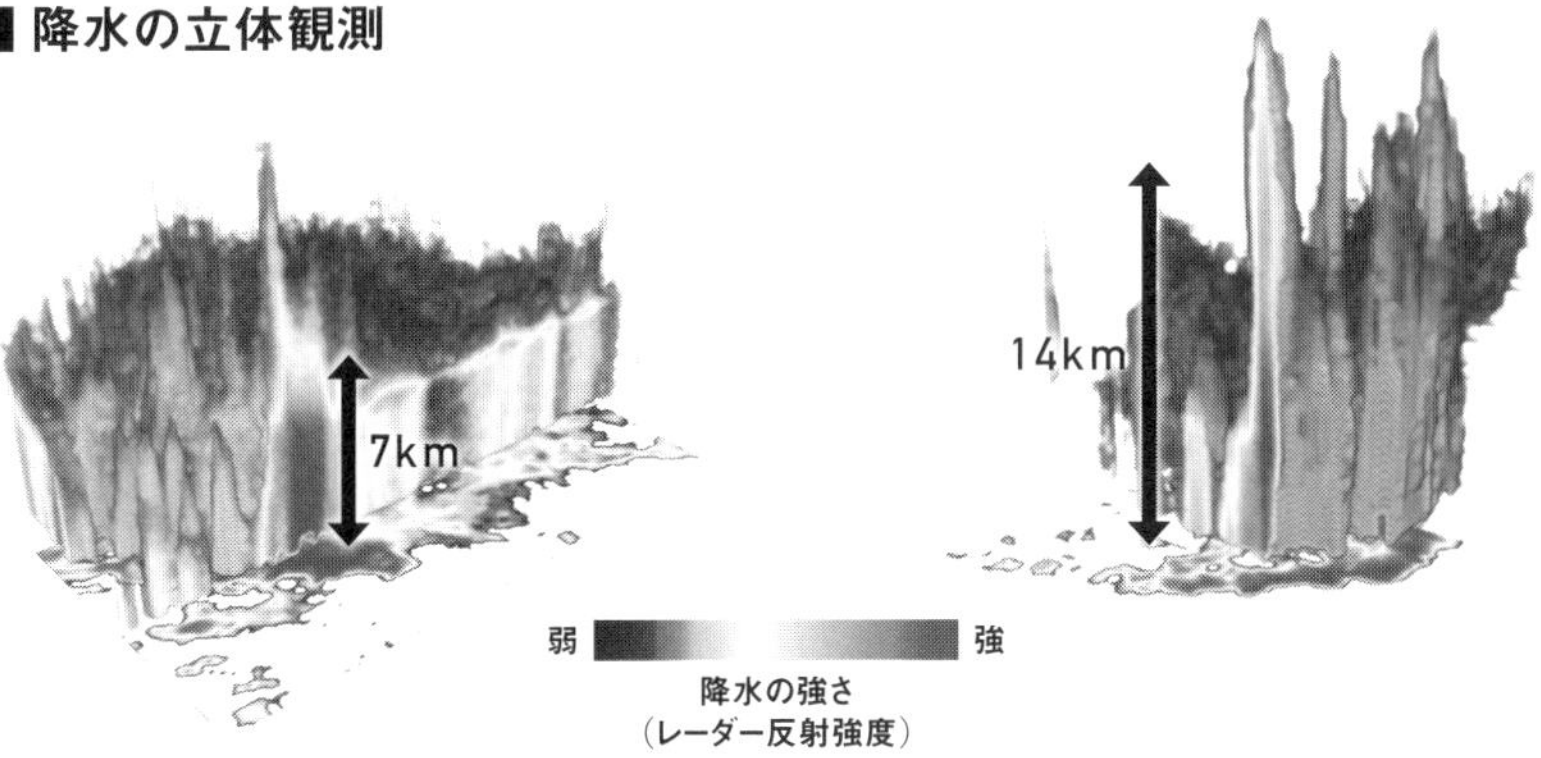

象、温帯低気圧のような気圧や風の流れの変化を伴った数千キロメートルスケールの大気擾乱、**マッデン・ジュリアン振動（MJO）❷**や**エルニーニョ・南方振動（ENSO）❸**のような大気と海洋が関わる地球規模の変動まで、非常にレンジの広いマルチスケールの現象間で相互作用しています。私たちの研究分野ではこの相互作用の仕組みを一つひとつ理解していこうとしています。

近年では、降雨レーダーを衛星に搭載することで、地球上のほとんどの場所での降水を立体観測できるようになり、詳しい降水特性についての研究が可能になりました。私も宇宙航空研究開発機構（JAXA）などと連携した数百人規模の国際的なプロジェクトに参加し、**熱帯降雨観測衛星（TRMM）❹**や**全球降水観測計画（GPM）主衛星❺**で集めたデータを使って研究をしてきました。降雨レーダーは電波を発信し、雨粒に当たって跳ね返ってきた電波を捉えます。雨粒の大きさや位置などの情報が跳ね返ってきた電波に乗ってくるので、解析することで大気中のどこにどんな大きさの雨粒があるかがわかります。衛星は動いていくので、このデータを集めると広い範囲、地球全体の大気の中

❷ 熱帯域における主要な大気変動で、地球全体に影響を及ぼす。熱帯赤道域で対流活動が活発な巨大な雲群が約1～2カ月かけて赤道に沿って東に進んでいく現象。30－60日程度の周期で発生している。熱帯地方の天気を左右し、雲に伴う強い風が他の気象現象にも影響を与える。

❸ 大気と海洋が相互作用し、インドネシア付近から南太平洋東部にかけた海面気圧の連動した変化などに現れる現象。一方の気圧が上がるともう一方が下がる傾向がある。各地の異常気象を引き起こすなど、地球全体に影響する。

❹ 全地球上の降雨の3分の2以上を占める熱帯・亜熱帯地方の降雨の観測を行うために、日米の共同プロジェクトで開発された衛星で1997年に打ち上げられた。2015年に運用は終了した。

❺ 日米を中心に進められているプロジェクトで中核となる衛星。地球の大気中の降水を3時間ごとという高頻度で観測する。2014年に打ち上げられた。

の雨粒の状況が立体的に見えるようになります。

これまでの常識を覆すような知見もこうしたデータからわかってきました。強い雨は大気の中の激しく高さもある対流が降らせるものだとされてきましたが、11年間で8500万もの降雨域を捉えたところ、このような大気の単純な不安定さが必ずしも強い雨の背後にあるわけではないことが明らかになりました。むしろ比較的大気が安定している時に広い地域で豪雨が降っていることが判明しました。どういうメカニズムなのか、今まさに研究を進めています。

また、衛星観測から、水蒸気が凝結して雨などになるときに出る潜熱加熱データを見積もることができるようになり、降水が大気循環に及ぼす仕組みについて研究するための観測データも充実してきました。地球温暖化による気候変動で各地の降水が変化しますが、降水量の増減のみでなく、降水の特徴がいかに変化するか、より詳細な議論ができるようになってきています。

最終到達点は？
分野の成り立ちは？

雲・降水のメカニズムを地球規模で解明

天気予報にも使われるような数値モデルで、雲・降水とその周りの大規模な場との相互作用の物理的表現は、最も大きい不確実性要因です。雲や雨についての理解を深めること、そして得られた知見をもとにモデルの改良に貢献することは、この分野の大きな到達点の一つです。

降水についての物理的理解が進むと、様々なスケールで解析されている熱帯域の規模の大きな対流活動現象（ＭＪＯや台風など）の仕組みを明らかにできます。また、雲や降水が大気や海水といった大規模な循環の中にどう組み込まれているかがわかり、逆に、気候が変化した時に雲・

降水の状態がどう変わるかを知ることもできます。温暖化による気候変動で、各地の降水特性がどう変わるかをより精確に予測することができるようになるのも、この分野の重要な目標です。そのために、衛星に様々な計測器を載せて、宇宙から地球を観測してデータを収集するということが進められてきました。地上での観測では捉えられないところを衛星と合わせることによって補完できるようになるわけです。

1970年代には衛星観測による雲画像が得られるようになり、熱帯の海の上の雲が偏東風波動と呼ばれる大気の乱れによって台風の卵になることなど、知見が増えました。熱帯の海の上で、積乱雲の発生によって起こる大気の対流について、様々なスケールで解明するために、大規模な国際観測プロジェクトが展開され、多くの貴重な観測データが収集されました。

1980年前後には、主な静止気象衛星がロケットによって打ち上げられて、地球全体を観測できる体制が整い、また、地球全体の気象データが作成されるようになりました。衛星で撮影した熱帯域の雲画像データから、雲の動きを元にどんな大気の動きが起きているのかが解析されるようになり、こうした大規模な大気の乱れが起きるメカニズムの解明に関心が集まりました。

1990年代になると、マイクロ波放射計を搭載した低軌道衛星によって、水蒸気、雨、海面風速、海面高度など、雲以外の物理量が地球規模で観測できるようになりました。熱帯西部太平洋で大気海洋間の水やエネルギーのやり取りと対流活動にも焦点を当てた大規模国際観測実験TOGA－COAREや、その後の熱帯太平洋に浮かべたブイを使った海の大規模観測網の展開もあり、大気と海の相互作用の研究が大きく進展しました。衛星観測はエルニーニョのモニタリングなどにも威力を発揮するようになりました。

そして1997年末に、日米共同でTRMM衛星が打ち上げられ、初めて宇宙からの降雨レーダーによる雨の立体観測が実現しました。17年間の観測により、熱帯でどのように雨が降るのか、降水システムの研究が進みました。この観測はその後、全球降水観測（GPM）計画に引き継がれ、地球の表面の91％をカバーする領域で降水システムの特性を調べることができるようになりました。

さらに観測技術は進展し、2006年にはCloudSatとCALIPSOという2機の衛星が打ち上げられました。この衛星は、A-trainという同一軌道に投入されていて、電波を使うレーダーと、レーザー光を使うライダーによって、雲の中の細かい雨粒やエアロゾルがどのように分布しているかを宇宙から観測できるようになりました。2010年代になると豪雨の発生頻度が世界各地で増えていることから、極端な降水の発生条件や地球温暖化との関係についての研究に注目が集まるようになりました。衛星観測データなど、利用できるデータが増えているだけではなく、実際に取得できたデータをスーパーコンピューターで計算する数値予報に使用する**データ同化**❻の手法も向上しています。ある時の現実の観測値をより精度のよい初期値としてシミュレーションに取り込むことで、より正確な予報ができるようになってきています。また、雲や雨などの物理過程についての理解が進むことで、流体の運動を表現するナビエ－ストークス方程式や熱力学の方程式などの組み合わせでできている天気予報モデルそのものの機能の改良も進みます。

こうして研究が進み、集めたデータからどんなことがわかったかをもとに、次の衛星にはどんな計測器を載せて何を観測するかを議論していきます。

❻ 理論的な方程式を踏まえて衛星などのデータをコンピューター上のモデルに取り込むための数学的な手法。

2030年、2050年は？

地球の大気を外から見る新たな「目」の獲得へ

今まさに2029年から2031年の間にロケットで打ち上げる衛星にどんな計測器を載せるか、議論しているところです。1機の衛星ではなく、小型衛星の群になるのかもしれません。エアロゾルから雲ができて雨が降るまで、特に微細なプロセスをより調べられるようになるのではないかと思います。JAXAと欧州宇宙機関、そして情報通信研究機構（NICT）の進めているEarthCARE計画では、まさに地球全体の雲とエアロゾルを観測するための衛星運用を検討しています。そしてこのEarthCARE衛星と、今も観測を続けているGPM衛星が共生する時代になります。大気の対流や雨の特性、大気と海洋の相互作用といった大きな規模での現象の理解と、雲の中で起きている小さな物理現象の両方の理解が進むと期待しています。人工知能（AI）などの新しい技術を併用した大量データの解析方法も出てくると思います。

観測データが蓄積されることで、今度は数値モデルも改良できると思います。解像度が低い気候モデルでも、精度を改善する前提条件を見つけることができ、また、全球雲解像モデルのように100メートルオーダーの高い解像度のモデルでも、正確に長い期間の変化を計算できるようになると考えられます。

静止衛星は地球から約3万6000キロメートルも離れた位置から、同じ場所をずっと観測しています。一方、現在は、レーダーを搭載しているGPM衛星などは、高さ約400キロメートルのところを飛んでいて、1秒間に7キロメートル移動しながら様々な場所を観測しています。2050年には、静止軌道の衛星にもレーダーを搭載して、同じ場所を連続的に観測できるようになるのではないでしょうか。今、そんな研究も進められています。雲や雨が発生する様子が詳細に観測できるようになるので、大きな進歩になります。合わせて、逆に、もっと地球に近い高さ200キロメートル前後の超低軌道に小型衛星を群で投入し、今よりも高い解像度で雲や雨、さらには風も立体的に観測できるようになっているのではないでしょうか。観測自体が100メートルのオーダーの分解能になっているかもしれません。これらの観測技術を支えるコンピューターももちろん高度化していて、例えば量子コンピューターが登場して計算速度やデータ処理速度が飛躍的に向上し、数値モデルの精度向上にも貢献できるのではないかと思います。

未来社会との接点は？

膨大なデータを扱う・読み解く先駆者の役割も

衛星観測技術や宇宙開発技術など私の分野で活用している技術は、もちろん分野の発展に不可欠ですが、実は民生技術の発展にもつながっています。大きな宇宙のプロジェクトはそうやって技術の基盤を上げていくのに役に立っているということを知ることで、多くの人が興味を持てる面があるのではないかと思います。

気象学では、衛星から送られてくるデータとコンピューターシミュレーションと、莫大なデータがどんどん作られています。観測データが高解像度化すればそれだけデータも増えます。私たち研究者同士でどうやってその大量データを共有するかは、今は分散型であちこちにデータを置いて利用できるようにしていますが、今後もデータの共有をスムーズにできるかどうかはネットワークの通信技術の向上にかかっています。こんな極端な利用者のニーズにどうやって対応するか、技術というのは無理する部分がないと発展していかないので、より高度な通信ネットワークの構築を促すような役割の一端を果たしているのではないかと思います。

また、こうした衛星を活用するような大規模なプロジェクトは予算規模も大きく、国のリーダーの考え方にも影響される面があります。実際、米国のトランプ前大統領は、地球環境や地球温暖化に関心がなく、NASAは地球観測に関しては十分に予算がもらえていなかったようです。すぐに地球観測が止まってしまうということはありませんでしたが、地球温暖化でそれぞれの地域でどんなことが起こるのか、理解するために役立つ分野なので、ミニマムのインフラとして維持していかなければならないものだなと実感しています。

この分野の発展を支えるために、女性研究者はもっと増えてほしい、とも思っています。地球環境について学ぶ機会が増え、小学生でも地球温暖化について知っている時代になりました。また、私が中学高校に通っていたころは、技術科と家庭科があって、女子学生は技術科の授業を受けられずラジオを組み立てる経験をしていない劣等感をもったことなどもありましたが、こうした人為的な差は一つずつ取り除かれ、女性でも理系の科目に興味が持てるようになってきているのではないかと感じています。

今は物理の分野の女性研究者が比較的少ないですが、自分の可能性に自信を持ち、周りも期待することで、研究を続けられる雰囲気作りができるのではと思っています。そして女性の研究者でも男性の研究者でも、この分野で仕事していけるというロールモデルを増やしていくことで、さらに興味を持ってくれる人が増えていくのではないかと考えています。多くの女性に大きな夢や野望をもって進んでいってほしいと思います。

おすすめの本

郝 景芳（著）櫻庭 ゆみ子（訳）
『1984年に生まれて』
（中央公論新社）

見えない電子や原子の世界を可視化する

計算化学

Computational Chemistry

ローツステット・エリック

Erik Lötstedt

東京大学
理学部化学科（山内研究室）
准教授

スウェーデン、ストックホルム生まれ。2004年にストックホルム王立工科大学で工学物理学修士号を取得。2008年にドイツのハイデルベルク大学で理論物理学博士号を取得。2009年より日本に勤務。東京大学、理化学研究所でポスドクを務める。2014年東京大学大学院理学系研究科化学専攻（山内研究室）助教。2020年に准教授。

研究分野は？

フェムト秒の時間領域でしか追跡できない電子・原子の極めて速い動きを探究

私の研究分野は理論化学で、コンピューターを使って分子のさまざまな性質を計算しています。そのために、**シュレーディンガー方程式**❶を解くコンピュータープログラムを書いて、量子力学に基づいて分子や物質の中の電子の動きをミクロのレベルで探究しています。このような理論計算によって、例えば、ある分子が安定に存在するかどうかを予測し、どのような構造を持つかを推定することができるのです。

❶ エルヴィン・シュレーディンガー（1887年～1961年、オーストリア出身の物理学者）による波動方程式で、ミクロの世界を支配する量子力学の基本方程式。これによって、ボーアの量子論の結果を導くことができるようになり、ミクロの世界の謎が次々と解決された。

私たちの専門分野は、化学の中では物理化学の領域に分類され、物理学の中では原子分子光物理学の領域に分類されますので、化学と物理学の間の学際領域にあると言えます。私自身は、原子および比較的サイズの小さな、2個から数個の原子から構成される分子が、いかに光と相互作用するかに関心をもって研究を進めています。対象となる原子や分子は孤立系、つまり、気体の状態にあり、衝突がない状態にあります。化学の他の分野では液相（液体の状態）や固相（固体の状態）の試料を対象とすることが多いかと思いますが、そのような分野とは少し趣が異なります。

生化学者はタンパク質や非常に大きなサイズの分子を扱っています。また、物性化学者は実際に目で見たり触れたりできるものを扱います。これらの場合は、対象となる物質を構成する原子の数が膨大であることを意味します。それに比べると、私たちの分野では、サイズがとても小さい系を扱い、その特性を理論計算によって調べます。

私たちは非常に短い**アト秒**❷や**フェムト秒**❸の時間スケールで起こる、極めて速い現象を探究しています。これは我々の日常の時間スケールよりはるかに短いので、とても想像できないほど短い時間ですが、実験室では、その短い時間領域で起こる現象を観測することができます。それによって、原子よりも小さなレベルの電子が原子内でどのように動くかを知ることができるのです。

原子や電子の占める空間スケールは極めて小さい上に、それらの運動の時間スケールは極めて短いため、その運動をビデオカメラや光学顕微鏡で捉えることはできません。しかし、実験室では数フェムト秒という極めて短い時間幅を持つ**レーザーパルス**❹を発生できるので、最初のパルス（これをポンプパルスと呼ぶ）で原子や分子を励起して、それを、次のパルス（これをプローブ

❷ 1アト秒＝10のマイナス18乗秒＝百京分の1秒。水素原子の電子基底状態において電子が周回運動をするのに要する時間は約150アト秒である。150アト秒の間には、光でさえ45ナノメートルしか進むことができない。

❸ 1フェムト秒＝10のマイナス15乗秒＝1000兆分の1秒。

❹ 分子振動の周期（10〜100フェムト秒）よりもはるかに早い電子の運動をコマ撮り撮影のように観測するには、アト秒領域の時間幅を持つレーザーパルスが必要となる。アト秒パルスを用いれば、分子内の電子分布の変化を実時間で追跡することができると考えられている。そのため、アト秒パルスは、化学反応過程を分子内の電子分布の変化から理解するための有望な光源として期待されている。

パルスと呼ぶ）でプローブするという手法によって、原子内の電子や、分子内の原子の運動をコマ撮り撮影のようにプローブすることができます。この手法をポンプ・プローブ法と呼んでいます。

例えば、あなたが振り子を持っていて、それを最初に手で軽く叩いて、振り子が前後に揺れ始めると想像してみてください。もし、あなたが写真を撮れば、振り子が右にあるのか、中央にあるのか、左にあるのかを確認できます。さらに、連続的に写真を撮れば、振り子が揺れる様子を動画にすることができます。

しかし、私たちはカメラを使ってコマ撮り撮影をするのではなく、数フェムト秒という極めて短い時間幅を持ったレーザーパルスを使ったポンプ・プローブ法によって、極めて小さな電子や原子がどのように動くかを追跡することができます。電子を直接撮影することはできませんが、電子の動きに伴って変化する何らかの信号を受け取り、その信号の変化をプロットすれば、電子の動きを可視化したことになります。

我々は理論計算によって時々刻々変化する電子の動画を作ることはできます。しかし、それは本当に起こる現象でなければなりません。つまり、理論計算で得られた結果は、自然法則に従っていなければなりません。電子や原子のミクロな世界は量子力学に支配されているので、理論計算は量子力学に従うように行われなければなりません。理論においても、電子や原子の動きを可視化することはそれほど簡単ではありません。

フェムト秒の時間領域で起こっている電子、原子、分子の動きを理論計算によって表すためには、計算手法開発や計算コードを書くことが不可欠です。私は主に**MATLAB**❺や**Python**❻、

❺ 数値解析ソフトウェアで、数値線形代数、関数とデータの可視化、アルゴリズム開発、グラフィカルインターフェイスや、他言語とのインターフェイス機能がある。

❻ オープンソース・プログラミング言語で、組み込み開発や、Webアプリケーション、デスクトップアプリケーション、さらには人工知能開発、ビッグデータ解析などに使われている。

Fortran[7]を使ってプログラミングしています。**Julia**[8]も良いと聞いていますので、試してみようと思います。良いアイデアを思いついたら、まずMATLABやPythonでコードを書き、プログラム全体が動くかどうかを確認してから、シミュレーションを行います。

最終到達点は?

あらゆるシステムのシュレーディンガー方程式を解く

量子力学では、電子を一つしか持たない水素原子の電子の運動は、シュレーディンガー方程式によって正確に解けます。しかし、電子を二つ持つヘリウム原子の電子状態を正確に解くことはできません。これが**量子多体問題**[9]であり、相互作用するすべての小さな粒子の動きを量子力学的に計算するのはそう簡単なことではありません。そこで、どのような近似法を用いるかが問題になります。

我々の分野での理論研究の最終目標は、科学的・実用的に関心のある、あらゆる種類の原子・分子系のシュレーディンガー方程式を、必要に応じて、できる限り正確に解くことです。しかし、先は遠いのが現実です。実現可能な目標は、ミクロスコピックな反応を表す式などを入力すれば、その反応を可視化できる量子力学に基づいた「理論顕微鏡」を作ることです。

電子や原子のミクロな世界は量子力学に支配されているので、可視化は簡単ではありません。しかし、理論顕微鏡を作ることができれば、対象となるシステムを表すパラメーターを入力するだけで量子力学的シュレーディンガー方程式を解けるようになります。

そのためには、理論顕微鏡は、時々刻々その位置を変化させる電子を可能な限り正確にシミュ

[7] 1954年に考案された世界最初の高級言語で、科学技術計算用に使用されている。

[8] Pythonと比較されることの多いプログラミング言語で、実行速度と記述性の両立を目指している。

[9] 電子を二つ以上含む原子のシュレーディンガー方程式を解くにはどのような近似法を用いればよいかが問題になる。これを量子多体問題と呼び、様々な近似法が知られている。

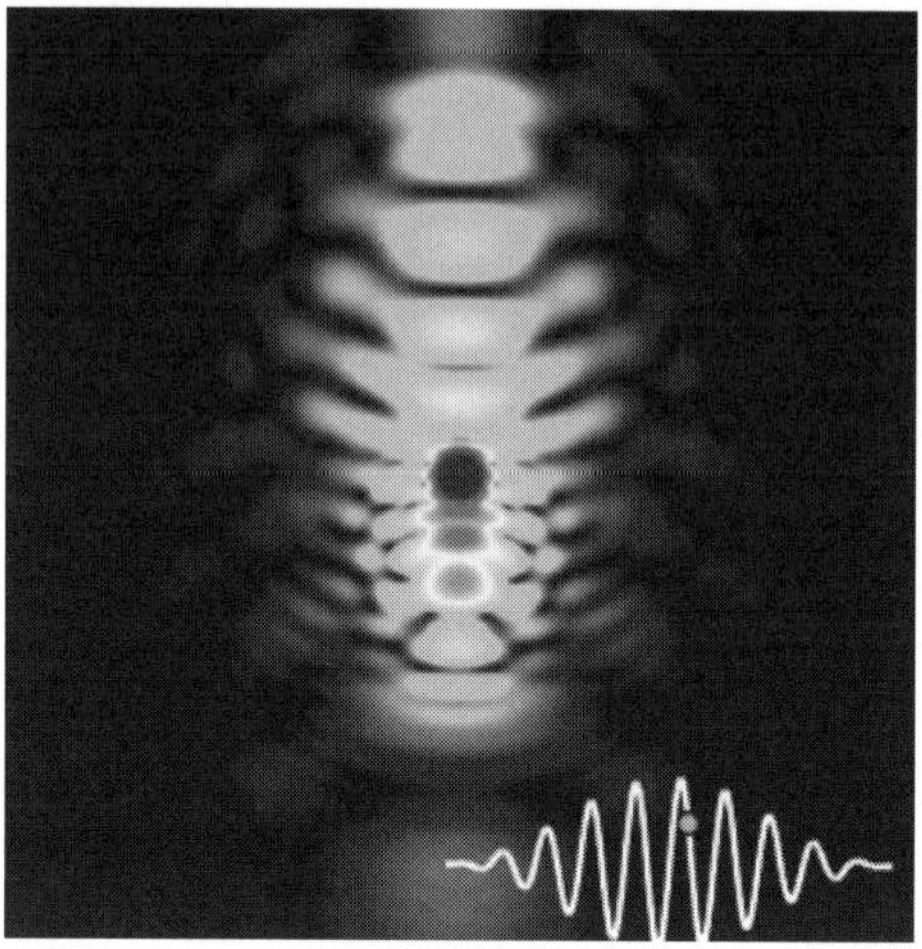

高強度レーザーパルスで励起された水素原子中の電子の確率分布のスナップショット。

レーションできるものでなければなりません。もし、信頼できる理想的な理論顕微鏡ができれば、理論化学者や計算化学者の出る幕は無くなってしまうかもしれません。少なくとも、計算手法の開発や計算コードの作成は不要になることでしょう。

また、すでに、量子化学計算のための非常に優れた方法や高速計算が可能な大型計算機があるので、理論顕微鏡が出来上がる日も、そう遠くないかもしれません。そうなってしまうと、私たちの理論研究の分野では何も開発する必要がないということになり、科学というよりは、いかに精度を上げるか、あるいは、いかに速く計算するかという技術開発に重点が移っていくものと思います。もちろん、何を明らかにするために何を計算したいのか、そして、その結果をどのように解釈するかという問題は、理論顕微鏡によって得られる可視化された情報だけでは解決できないので、科学者の仕事がなくなるわけではありません。

分野の成り立ちは？

コンピューターの活用で本格化した計算化学

計算化学の始まりは、1920年頃で、量子力学が生まれた直後と言ってもいいでしょう。初期の頃は、どのような機構で原子が集まって分子を形成するのかを、すなわち、化学結合を量子力学で理解できるかどうかが研究の対象となりました。

そして計算化学が本格的に発展したのは、研究者がコンピューターを使えるようになった1970年代後半からだと思います。計算化学でノーベル化学賞を受賞した**ジョン・ポープル**[10]はパイオニアの一人です。彼は、数多くの分子種について、実験で得られた性質を理論計算の結果と比較し、分子種によるその性質の違いを定性的に説明することに成功しました。

現在では、以前に比べてコンピューターは安価になってより広く利用できるようになりました。その結果、誰でも容易に計算手法の開発をコンピューターで行えるようになりました。将来、理論化学の分野をさらに発展させるためには、スーパーコンピューターの能力を向上させ、既存のプログラムを用いて計算することよりも、安価なコンピューターでより多くの優れたアルゴリズムを開発することの方が重要となるでしょう。

私たちの研究分野では超短パルスレーザーが開発されたおかげで、分子内の電子の超高速運動を時々刻々観測できるようになりました。そして、そのような実験を行っている研究者との共同研究から多くの成果が得られるようになりました。また、今日では計算化学が学術分野だけでな

[10] サー・ジョン・アンソニー・ポープル（1925年～2004年、英国生まれで主に米国で活動した理論化学者）は、1998年に「量子化学における計算化学的方法の展開」でノーベル化学賞を受賞。

く、企業における研究開発においても活用されています。例えば、製薬においては量子化学計算によるシミュレーションが役立てられています。

最近、私たちは空気レーザーと呼ばれる現象の研究に取り組んでいます。この空気レーザーとは、高強度のレーザー光を空気中に集光するときに起こる現象です。

空気中で強いレーザー光を照射すると窒素分子と酸素分子がイオン化されてレーザーの進行方向に軸を持つ細長い円柱状のプラズマが生成されます。このプラズマカラムはフィラメント、あるいは、レーザーフィラメントと呼ばれています。プラズマとは原子や分子が、原子や分子の正イオンと電子に分かれている状態です。このフィラメントの円柱の長さは1センチ程度で断面の直径は1ミリメートル以下です。

近赤外域の波長を持つ高輝度超短パルスレーザーを用いた実験によって、このフィラメント中には電子励起状態にある窒素分子イオンが生成され、その電子励起状態にある窒素分子イオンから、いくつかの特定の波長を持つ光が放出されることが明らかになりました。また、その光は集光されたレーザー光の伝搬方向と同じ方向に放出されることが分かりました。

普通のプラズマ発光では、電子励起状態にある原子やイオンは、四方八方に光を放出します。しかし、この空気レーザーでは、その発光が光の伝搬方向に放出させるという点が特徴です。この光の放出はレーザー光と同様であるため、空気レーザーと呼ばれています。

しかし、どのようなメカニズムで、特定の方向にだけ非常に強い強度の光が放出されるのかについてはよくわかっていませんでした。当時は近赤外域の強レーザー光で窒素分子をトンネルイオン化できても、生成された窒素分子イオンを電子励起することは難しいと考えられていましたので、フィラメントから紫外域の強い光が放出するメカニズムは謎でした。

私たちの研究グループでは、この空気レーザーの実験を行い、**反転分布**[11]がフィラメント内で生成されることを実験的に確認するとともに、シュレーディンガー方程式に基づく理論モデルを用いて数値シミュレーションを行いました。

私たちの研究室では、このようにして、実験研究と理論研究を同時に進めています。実験を行うと、当初は予測できなかった結果が得られる場合があります。そのメカニズムが特定できない場合もあります。もし、あなたが理学部にいるとすれば、多分、そのメカニズムを明らかにしたくなるでしょう。別の実験を行ってメカニズムに迫るということも一つの方法ですが、理論シミュレーションを行ってメカニズムを推測するという方法もあります。研究の第一線の現場では、実験と理論がともに協力して新しい研究領域を広げているのです。

2030年、2050年は?

理論的シミュレーションによってリアルな結果を予測

2030年頃までには、時間に依存する量子力学計算のための標準化されたプログラムパッケージが、誰でも簡単に使えるようになると予測しています。その頃には、古典コンピューターとして分類されているスーパーコンピューターよりも格段に速く計算処理ができる量子コンピューターのクラウドサービスが利用できるかも知れません。

そして、そのような計算機の発展によって、計算科学が、新しい分子、新しい材料、そして新しい薬を設計し合成する上で、今よりもさらに大きな役割を果たしているはずです。もしかした

[11] 励起されていない状態の占有数よりも励起された状態の占有数の方が多い状態。このような状態ができると、誘導放出という現象によって特定の波長の強い光が放出される。

ら、細胞のシミュレーションや脳のシミュレーションも出来るようになっているかもしれません。たとえば、2050年に実際にウイルスの理論シミュレーションができると想像してみてください。そうすれば、次のコロナウイルスのパンデミックが来たときに、ウイルスに効く可能性のあるワクチン候補をすぐに発見することができるでしょう。

または、どの薬が効いてどの薬が効かないのかといった試行錯誤を理論的シミュレーションで行えば、製薬の研究開発にかかる多くの時間を節約できることも考えられます。そして、今よりも早く動物実験や、その次の臨床試験に進むことができ、より早く薬を市場に出せるようになると思います。

このような試行錯誤的な実験のプロセスは、原理的にはシミュレーションによって代替することができるのです。しかし、問題はシミュレーションが十分に正確でない可能性があることです。シミュレーションによると99％の収量が得られますが、実際に試してみると99％ではない場合もあるかもしれません。そのため、常にシミュレーションの検証が必要になると思います。

未来社会との接点は？

天気予報は科学計算のサクセスストーリー

今後、計算化学は新材料の設計においてさらに大きな役割を果たすことが期待されます。また、コンピューターはWebページを表示したりゲームをしたりするだけではなく、自然科学の様々な分野の先端的な研究において活用されています。そのため、理系教育においては、できるだけ早い段階で計算科学を系統的に学ぶことができる教育システムを導入することが望ましいと考えています。
現在は、高校時代や大学に入った時点でも、コンピューターを使って科学的な問題を解決できるというイメージを持っている人は、理系の学生でもそう多くはないと思います。しかし、より早期の教育の現場に計算科学を導入・活用することによって、例えば、高校の化学の授業が大きく変わるのではないでしょうか。また、化学や物理だけでなく、コンピューターを使った計算科学のような科目を導入すると良いと思います。

今日、パソコンのほとんどがインターネットやSNS、Webページなどでつながっていますが、科学計算にはあまり使われていないように思います。私は理学部化学科の学生たちには、コンピューターを用いた初歩的な化学計算を教えていますが、コンピューターを使って科学的な問題を解いたという経験が無い学生が多いのが実情です。

プログラムを書けば問題が解けるのだという考えを持つことが必要です。ところが、ほとんどの学生はそのような考えを持っていないようです。高校でそのような経験が無かったために、コンピューターで科学的な問題を解決するという発想がわかないのだろうと思います。

たとえば、天気予報がどのように行われているかを知っている人はどれほどいるでしょうか。天気予報のために数多くのコンピューター科学者が貢献しています。天気予報は、人々の日常生活に役立つ天気を予測するためにコンピューターが使われ、そして見事に機能しているという計算科学のサクセスストーリーなのです。今後の理系教育においては、より早い段階で計算科学に慣れ親しませることが重要であると考えています。

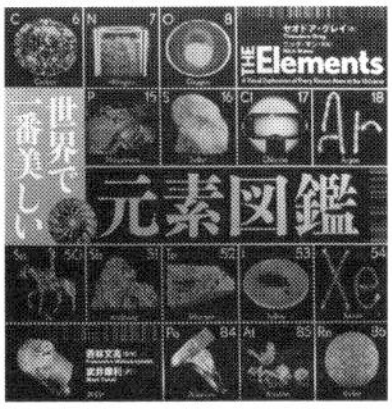

おすすめの本

セオドア・グレイ
『世界で一番美しい元素図鑑』
（創元社）

超弦理論で世界の基本法則を解き明かす

素粒子物理学

Particle Physics

大栗博司

OOGURI Hiroshi

東京大学国際高等研究所カブリ数物連携宇宙研究機構機構長。カリフォルニア工科大学フレッド・カブリ冠教授

京都大学卒業。東京大学理学博士。東京大学助手、プリンストン高等研究所所員、シカゴ大学助教授、京都大学助教授、カリフォルニア大学バークレー校教授を経て、2000年カリフォルニア工科大学教授。07年より同大学カブリ冠教授。15年同大学ウォルター・バーグ理論物理学研究所所長。2016年-19年アスペン物理学センター総裁。18年10月から東京大学カブリ数物連携宇宙研究機構機構長も兼務。専門は素粒子論。アメリカ芸術科学アカデミー会員。紫綬褒章、アイゼンバッド賞、ハンブルグ賞、仁科記念賞など受賞歴多数。科学解説書『大栗先生の超弦理論入門』に対し講談社科学出版賞を受賞。

研究分野は?

既存理論の制約を超える「超弦理論」を研究

私は素粒子物理学、より詳しく言うと「超弦理論」を研究しています。

理学の一分野である物理学は、自然界の普遍的な法則を見出し、それを使って森羅万象の仕組みを理解しようとする学問です。その中には、宇宙という大きなスケールの現象を説明する宇宙物理学や、様々な物質の性質を明らかにする物性物理学、また物質を構成する要素を限界まで細かく見ていくことで根源的なルールを見つけようとする素粒子物理学など、さまざまな分野があります。

物理学者には、これまでに実験で見つかったことや既出の理論などを手がかりに法則を導き出そうとする理論系の人と、そうした法則の予言を実験的に検証する実験系の人がいます。

自然界には、よりミクロなレベルで見いだされる法則はより広い範囲に適用できるという階層構造があります。原子や分子の世界で見いだされる法則よりも、原子を構成する原子核や陽子や電子の世界で見つかる法則のほうが普遍的、つまり「より強い」法則なのです。電子などの素粒子を対象とする素粒子物理学は、「もっとも細かいところまで分けて、それらを統合して全体を理解しよう」というアプローチの極北と言えるでしょう。私はこの分野の理論的な研究をしています。

素粒子とはこれ以上小さく分けることのできない物質の最小単位のことです。物理学では何世紀にもわたって、物質はどれだけ小さく分けることができ、それぞれにどのような性質があるのかという探求が続いてきました。その過程でできたのが素粒子の「標準モデル」（標準模型、標準理論ともいう）です。素粒子の世界を数学的にモデル化したものです。

標準モデルはあくまで一部の要素を抜き出したモデルであって自然界を忠実に表したものではありません。一つの問題は重力の存在が入っていないということです。実は素粒子の標準モデルと、アインシュタインをはじめ歴代の物理学者が考え出した重力の理論はうまくかみ合わない。物理学者はこの二つの理論が矛盾なく入るもっと大きな法則、つまり素粒子論と重力理論を統一した理論を探しているのです。

統一理論の候補としてもっとも有力視されているのが、「超弦理論」です。この理論は過去35年ぐらいの間に大きく進んできました。

私はこの超弦理論からさまざまな物理量を計算するための数学的方法の開発に取り組んできました。その一つに「トポロジカルな弦理論」というものがあって、これは数学のさまざまな分野にも影響を与えてきました。また、このトポロジカルな弦理論を、**スティーブン・ホーキング博士**❶の指摘した「**ブラックホールの情報問題**❷」に応用して、ブラックホールの量子状態に関する知見を深めることにも貢献しました。物理学は数学の言葉で表現されているので、物理学の最先端の問題を解くためにはしばしば新しい数学の開発が必要になるのです。

最終到達点は？

物理学という学問には、たどりつくべき最終到達点はない

これまでの話からすれば、最終到達点は「素粒子論と重力理論の統一理論を打ち立てること」だろう、と思われるかもしれません。しかし、統一理論の完成が最終到達点になるとは限りません。現在の物理学における一つの目標ではありますが、統一しようとするその道行きのさなかに思いがけない発見があるかもしれず、そこから別の方向性が示唆される可能性もあります。

素粒子物理学でノーベル賞を受賞した湯川秀樹は『旅人』という著書で「未知の世界を探求する人々は、地図を持たない旅行者である」と書いています。自然界の基本法則というまったく未知のものを探そうとしている物理学者は、宝のある方向を示す地図をもちあわせていません。どちらに向かおうか、つねにうろうろと迷いながら歩いている。毎日スランプのようなものです。スランプの日々が続いて、ある時に少し研究が進んで、その日だけはスランプではない。

最終到達点というと目指すべきゴールであり、たどりつかなくては満足できないもののように

❶ 1942～2018年。イギリスの物理学者。ノーベル物理学賞受賞者のロジャー・ペンローズの理論を発展させ、アインシュタインの一般相対性理論から宇宙の始まりには必ず特異点があったことを数学的に証明した。また、1974年に発表した、ブラックホールはエネルギーを放射しており、やがて蒸発して消滅するという「ホーキング放射」の数学的発見により、素粒子論と重力理論の統一に大きな指針を与えた。21歳で筋萎縮性側索硬化症を発症し「車いすの物理学者」としても知られた。

❷ 1990年代半ば、スティーブン・ホーキングはブラックホールに入った物質の情報は最終的にすべて失われてしまうと主張し、激しい論争が繰り広げられた。超弦理論の進歩により情報は失われないことが明らかになり、ホーキングの主張は否定された。しかし、ホーキングが指摘した情報問題をめぐる論争は、超弦理論の進歩に重要な役割を果たした。

聞こえます。しかし、物理学に限らず理学の多くでは、あらかじめ定めた目的のために研究をするわけではありません。研究それ自身に価値があるのです。そしてそのような好奇心に駆られた研究こそが、実は後になって大きな利益を社会にもたらすのです。

分野の成り立ちは？

森羅万象を説明できる法則を知ろうとする営みは古代から存在した

「この世界はどういう仕組みになっているのか」という問いは、太古の昔から人間がいだいてきました。たとえば星の運行に関する研究は紀元前、古代バビロニアの時代からありました。それが王の権威を支え、同時に社会に役立つものでもあったからです。

物理学が科学として大きな飛躍を遂げたきっかけは、17世紀にガリレオ・ガリレイが宇宙に望遠鏡を向けたことです。それまでは私たちの住む地上と天上は異なる法則によって支配されていると思われていましたが、月には地球と同じようにごつごつした山や谷があった。また、地球に月があるように木星にも衛星があることがわかった。天上も地上と同じ法則が働いているのではないだろうか。こうした発見がニュートンの万有引力の発見につながりました。地上か宇宙かにかかわらず引力はすべての場所ですべてのものに働くという「普遍的なルール」が見つかったのです。

自然界の基本的な法則を見つけ、それを使って様々な現象を説明するという物理学の方法はこのときに始まりました。その後、物理学の研究の対象は、大きなスケールでは宇宙へ、小さなスケールでは素粒子へと広がっていきました。宇宙の大きさは10億の4乗メートルというはるかな

■ 時間や空間さえゆらぐ世界

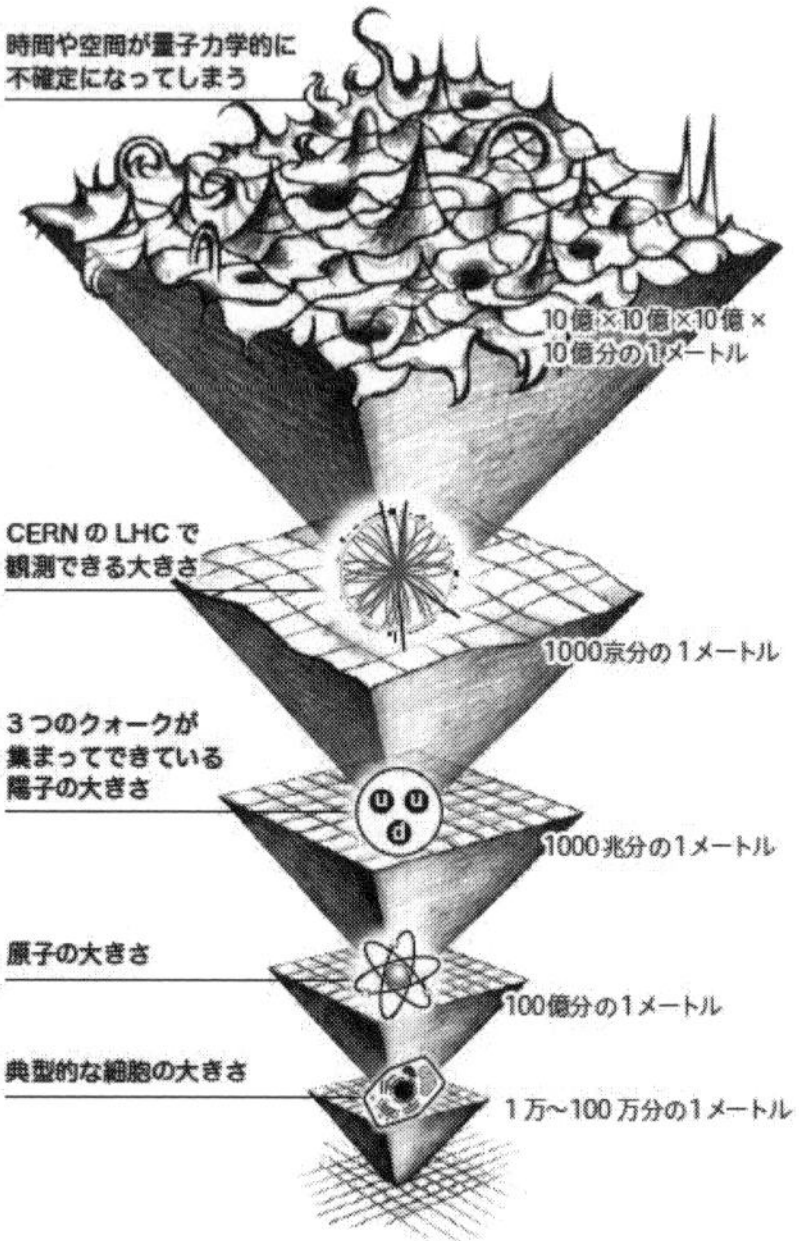

（出所）大栗博司『大栗先生の超弦理論入門』（講談社ブルーバックス）

大きさで、素粒子の標準理論では10億のマイナス2乗メートルというサイズを扱います。超弦理論ではさらに小さく、10億のマイナス4乗メートルというスケールです。

ではさらに小さいスケールで見ればもっと基本的な法則が見つかるのではないか？「よりミクロなほうに行けばより基本的な法則に迫れる」という方向性は10億のマイナス4乗メートルで一つの終着点に達すると考えられています（その理由については、拙著『重力とは何か』の第六章をご覧ください）。超弦理論は、まさしくそのようなスケールの物理現象を理解するための理論なので、「究極の統一理論」とも呼ばれています。このような極微の世界の理論なので地上の実験では検証することがなかなか難しい。しかし、宇宙に目を向け、その始まりであるビッグバンやそれ以前の宇宙を理解しようとすると、このようなスケールの現象が現れてくる。そのため、宇宙観測から超弦理論を検証する道が開けると期待しています。

2030年、2050年は?

観測衛星を使ったインフレーション理論の検証が一つのベストシナリオだが

これまでの研究によって、宇宙の始まりから0.0000000001秒から現在までのことは正確にわかってきています。素粒子の標準モデルで説明できるのです。しかしそれより前がどうなっていたかを理解するためには、標準モデルを越える理論が必要です。その一つの可能性が、佐藤勝彦さん達が提唱している「**インフレーション理論**❸」です。この理論を検証すべく、日本ではJAXAの宇宙科学研究所が中心となって、**LiteBIRD（ライトバード**❹**）**と呼ばれる観測衛星を2020年代の終わりごろに打ち上げようとしています。

2030年ごろには、LiteBIRDによってインフレーション理論の検証に目途が立つかもしれません。そうした初期宇宙の理解が順調に進めば、2050年ごろには超弦理論が重力と素粒子の理論を統合する究極の理論として確立されているかもしれません。

しかし、これは一つのシナリオであって、そんな風に一直線に進んですべて解決とはならないかもしれません。観測や実験によってそれまでは予測もしていなかった発見があり、これまでの進め方ではだめだとわかり、また別の方向が見つかる可能性もあります。自然は、科学者の想像力を越えた現象を表すことで私たちを驚かせてきました。宇宙の研究でも、これからさまざまな驚きが見つかっていくことでしょう。

また、LiteBIRDのように光で見る以外にも、宇宙を見る方法があります。初期宇宙の観測に期待が持てるのは「**重力波**❺」を使うものです。2017年度のノーベル物理学賞授賞対象となっ

❸ 1981年に東京大学の佐藤勝彦氏らが提唱した、宇宙誕生の10のマイナス36乗秒後から10のマイナス34乗秒後というごくごく短い間に極小だった宇宙が急膨張し、その際に放出された熱エネルギーが「ビッグバン」の火の玉になったと説明する理論。

❹ 宇宙マイクロ波背景放射（CMB）の「Bモード偏光」の検出を目的とする観測衛星。特殊な渦状パターンのBモード偏光は、宇宙誕生直後にあったとされる急膨張によって生じた原始重力波の痕跡であり、その検出はインフレーション理論の決定的な裏付けとなる。

❺ 質量をもった物体が存在することで生じる時空のゆがみが、その物体の運動により波として光速で伝わる現象。アインシュタインの一般相対性理論に基づきその存在が予言され、2016年に米国とヨーロッパの重力波望遠鏡により初めて直接検出された。

た重力波の観測によって、ブラックホールなどの謎が解き明かされつつあります。しかし、初期宇宙からの重力波は波長が長すぎて、地上からでは観測できません。そこで**重力波望遠鏡を人工衛星で宇宙に飛ばそうという計画**❻があります。それができれば、誕生直後の宇宙が手に取るように見え、研究が飛躍的に進むと期待しています。

未来社会との接点は？

「役に立たない」とされる学問こそ、実は社会への貢献は大きい

たとえば工学のように社会課題の解決を目指す学問に比べて、物理学を含む理学は直接的には社会の役に立たないとよく言われます。しかし、それに関して、プリンストンの高等研究所の初代所長**エイブラハム・フレクスナー**❼が、「役に立たない知識が役に立つ」と題した**エッセイ**❽を書いています。この一見逆説的なタイトルは、真実をついた言葉だと私は思います。

フレクスナーはこのエッセイで、コダック社の創始者ジョージ・イーストマンとの会話を紹介しています。イーストマンはカメラのロールフィルムの開発によって莫大な富を築き、社会にとって有益な学問に寄付したいと言っていました。フレクスナーはイーストマンに会いに行き、これまでもっとも社会に貢献する科学的発見をした人物は誰だと思うか、と聞いたのでした。イーストマンは、無線を発明したグリエルモ・マルコーニだと答えます。たしかに無線は社会を劇的に変え、多大な利益をもたらしました。しかしフレクスナーはイーストマンに言います。無線の発明はジェームズ・クラーク・マルコーニでなくても誰かが発明しただろう、しかし、無線の発明はマクスウェルが考え付いた電気と磁気の関係を表す方程式「マクスウェル方程式」なしには

❻ 名称はDECIGO (Deci-hertz Interferometer Gravitational wave Observatory)。宇宙誕生直後に発生した原始重力波を宇宙空間で直接検出することを目指す。2009年の超小型重力波検出器を搭載した実証衛星の打ち上げを経て、重力波観測衛星「B-DECIGO」の打ち上げ計画が進められている。欧米にも同様の計画がある。

❼ 1866〜1959年。米国の医学教育家。アインシュタインをはじめ著名な研究者を擁した高等研究所の創設者であり初代所長。

❽ 1939年にハーパーズ・マガジンに掲載され、後に、ロベルト・ダイクラーフ（高等研究所現所長）のエッセイ「明日への扉」とともに一冊の本にまとめられた。邦訳は『「役に立たない」科学が役に立つ』（初田哲監訳、東京大学出版会刊）。

ありえなかった。すなわちもっとも大きな貢献をしたのはマクスウェルなのだと。

　マクスウェル自身は社会の役に立てようと思って研究をしていたわけではありません。好奇心につきうごかされて研究をしているうちに電気と磁気を統べる基本法則にたどりついた。しかしその発見が、いまや私たちの誰もが使う電気製品を生み、無線を生んだ。このように、好奇心に駆られた研究は、実は思いもよらないところで未来の社会に大きな変革をもたらすのです。

　ある目的を達しようとしてなされる営みは、方向性が定まっているゆえに効率的にその目的を実現することができます。しかし、世の中は変化していくものです。その目的が社会にとって不要になってしまうこともあります。それに対し、湯川秀樹のいう「地図を持たない旅行者」たる物理学者の研究は、特定の目的のためでなく研究者の好奇心で行うために、また自然現象のより基本的な本質をつかまえるがゆえに、どんな時代でも思わぬ利益を生み出す可能性をもっているのです。

　もちろん、単に浅く広いばかりの研究や自分ひとりの興味に閉じこもった研究が社会の役に立つ可能性は少ない。私は高校生のときに**アンリ・ポアンカレ**❾の『科学と方法』を読んでいて、よい科学の研究とはより普遍的な法則を見つけることである、なぜならより普遍的な法則は幅広い科学の発展につながるからだ、という言葉に出会い、強く心を動かされました。より深い基本の法則に迫ろうとする物理学の営みがほかの科学の発展につながり、未来社会では役にも立つ。私はそのような物理学者でありたいと思っています。

　現代は変化が激しく未来を見通すことの難しい時代です。このような時代こそ、今ここにある課題を効率的に解決する研究と、どのように時代が変わろうとも価値のある発見を求める研究の両方が大切なのです。

❾ 1854～1912年。フランスの数学者、物理学者。位相幾何学の分野で活躍し、トポロジーの概念を発見したほか、1904年に提唱し世紀の難問と呼ばれた「ポアンカレ予想」でも知られる。また「科学のための科学」を主張し、科学思想家としても多くの著書がある。

おすすめの本
大栗博司
『重力とは何か』
（幻冬舎新書）

今までの数学では解けない世界を切り拓く

可積分系

Integrable Systems

ウィロックス・ラルフ
Ralph Willox
東京大学
大学院数理科学研究科教授

1989年ブリュッセル自由大学(VUB)理学部理論物理学科を卒業し、1993年同大学で物理学博士号を取得。1996年フランダーズ研究財団(FWO)博士研究員として東京大学大学院数理科学研究科に派遣され、その後日本学術振興会の外国人特別研究員のポスドクを経て、2003年同研究科に助教授として就任。現在、同研究科の教授。研究分野は数理物理学において中心的な役割を果たしている「可積分系」で、主に可積分系の離散化を研究している。

研究分野は？

数学のほぼすべての分野を活用する可積分系

人間の脳は何万年も前から、ものを投げた時の軌跡を想像でき、結局そうした連続的なプロセスを微分方程式で表わすことができるようになりました。しかし、近年、コンピューターで方程式を解くことがほとんどのため、方程式のある種の**離散化**❶が必要となります。ただ、大昔からものを投げてきた人間の想像力は連続的な現象はイメージできるのですが、離散的な想像力が不足しているため離散的な現象をイメージすることが難しい。

離散化するためには**数値解析**❷の技術を用いることが普通ですが、それで現象のすべての特徴を

❶ 現実世界は時間が連続的に流れており、ニュートンやライプニッツによって微分方程式で表すことができる。連続量を扱う天文学や物理学、工学、経済学等で微分方程式が使われてきたが、コンピューターでは連続時間を扱う微分方程式をそのまま使うことができず、不連続時間の方程式である差分方程式を使わなければならない。差分方程式で表された系を離散時間系と言い、微分方程式を差分方程式に直すことを離散化という。

捉えるのはほぼ不可能です。一方、元の方程式が**可積分（積分可能）**❸なら、多くの場合には全く同じ性質を持つ離散系が存在することが最近わかってきました。可積分系と呼ばれる方程式は保存量や対称性をたくさん持っていて、非常に特殊な数学的構造を持っています。

　私の研究分野は可積分系であり、特に可積分なシステムの離散化に焦点を当てています。可積分系とは、長時間にわたって顕著に安定した挙動を示す数学的（または物理的）システムです。この性質をもっている系はすべて非常に特殊な数学的性質を共有しており、物理学におけるほとんどすべての理論は可積分なモデルを含んでいます。

　たとえば、様々な自然現象を記述するために用いられている連続模型の離散化は一つの重要なテーマです。特に、コンピューターシミュレーションと解析的な手法を用いながら、その連続模型の離散的な表現の忠実さを考察しています。

　可積分系が享受する多種多様な特殊性を考慮すると、それらを探索するのに必要な数学的技法の範囲は、解析学・幾何学・表現論・組合せ論・代数などをカバーします。このように、可積分系およびそれらを記述する理論の多くの要素は、数学のほぼすべての分野に現れるのです。

　過去30年にわたり、可積分系の研究の焦点は、離散空間と離散時間におけるシステムに移りました。ほとんどすべての既知の連続可積分系（空間または時間において連続的）は、離散可積分系として知られます。そして、現在の離散可積分系の課題は、一般的な離散システムのための可積分性の解明です。

❷ さまざまな現象を数学的なモデルで表現し計算機を使って再現・予測することを数値解析と言う。理論・実験と並んで、科学技術の研究における第3の手法とも言われ、数値実験、シミュレーションなどと呼ばれる。

❸ ニュートンが17世紀にケプラー問題を解いて以来、それと同様に求積法で完全に解ける完全可積分系とよばれる力学系の探求が始まり、可積分系という概念は微分積分学と古典力学の発端に起源すると言っても過言ではない。

最終到達点は？

数学は蓄積された知識の連続体として多くの学問に寄与

数学は明らかな終点がありません。蓄積された知識の連続体であるという点で、おそらく科学の中では非常に奇妙な学問分野です。他の学問分野では、時間が経過し知識が増すにつれて、いくつかの理論は置き換えられていきます。しかし、数学の歴史ではこのような事例は極めてまれであり、現代数学ではそのような状況は論理的に不可能です。20世紀初頭の数学の論理的基礎と公理学に関する研究以来、現在では証明を構成するものについての明確な考えが存在するからです。

たとえば、物理学における（光などを伝える媒体である）エーテル概念は捨てられましたが、数学は証明（したがって真理）さえ間違っていない定理は永遠に続きます。数学は、物理や化学と違って自分で証明して事実をつくれば永遠に続くという贅沢な分野だと思います。

その時点で答えがないことが証明されて、行き詰まるかもしれませんが、数学の理論が置き換わることはほとんどありません。

数学のある部門が何十年も休眠状態になることはあります。しかし、可積分系などの新しい技術が生まれたときに、いろいろな古い問題が再検討され、再定式化され、最終的にはより現代的な技術で解決されるようになります。

新しい事象の分析についても、可積分系は役立ちます。たとえば、**マンデルブロ**❹は綿花などの価格変動を調べていて、不規則な変動データの中に隠れている自己相似性を見つけフラクタルと名づけました。マンデルブロ集合の境界ではカオスの発生があり、美しく不思議に入り乱れたフ

❹ ブノワ・マンデルブロ（1924年〜2010年）、フランスの数学者・経済学者。フラクタル（形の一部を取ってもそれが全体と似ている成り立ちをしている）の概念を提唱し、数学的定式化のみならず物理学、生物学、ファイナンスなど諸分野への応用にも多大な業績を残した。

ラクタルが見られます。

非可積分の方程式の解はコンピューターによる数値計算で求めることができますが、マンデルブロのような系の解では方程式のパラメータや初期値によって解が分岐したりカオスと呼ばれる定まらない状態になったりします。しかし、離散の世界でカオスを引き起こすのはとても簡単で、あっという間にカオスになります。そうではない離散化は難しいからです。カオスなど新しい事象の理解についても、可積分系で開発された離散化手法は強力なツールになっています。


分野の成り立ちは？

コンピューターの出現によって可積分系が誕生

数学には代数学・解析学・幾何学という三つの分野がありますが、可積分系はその三つの分野に含まれず、他の分野になります。東大では応用数理と言われていますが、正確にはその他に分類されます。三つの分野のツールを活用して研究するので、説明が難しい分野です。

数学の発展においてアナロジー（類比）は、一般的で強力なツールです。アナロジーは異なる二つの物事に類似性を見出して、一方の情報を他方へ適用させる認知過程です。ただし、このとき適用された情報が妥当であるかどうかはもちろん不確実です。

アナロジーによって、特定の数学の分野が定着したとみなされても、新しい分野の研究者によってしばしば再検討されます。ある意味で、このプロセスで、可解な（解決可能な）数学的（あるいは物理的）システムとは何か、というニュートンから始まった問題が、可積分系の分野に未だに考察されていると言えるかもしれません。

この問題は、まず**リウヴィル**❺によって、そして後に**ポアンカレ**❻によって改良されました。ポアンカレは、システムが予測可能な挙動でどのような問題を解決できるかを考え、それによって可積分性という、より具体的な概念に結実させました。

19世紀から20世紀にかけての**パンルヴェ**❼の研究はこの概念をさらに正確にしたのですが、今日では可積分系と呼ばれる分野の誕生をもたらしたのは現代のコンピューターの出現です。1960年代の**ザブスキーとクルスカル**❽による**ソリトン**❾の発見は、解析、代数的解析、幾何学および代数幾何学に多くの発展をもたらしました。

またコンピューターは、離散システムの可積分性の問題が今や支配的なテーマであることを明らかにしました。現在の離散可積分系はほぼ100％コンピューター上の実験で誕生・発展してきました。

1970年代に**広田**❿の先駆的な研究で始まった**離散可積分系**⓫は、より現代的なトピックです。また、**佐藤理論**⓬などによって、70年代からの20年間、可積分系は数学全体の中心になったことがあります。

可積分系は数学の四つ目の柱にはなりませんが、私が生きている間に、可積分系という分野が全ての数学の分野を結ぶようになっていってほしいと考えています。

2030年、2050年は？

パラダイムシフトによって可積分系を再び数学の中心に

将来の数学について私はわかりませんが、私が望んでいる姿は10年後か30年後に次のようなこ

❺ ジョゼフ・リウヴィル（1809年～1882年）、フランスの物理学者・数学者。リウヴィルの定理とよばれる業績を三つの分野に残し（物理学、解析学、数論）、さらに数論においては超越数の最初の例を与えた。

❻ ジュール＝アンリ・ポアンカレ（1854年～1912年）、フランスの数学者・理論物理学者・科学哲学者。数学、数理物理学、天体力学などの重要な基本原理を確立し功績を残した。

❼ ポール・パンルヴェ（1863年～1933年）、フランスの数学者・政治家。動く分岐点を持たない方程式の分類に関する研究から、常微分方程式の可積分性の新しい定義が生まれた。

❽ ノーマン・ザブスキーとマーティン・クルスカルの研究（1965年）は、衝突しても形を保つソリトンの理論を生むきっかけとなった。

❾ 粒子のように振る舞う波。同じ形を保ったまま伝播しさらにソリトン同士が衝突してもそれぞれの波の衝突後の形が衝突前の形と一致する性質を持つ波。

とがわかることです。

- 特定の離散系がなぜ重要な可積分性を持っているのか、あるいは持っていないのかについての正確な理解。
- 離散可積分系がなぜ連続系よりも基本的であると思われるのかを正確に理解するために、その記述を正確にすることができるのだろうか。つまり、連続システムで知られているすべての可積分特性について、離散的な対応物を見つけることができるのだろうか。
- 可積分なシステムの研究は、19世紀末、あるいは１９８０年代のように再び他の数学分野の大きな発展につながり、この分野の中心となることができるだろうか。

上手くいく場合は可積分系の離散化ができるのですが、それがなぜ上手くいっているのかわかりません。可積分でないシステムに対してひどいと思われていることをやっても可積分系は上手くいくので、それが非常に大きな謎なのです。私は２０５０年には80歳を超えていますが、それまでにその謎を知りたいと考えています。ただ、こうした問題に対する答えがわかったとしたら、面白くないので私は分野を変えるかもしれません。

90年代、離散系は連続系より基本的なものと考えられていましたが、離散系と連続系の性質は非対称なので、連続系がわかっていても離散化はわからず、離散系がわかっていても連続系の性質を導くことはできません。その答えを知るには、さらなる進歩が必要です。20年の間に知識が増えていればいいと考えています。わかっていないからこそ挑戦のしがいがあるのです。

80年代は可積分系を考えながら新しい数学をつくった人たちがいました。自分のためではなく、みんなのために研究することによって、他の分野とどうつながっているかを考えることができる

⑩ 広田良吾（１９３２年〜２０１５年）、数学者・物理学者・工学者。専門は非線形波動、差分学、離散可積分系。非線形偏微分方程式を双線形化し直接的に解く独自の手法は、その名を冠して広田の方法と呼ばれる。

⑪ 解や保存量をもつことを可積分系の特徴とすれば、可積分系の飛び飛びの時刻における変数の間の関係式を離散可積分系と呼ぶ。

⑫ 佐藤幹夫（１９２８年〜）、数学者。佐藤超函数・マイクロ函数、ソリトン方程式と無限次元グラスマン多様体など独創的アイデアに基づく理論を次々と提案し、代数解析学などの研究分野を開拓した。

のです。前述したように可積分系は数学の中心にいましたが、今は**クラスター代数**[13]が代わりにその役割を果たしています。現在、クラスター代数は数学の中心になっていますが、2050年までに可積分系のパラダイムシフトによって、再び数学の中心になることを願っています。

未来社会との接点は？

学問の壁を越境する可積分系で社会に貢献

可積分系の発展はコンピューターと密接に関係しています。ソリトンの発見はコンピューターの使用によってのみ可能であり、離散可積分系への関心はコンピューター上に可積分なシステムを実装する必要性によって駆動されました。また可積分系の分野は、現代の技術にも影響を及ぼしており、最も有名な例は光通信に使用される光ソリトンです。

しかし、離散可積分系の分野における主要な推進力は、理論物理学との相互作用です。すなわち、我々の感覚が我々に教えてくれるものとは反対に、我々の世界は本質的に離散的（おそらく空間と時間においても）であり、それが新しい物理学に導く可能性があります。それが導かれないとしても、確実に新しい数学へ導くことになるという考え方です。

大局的な観点からは、数学が将来の社会にどのような影響を与えるのか、あるいは、どのような影響を受けるのかはわかりません。ただ、近年の数学への関心の高まりはもちろん歓迎すべきことですが、数学（とくに応用数学）が提供しなければならない社会への直接的な恩恵を超えてみなければならないと感じています。

一方で、数学が重要でない将来については考えにくいと思います。だからこそ、社会として、

[13] 可換環の一種で代数の生成関係式自身が変異、組み換えと呼ばれる操作によって生成される。曲面の三角形分割、箙（えびら）の表現論、可積分系で現れる差分方程式などに活用されている。最近では、量子クラスター代数も盛んに研究されている。

その時代の特殊な問題に適応した新しい数学を生み出すことが求められます。さらに、数学的知識のこの独特の連続記憶の保持者として、ますます増大する数学的知識に追いつくことのできる十分な数の才能ある数学者を育成・維持することが不可欠です。

ただ、可積分系の教育への影響はもっと問題が多いところです。可積分系の分野は、本質的には他のすべての分野に関係し、これらの分野から技術を借り、時には新しい技術をこれらの分野に導入しますが、実際にはいかなる分野の一部でもありません。

したがって、それは代数学・解析学・幾何学という三つの基本的な柱と同じレベルの大学のカリキュラムの一部とはなりません。実際、学生はこれらの分野からの高度なアイデアを理解できることが求められます。学生は入門段階でも伝統的なカリキュラムが提供できる以上にパノラマ的な数学の知識を必要とするため、この分野を学ぶことを恐れているように思われます。

しかし、地球温暖化やコロナなど危機的な出来事はたくさんあり、科学の進歩で全てが解決できるわけではありません。科学至上主義でなく、哲学や社会学に期待しており、本当の解決方法はそちらにあると考えています。科学で将来を知ることはできませんが、社会の方針を決めることは可能です。一方、避けられない方針転換を先延ばしにする原因になる恐れがありますから、科学技術への過度の依存は危ないかもしれません。だからこそ、技術者、科学者、数学者だけではなく、哲学や思想などの学問とのバランスがあってこそ社会の安定性は保てると考えています。

そこで、できるだけ幅広く社会に役立つ数学者を育成するために、学問の壁を取り除くことが必要になります。それぞれの学問に知識を持っている人材を育て、異分野に興味を持っている数学者と意見交換できるようにすることが大切です。

おすすめの本

広田良吾・高橋大輔
『差分と超離散』
（共立出版）

望ましい姿と現実の境目に立って警鐘を鳴らす

教育社会学

Sociology of Education

本田由紀
HONDA Yuki
東京大学大学院
教育学研究科教授／
日本学術会議連携会員

徳島県生まれ、香川県育ち。東京大学大学院教育学研究科博士課程単位取得退学。博士(教育学)。日本労働研究機構研究員、東京大学社会科学研究所助教授等を経て、2008年より現職。専門は教育社会学。教育・仕事・家族という三つの社会領域間の関係に関する実証研究を主として行う。特に、教育から仕事への移行をめぐる変化について指摘と発言を積極的に行っている。

研究分野は？

教育学と社会学の積集合に位置する学問

教育社会学とは教育を対象とする社会学です。教育とは理念や目標や規範など「何が望ましいか」に基づいて人に働きかけますが、一方、社会学は客観的な事実学とも言われるように、事実として世の中で起きていることを様々なデータや社会学理論で把握し、説明するものです。教育社会学では学校教育や家庭教育や企業内の人材育成、地域での社会教育なども含めた教育という社会現象について、社会学のアプローチを用いて研究しています。

規範に縛られる教育と規範から切り離そうとする社会学という、水と油のように相反する二つの学問領域の積集合に位置しているのが教育社会学です。そのバランスの取り方の一つが、データで教育現象を把握した上で、エビデンスに基づいて実践や政策に関して提案・提言をすることでした。どちらにも偏らないところに成立しているため、その内実は極めて多彩であるとともに常に緊張感をはらんでおり、ここに教育社会学の面白みや独特の性質が生じていると思います。

私自身は、日本における教育の特異性を、その出口にあたる労働市場、入口にあたる家族という、外部の社会領域との関係性という切り口から、また諸外国との比較および歴史的な変遷を視野に入れて把握し、その改善のための提言を行うことを目的とする研究を行っています。たとえば、戦後日本社会の特徴と変化をざっくりと把握するために、「戦後日本型循環モデル」（277頁参照）という概念図を作って説明したりしています。

1994年～2001年には厚生労働省所管の日本労働研究機構（現：労働政策研究・研修機構）で労働市場に関する研究に携わりました。例えば、日本の独特な社会の仕組みの一つに新規学卒一括採用があります。新卒一括採用は在学中の一定期間に集中して行えるため効率的で、卒業後の若年失業者が少ないなどの良い面があるとされてきました。しかし**バブル経済の崩壊**❶後、高校・大学の新卒求人が激減し、正社員への就職の道が閉ざされ、卒業後に非正規で仕事を始めざるを得なかった方々が膨大に発生するなど、就職氷河期の中で放置された若者の様々な苦しみをデータで見てきました。

米国の社会学者ロバート・マートンが唱えた概念のなかに、逆機能というものがあります。社会はミクロ、メゾ、マクロといった様々な角度やレベルで捉えることができるが、それぞれの単位において、うまく作用している側面（順機能）と、ネガティブな問題や弊害をもたらすような

❶ 1990年代の日本における不景気の通称。内閣府による景気基準日付の1991年3月から1993年10月までが景気後退期とされ、株や土地といった資産価格が急騰（バブル）から一転して暴落し、その後、「失われた30年」と言われる長期停滞のきっかけとなった。

側面（逆機能）との両面を持っているという考え方です。

教育社会学では、ある事柄の順機能と逆機能を見比べながら、どちらに注目していくべきかを判断していきます。新卒一括採用も、求人がたくさんある場合においてはある程度うまく機能していました。けれども、それが崩れた時には、その後、彼らが中年期になっても消えないような負の刻印を残すともいえます。私は新卒一括採用が持つ問題点や逆機能を指摘し、そのような仕組みを続けていくべきではないという立場を取っています。

日本では、ほぼ全員といえるほどの人々が何らかのかたちで学校教育を経験しています。そのような社会の中で、教育に対してデータを取り、現状はこうなっていると示したり、まだ人々に気付かれていないこういう事態が実は起きていると発見したりする教育社会学は、研究者に限らず多くの人にも興味を持っていただける学問だと思います。

最終的な到達点は？

人と社会が幸せであるように社会全体を再設計する

学校教育制度があろうがなかろうが、仮に特別な教育的な働きかけをあえてしなくても、人が何らかのかたちに変化していくのは普遍的事柄です。教育社会学はその変化が何によって生じるのか、様々な角度からデータを取って明らかにし、本人や社会全体が幸せで存続可能な方向に変わるならば、それはどのようにして起きるのか、どのような介入や関与があり得るのかを解明し続けるでしょう。

既存の学校教育制度など教育という領域がもつ逆機能を鋭く指摘しながら、可能な限り明るみに出すとともに、順機能を可能な限り高め、また社会の中にそれを適切に埋め込むことによって社会全体を再設計することが、教育社会学の究極の目的です。これはどの学問も同じでしょうが、つまるところ人と社会が幸せであること、これが最終的な到達地点と言えるかと思います。

■ 戦後日本型循環モデル

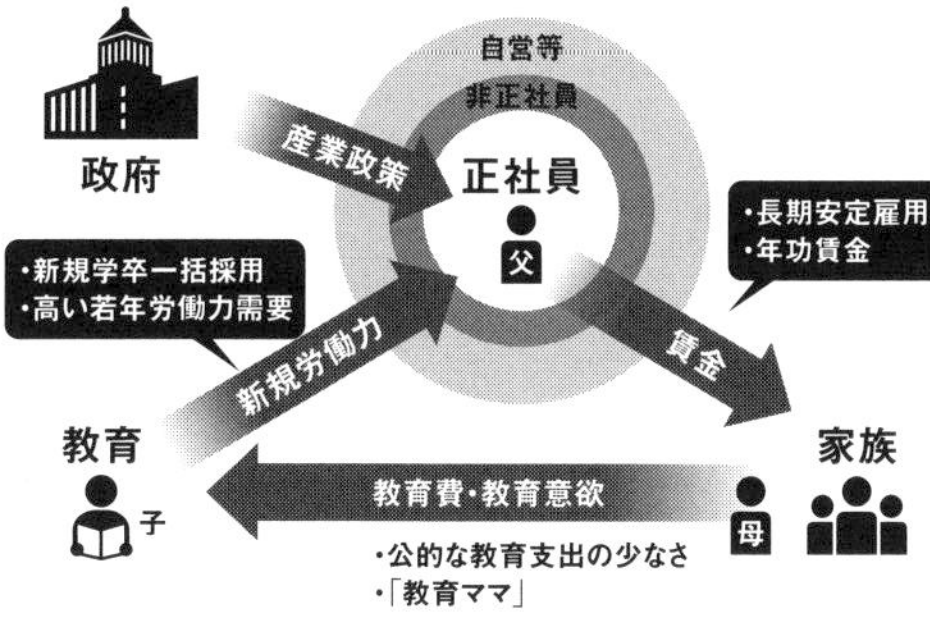

■ 戦後日本型循環モデルの破綻

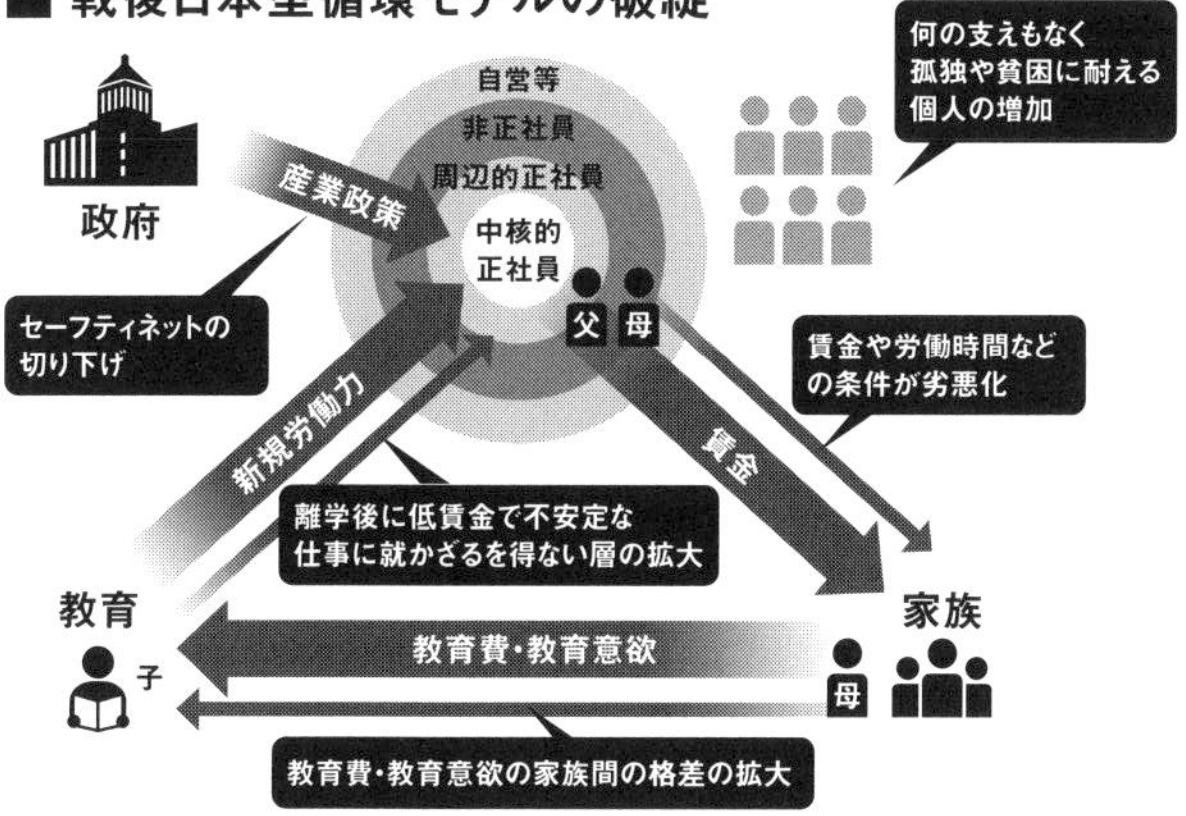

■ 新たな循環モデル

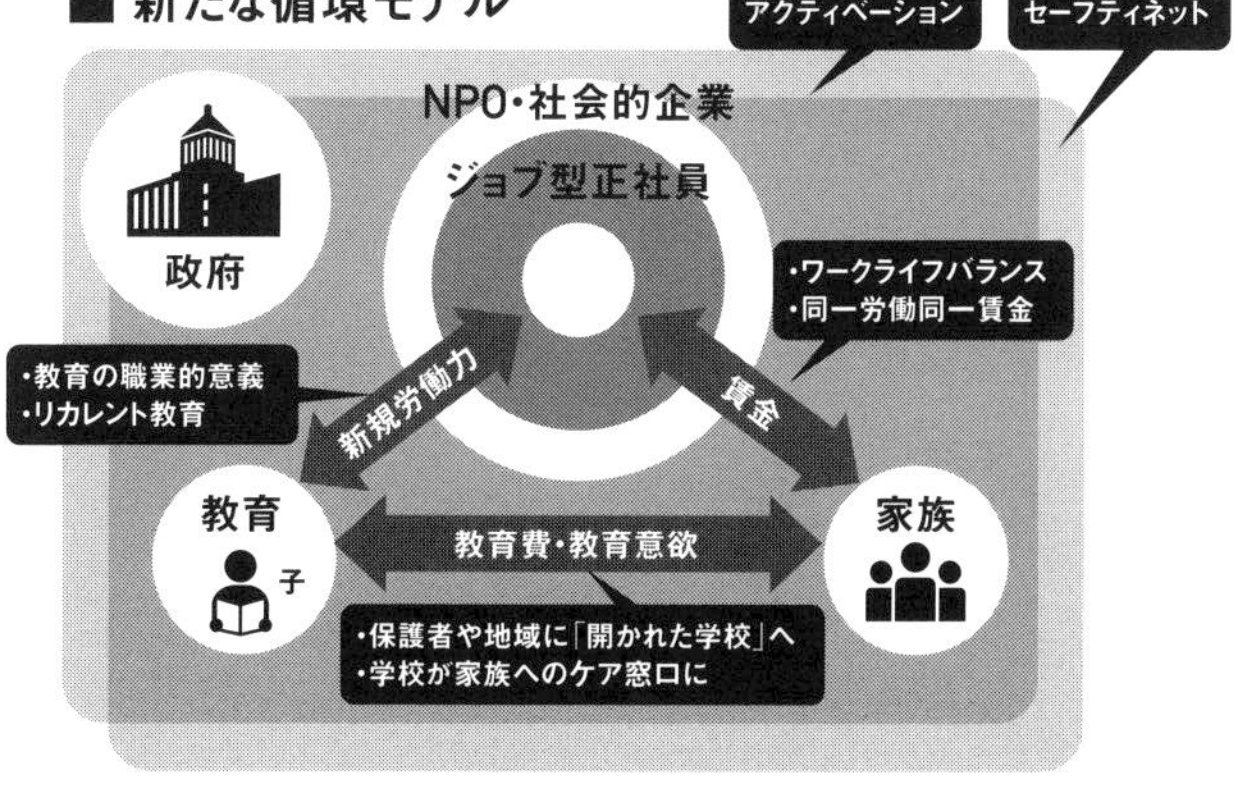

そのためには、様々な量的・質的なエビデンスを用いてミクロ・メゾ・マクロの各レベルで現実の教育をできるだけ精確に把握することが不可欠です。教育社会学は社会学の中でも特にデータを重視してきた学問ですが、近年、計量的な因果関係の分析などではパネルデータが必要とされています。これはある同一の対象（個体）に対して10年、20年と繰り返し調査をしてデータを取り、人生のある時期に経験した事柄がその後にどう影響してくるのか、その時間差を含み込んだ形で因果関係を把握する手法です。例えば、小学校から高校までの約10年間の教育効果について把握する場合、毎年、継続的な調査を行ってデータを集めます。

このように事実学としてデータに重きを置き、丹念に分析して進める教育社会学には、それがゆえに「研究成果が出るのが現実よりも一歩遅れがちになる」という宿命があります。データを整備してきちんと分析しようとすると、分析し終わった時には世の中がすっかり変わっていることもあるわけです。

最近では、2020年の新型コロナウイルス感染症拡大を受けて、文部科学省が学校現場へのＩＣＴ配備や少人数学級を進めようとしています。学校教育制度が大きく変わる場合、これから先のことを考えるうえで、2019年までに丹念に取ってきたデータにどこまで使い道があるかについては懸念もあります。

事実学として現実を把握するという従来のスタンスを堅持してデータをきちんと取ることにばかり固執していると、日本社会や世界が急激な変化に直面し、どうすべきか考え、決めていかなければならない時に対応が遅れてしまう。教育社会学が社会の役に立てる面が非常に少なくなってしまうのではないかという危惧は、今、教育社会学の中でも大きくなっているように感じます。

分野の成り立ちは?

教育に対し、戦後以降は順機能、近年は逆機能を問う視点も出現

社会学の誕生とともに教育は重要な研究対象の一つとされてきました。パイオニアとしてはエミール・デュルケームやマックス・ウェーバーも近代社会の重要な機能として教育を論じてきましたが、教育社会学という形で自覚的な発展が生じたのは、主に20世紀はじめの米国です。日本が第二次世界大戦に敗北し、米国に占領された際に、**戦前の教育勅語**❷などの日本の教育の問題点を克服するためには客観的な調査研究に基づいた学問が必要ということで日本に導入され、日本の教員養成課程の必修科目として教育学部に移植されました。

戦後は学校に通えない子供が多い中で、研究者たちが全国各地を歩いて回りながら実態を調査するところから始まりました。その後、理論や方法論に関して発展・多様化・精緻化を遂げてきましたが、それは同時に細分化をも意味しています。

1960~70年代には政策科学としての自己定義を強く打ち出していました。日本でも60年代は米国において影響力が強かった社会学者のタルコット・パーソンズの構造機能主義を適用した研究が盛んになりました。また教育についても重要な研究を多く残したフランスの代表的な社会学者ピエール・ブルデューがいますが、彼の教育についての一連の重要な研究は、日本では**文化的再生産論**❸として受容され、今も関心を呼んでいます。

1990年代から近年にかけては、政策批判的な性格が強くなっています。受験競争や学歴主義、教育格差、いじめ等、一般の人々にとっても関心事である事柄を多く扱ってきたことから、社会全般からの注目を集めるような研究成果を数多く世に出してきました。

❷ 1890年10月30日に発布された教育の基本方針を示す明治天皇の勅語。1947年の学校教育法制定に伴い1948年に失効された。

❸ 文化資本の再生産のこと。文化資本とはピエール・ブルデューが提唱し、金銭によるもの以外の学歴や文化的素養といった個人的資産を指す。

これまでの教育社会学は、教育に対して総じて順機能を多く認める立場が主流でした。教育は人間の人生や社会に対して果たせる役割があるという角度の考えが多かったといえます。特に学校教育は近代社会の始まりとともに社会の中に制度化され、多くの人達が関心を払ってきました。江戸時代のような、生まれた瞬間から一生がかなり決まってしまう身分制の社会より、学校教育を経由して、人間を「何ができるか」にしたがって社会的地位に振り分けていく業績主義の方が、より平等で合理的で良いものだとされてきました。

しかし今、日本のみならず世界では業績によって地位の高低ができ、それによって収入が左右されて、無視できないほどの格差や貧困が起きています。そこで、学校教育は生まれついての家族が持っている様々な資源の不平等をむしろ拡大、再生産していく装置だったのではないか、業績本位の考え方で、本当にこの先も社会は回っていけるのかという疑念が出てきています。教育は人を成長させ、より社会を平等にし、活力があるものにしうるものなのか、教育の逆機能を問う理論や視点が現れてきているのです。

これに対しては教育社会学者の中でも温度差はありますが、私は教育を扱う教育社会学も自らの想定を根底から問い直さなければならなくなるだろうと考えています。

2030年、2050年は？ 変化を機敏に捉えた実証的・理論的な研究ができなければ衰退も

現在は大きく計量的研究と質的研究に分かれていますが、今後は両者の統合や、より多様なデータの収集と分析が進んでいくことを期待しています。2030年、50年には、少子高齢化、デ

ジタル化、グローバル化、気候変動の影響などによって、対象とする教育現象や社会自体が今とは大きく変わっていると予測されます。

教育社会学は一歩遅れがちだという弱点を持っているので、そこを克服するためには、今のような丹念にデータを取って明らかにする方法を超えること、そうした人や社会の変化を機敏に捉える実証的・理論的な研究が必要とされるでしょう。データトレンドで未来予測をした上で、翻って現在、何が必要かを考えることが、より求められるようになると思います。

これまでは日本の教育社会学や社会学は、自前で一次データを取ることにこだわって、自分が作っていない質問項目で取った二次データやビッグデータを組み合わせた分析にはそれほど取り組めておらず、他の学問領域や海外の研究動向に遅れているところがありました。ただ最近では、OECD（経済協力開発機構）の生徒の学習到達度調査（PISA）や国際成人力調査（PIAAC）、IEA（国際教育到達度評価学会）が進めている国際数学・理科教育動向調査（TIMSS）など、国際規格の社会調査データが普及し、誰でも分析できるように公開されてきました。これまで扱い慣れていた社会調査データの延長線上で扱うことができることから、これらを取り入れた分析が進みつつあります。

また米国の社会学では、これまで扱ってこなかった政府統計や長期の気候データ、他にも歴史的なデータと現在のデータ等を組み合わせるといった分野の枠を超えた分析にも果敢に取り組んでいます。日本の教育社会学は、社会調査データ以外のものを取り入れることがまだ盛んではありません。

教育社会学は起きている現象を捉えるスタンスに立つ分、ある意味、現実を捉えていくことにこだわり、大胆な未来予測には踏み切れない性質を持っています。しかし、2030年、2050年の未知の社会状況に教育社会学が参加できるようになるためには、現状からのジャンプが必要だと思います。それができた場合には、貢献できる点もあるとは思いますが、それがうまくいかなければ、脳科学や遺伝学、経済学、心理学などに凌駕されて、教育社会学は衰退していくかもしれません。

教育とは「人の変化」。社会のあらゆる場面に存在する

未来社会との接点は？

技術イノベーションやSDGs、気候変動などによって社会が変化する中、そこで生きる人々のことを捉えていくのは、教育社会学にとって中心的な使命であり課題なので、あらゆる事柄に接点があると思います。

教育とは「人が変化していくこと」を意味していますし、それは社会のあらゆる領域や場面で生じています。それを柔軟なアプローチで捉え、政策や実践に反映させてゆこうとする教育社会学は、未来社会と切り離せない側面をもちます。

今、日本政府が進める**高大接続改革**❹や**大学入試改革**❺について、英語の民間試験は地域によっては受けられる試験が限られることや経済的に困窮している生徒にはつらいという問題点や逆機能があると、一部の教育社会学者は警鐘を鳴らしてきました。

学校や大学の教育現場では今、新型コロナウイルス感染症拡大の影響もあり、オンライン授業化が進んでいます。その中で、たとえば積極的にオンライン授業を受講した生徒・学生が試験の

❹ 高等学校教育、大学教育、大学入学者選抜（大学入試）の一体的な改革を進めること。

❺ これまでの大学入試センター試験に代わり、2020年度（2021年1月）から大学入学共通テストが導入されるとともに各大学での入学者選抜が行われる。なお、2020年度から実施予定だった英語の民間検定試験導入や国語・数学での記述式問題導入は延期となった。

点数が上がるようなことが起きているかもしれません。けれども同時に、その子の感情や人間関係、社会意識や物事に対する考え方の面などで、何かの歪みが生じているかもしれないのです。なお、これは単なる可能性の例であり、オンライン教育を否定しているわけではありません。教育社会学は、様々な可能性や危険を従属変数として想定し、同じく様々な独立変数を要因の候補として、それらの関係を検討してゆく学問だからこそ、まだ知られていない事実を見つけられますし、その事実が問題を含むならば対策としてできることがあるはずです。常にそこに逆機能はないのかと視野を広げる性質は、確実に強みではありますが、物事への評価について慎重になりすぎる弱点をも伴うと考えています。

　未来社会との接点は非常に多いですが、たとえば気候変動への関心がどのようにして形成されるのかとか、貧困・差別・排除・ポピュリズムに対する考え方の形成要因など、もっと柔軟に分析できることはあるのに、従属変数に置くものをまだ十分には広げ切れていないように感じます。その可能性を十全に発揮できるか否かは、教育社会学がツールとしてのデータや分析手法をどれほど独自のものとして磨いていけるかにかかっていると思います。

おすすめの本

本田由紀
『教育は何を評価してきたのか』
（岩波新書）

社会的格差、その生成メカニズムの解明

社会学

Sociology

白波瀬佐和子

SHIRAHASE Sawako

東京大学大学院
人文社会系研究科
教授

1997年オックスフォード大学にて博士号（社会学）取得。国立社会保障・人口問題研究所室長、筑波大学大学院システム情報工学研究科助教授、東京大学大学院人文社会系研究科准教授を経て2010年より現職。専門は社会学。特に、社会階層論、少子高齢化と家族の変容、社会保障制度を研究している。2019年度より、国際担当理事・副学長を務める。
最近の著書として、『東大塾　これからの日本の人口と社会』（編著）（2019年 東京大学出版会）、『Social Inequality in Japan』（2014, Routledge）、等がある。

研究分野は？

社会の階層構造に潜む不平等を見る

私の専門は社会学で、その中でも特に社会階層研究に取り組んできました。本分野は、社会を層として捉え、その層と層との関係構造が社会的な不平等として顕在化するという見方をし、そこでの構造メカニズムを明らかにするものです。そこで私は、少子高齢化に代表される人口変動に着目し、特に世代とジェンダーの分析軸に着目して研究を進めてきました。社会階層を測る場合、個々人、あるいは家族／世帯を代表する世帯主の社会的地位について、彼／彼女の従業上の地位や職業、さらには学歴にも着目して指標化し、研究が展開されてきました。

社会階層構造を検討するために、親と子の社会的地位を移動の観点から捉え、親の職業と自身の職がどのくらい似ているのかをもって親の地位の継承しやすさとして、社会の開放性を検討するのが社会移動研究です。社会移動には、親の地位から本人の現在の地位への移動（世代間移動）と、本人が最初に就いた地位から現在の地位への移動（世代内移動）の大きく二つがあり、移動しやすさをもって社会の開放性の高さとしました。近代化論の枠組みでは、父親の職業を中心に測られる出身階層の影響力が低下し、個々人の希望にそって自由に職業を選ぶことができるようになると想定されました。しかしながら現実はそうではなく、いまだ出身階層の影響から個々人の職業選択は独立というわけではありません。

社会階層の中でも、私は、社会を構成する人の年齢（世代）やジェンダーの観点から、ミクロデータの実証分析を通して不平等構造を検討してきました。米国を中心に発展した社会階層に関する実証研究にあって、ジェンダー格差に関する研究は、すでに1970年代から活発に展開されていました。

社会移動に関し、特に労働市場がジェンダーによって分断されている現状を踏まえると、息子に比べて娘は選べる職業が制限されるという機会分布の違いが想定されます。ある特定の背景をもつ者（ここでは男性）にとって選択肢の一つとしての移動先も、別の背景をもつ者（ここでは女性）にとって行く先が限定され選択肢自体が存在しない、という状況があります。このような状況は、ジェンダーのみならず出身階層の違いや、人種の違いにも認められることです。

近代化論の枠組みでは、個人の能力が高ければ、社会的に高く評価され報酬も高い職業（社会的威信の高い職業）に就くことができ、学歴は個人の能力の高さ測る物差しと位置づけられました。高い学歴を獲得できる能力があれば、社会的な評価が高い職業につく資質が備わっていると、両者の関係が単線的に捉えられました。しかし、高い学歴を獲得すること自体が、本人の能力以外のところで規定される事実に、社会学は着目してきました。事実、学歴の達成状況は本人の出身階層と密接な関係が存在するという知見が、さまざまなデータ分析をもとに検証されてきました。つまり、自分の能力が高いかどうかは中立な結果というよりも、どういう家庭に生まれて、大学に至るまでどれくらいの教育投資をしてもらったか（塾に行ったか、家庭教師の有無）と関係し、結果として大学進学率にも影響します。例えばインドのカースト制のもとでは、生まれた瞬間にその後の社会的な地位が決まり、人生が決まります。しかしながら、どのような親元に生まれるかは自らの選択の域を超えるものであり、たまたまの偶然ともいえる出自によって自分の将来の社会的な地位が決まるのは機会の平等という観点からも問題があります。つまり、生まれ落ちた状況がその後の個々人の人生を大きく変えるという状況は、不平等が親から子へという世代を超えて継承され、生まれた時の不利な状況から抜け出せない子供たちがいることを意味します。長期にわたり、難易度の高い教育を獲得しなければ、高い地位の職業に就くことができないという状況の背景には、そもそも高い学歴を達成することができるかどうかは結局のところ、どういう家庭に生まれるかによって大きく左右され、ひいては収入の格差も連動する貧困の世代間連鎖の存在があります。

２０１６年、国連開発計画が、17項目にわたる持続可能な開発目標（Sustainable Development Goals:SDGs）を掲げ、今では政府や大学のみならず、企業もＳＧＤｓを積極的に取り入れています。その中でも貧困はＳＤＧｓ第１項目に掲げられ、不平等は第10項目、ジェンダー平等の到達は第5項目に掲載されており、その意味でもこの分野は国際的に共通する早急に解決されるべき課題です。

最終到達点は？

分断された社会をより包摂的にするための政策を提示

社会学には様々なアプローチがありますが、将来的な発展が見える分野の一つとして、政策研究への応用・展開が進んでいくと思います。これまで日本では社会的不平等に関する実証研究はデータ共有の制限もあり、十分発展してきませんでした。しかし、EBPM（Evidence-Based Policy Making：証拠に裏付けられた政策形成）の重要性が謳われるようになったことも追い風となり、貧困・格差に関してミクロデータを分析した実証研究の蓄積が進んできました。

社会学にあっては、物事のメカニズムの解明が重要視され、その次にくる問題の解決に向けた政策議論とは少し距離がありました。社会学の学術的な目的は、世の中がどのようなメカニズムで成立しているのか、あるいは、社会的に問題だとされることが一体どのような背景とメカニズムによって存在しているのか、といった点を明らかにすることに注力されてきた経緯があります。そこでは、安易に将来を予想するというよりも、実証的なデータ分析をベースに、ある特定の知見が成立するメカニズムを明らかにするのが専門家であり職業人としての研究者だ、という考え方です。しかしいま、世の中が複雑化・複層化する中、問題の発見やその中身のメカニズムを指摘するだけでは不十分であり、政策に関わる行政官と研究者が連携し、獲得した知見を実際の政策や行政に応用・活用していく政策研究の展開が求められています。そこに社会学分野と政策的分野の双方向的な研究領域が生まれていくのだと思います。

経済学や政治学では以前から政策にもう少し近いところで研究が展開されてきたのに対して、社会学はある意味、具体的な政策とは距離をもってきたと思います。しかし、同じ社会科学分野の一つとして、問題の所在の発見に留まらず、その問題の解決にもう少し積極的に関わることが求められており、私は社会学における次のステップは政策科学の分野だと考えています。社会学は歴史的に個人の単位ではなく家族や地域、空間的に広がりがある単位に注目して研究を蓄積してきました。諸政策にあっても、家族や地域というメゾ集団にもう少し着目しながら社会学的政策研究が展開され、不平等に代表される分断された社会を改善するための諸政策の検討にかかわっていくべきと考えます。

分野の成り立ちは？

欧米での蓄積に学ぶところから、高齢化社会における先端事例の発信へ

社会学における社会階層論は、1960年代から70年代にかけて、当時ベトナム戦争により社会的な亀裂が生じていた社会状況にあって、大規模ミクロデータを用いた計量分析手法の発展を背景に、実証研究が米国において大きく発展しました。米国の社会学者ピーター・ブラウ教授とオーティス・ダンカン教授の共著で1967年に出版された『米国の職業構造』は社会移動・階層研究の古典です。最初は横断的なミクロデータでしたが、今では縦断的なパネルデータ分析が中心となりました。例えば、米国・ミシガン大学の社会調査研究所で1968年に開始されたP

S－D（Panel Study of Income Dynamics）[1]は貧困層に注目したパネル調査であり、貧困撲滅のための実態把握と政策効果を科学的に検討するため、いまでも継続されています。

1980年代、英国オックスフォード大学では、フォルクスワーゲン財団からの大規模な研究助成金を受けて、ヨーロッパを中心に社会移動に関する本格的な国際比較研究が展開されました。本事業を先導したのが、英国オックスフォード大学の社会学者・ジョン・ゴールドソープ教授です。英国は最初に産業化を達成した国ですが、1960年代・70年代は英国病とも表現される長期の経済不況に陥ることになります。そこで登場したのが新自由主義を掲げたサッチャー政権です。このような社会経済情勢を受けて、社会学の階層研究において重要な問いは、出身階層が個人の社会的地位達成に与える影響から開放されたのか、という点です。ゴールドソープ先生が率いる研究グループは、比較可能性の高い調査データをもって国際比較することによってはじめて、いわゆる産業化論、近代化論の検証が可能になると主張しました。事実、そこでの研究成果は英国のみならず、ヨーロッパ諸国において広く周知され、その後の国際比較研究を後押しすることになります。当時、私は大学院生としてオックスフォードでの博士課程を始めた頃で、それまで米国で計量的実証研究を学んでいたのとはまた異なる、不平等研究を学ぶことができたのは大変幸運でした。

一方、日本においては、学術的な社会調査データが公開されるまでに時間がかかり、かつデータそのものの量も不足していたこともあり、国際共同研究の波に乗り遅れた感は否めませんでした。日本では、統計的分析手法だけでなく、その背景にある理論的枠組みも欧米の蓄積からその多くを学んできました。一方、社会移動研究の分野では、アジアで最初に産業化を達成した国、

[1] リンドン・ジョンソン大統領による貧困撲滅政策を評価するために1968年に行われた調査が始まり。当初は米国の家族の収入や人口学的行動を調べることに重点が置かれていたが、次第に住宅、雇用、家事、健康など、様々な領域のデータを収集するようになった。

日本への関心は高く、1950年代半ば、国際社会学会からの強い支援も受けて、「**社会階層と社会移動に関する全国調査**」(**SSM調査**)❷が実施されたことの意味は大きかったといえます。この調査は第1回目の1955年調査が東京大学の社会学者尾高邦雄教授率いる研究グループによって実施され、その後同調査が10年ごとに繰り返されて、7回目となる2015年の調査には私が研究者代表として参加しました。2015年調査では急速な少子高齢化など日本特有の部分を中心に新たな階層構造のメカニズムに着目して、調査対象者の上限年齢を69歳から79歳へと引き上げ実施しました。一つの重要な結果として、社会移動を通して日本社会をみてみると、一貫して平等化したとか、不平等化したという明確な長期的トレンドは確認されず、特にこの10年間で正規雇用と非正規雇用の格差は改善されていないことがわかりました。

不平等はグローバルに共通する課題で、SDGsでも目標項目として含まれています。近年、貧困問題はヨーロッパだけでなくアジアと共に分析するなど共同研究も進んでいます。共同研究を進めるにあたってはデータシェアリングの体制を整えることは極めて重要です。今日本は世界で最も高齢化が進んでおり、また家族のあり様、個々人のライフコースは欧米とは異なります。これまで欧米の蓄積から学んできたところから、その既存フレームワークを越えて日本がどのような知見を発信できるかが、この分野の次なる発展の鍵となっていきます。

2030年、2050年は?

今どう変えるかによって2030年が変わる

日本は世界で最も急速に高齢化した社会ですが、近年、他のアジア諸国でも類似した人口変動

❷ 戦後の日本における代表的な大規模社会調査の一つ。1955年以来、10年に一度、社会階層や不平等、社会移動、職業、教育、社会意識などに関する調査を行っている。

パターンがみられます。現在、社会階層の実証分析は人口社会学（Social Demography）の枠組みで展開されています。出生率が短期間に低下し、長寿化も相まって、人口が急激に高齢化した日本社会の不平等のメカニズムに関する研究は、今後さらに重要性が増すことは疑いありません。

このような不平等構造と密接に関連しているのが社会保障などの諸制度です。社会保障制度については従来、国民国家の枠組みの中で議論されてきた部分がありましたが、グローバル化により国際人口移動も増えるため、国際的な共同研究への需要は増加し、研究すべきニーズも高まっています。そのためには、より精緻なデータの蓄積と活用が展開されるべきで、日本国内のみならず問題を共有する他国ともデータ共有しながら政策研究することが強く求められているところです。また日本という特定の国を超えて、**地球の南北問題**❸においても、貧困、飢餓、難民問題など多くの課題が山積です。不平等研究は様々なデータを活用するとともに、因果関係の解明に向けて社会実験の試みも積極的に展開されていくと考えられます。

また、社会の課題や諸問題は複雑化・複層化しています。そこでは社会問題の構造を説明できるような、例えば、**パーソンズの構造機能主義**❹や**ベッカーの人的資本論**❺といったグランドセオリーを期待するのは難しいと思います。つまり、メカニズムを説明する理論も精緻化せざるを得ない、ということです。一研究者としては理論貢献することを一つの目標に掲げていますが、そこだけに留まらず社会貢献を射程に置き、現在進行形の政策の是非を問うことから目を背けるわけにはいきません。精緻化された理論は決して現場からかけ離れるものではないはずです。われわれ研究者も限られた研究分野だけでなく、一人の生活人としての現実とどう向き合うことが、理論の応用という域を超えて、さらなる新たな研究分野の創造へとつながっていくことだと考えま

❸ 先進資本国と発展途上国の経済格差と、そこから発生する貧困などのさまざまな問題。

❹ タルコット・パーソンズは米国の社会学者。社会システムを構造と機能に分けて分析した構造機能分析などを唱えた。

❺ ゲーリー・ベッカーは米国の経済学者。教育に経済分析的手法を導入した「人的資本理論」の第一人者として、1967年にジョン・ベーツ・クラーク賞、1992年にはノーベル経済学賞を受賞した。

す。
２０３０年に社会がどう変わるかの予想をここで述べることはできませんが、今の社会を変えることによって２０３０年が変わり、２０５０年も変えることができます。将来推計人口では現状からみた10年後、30年後、１００年後の将来を投影していきますが、人口の問題は一定のタイムラグを経て構造として顕在化していきます。今何か制度を変えたとしても、今年１・36の日本の合計特殊出生率が翌年２・０に増加することはありえません。それは高齢化についても同様で、人口変動は非常に長い時間スパンでの現象です。２０３０年がどうなるかは現在の問題だと言えますし、今改善しなければ将来さらに悪くなることは明白です。将来を悲観的にのみ捉えることはありませんが、これからを良くしたいのであれば現状を楽観視するのも危険だと思います。

未来社会との接点は？

社会的な責任を常に持ちながら現在と未来を語る

無責任に未来は語れないですが、未来を語ることは現在を語ることであり、今できるのは社会的な責任を常に自覚しながら未来のあり様を意識的に位置づけることだと思います。社会学は批判学問だとよく言われます。物事を次に発展させる際、既存研究、さらには現状を批判的な観点から検討することで新たな視点を模索し、学術としてのオリジナリティを追加する、というアプローチです。解は一つではないのでいろんな意見があっていいし、批判を受けることを避けたら発展はありません。ただし、批判のための批判は望ましくなく、かといって異なる意見、現状を批判することを決して恐れることなく、社会との接点に自覚的であることが重要と思います。

世の中には様々な職業の人がいて、必ずしも役割は同じではありません。研究者や政策のプロ、メディア、工場で働く人、それぞれが重要な社会的役割を担っています。商品開発の現場では最終的な意思決定にいろいろな人が関われるようにしていて、それにより中長期的に良いものを創ることができます。研究者も研究でわかったことを限定的な研究者コミュニティのみで分かち合うのではなく、その成果をわかりやすく社会に発信したり提言したりする責任があると思います。今後、社会学と隣接領域とのコラボレーションは増えると思いますが、それによって社会学が無くなることはなく、むしろ問題の立て方や何を分析単位としてデータを取るかなど各分野で違いを踏み台に、社会学自体の新陳代謝を上げて斬新な研究成果を生み出していくことができます。

社会学は社会に関する学問で、社会の成り立ちのメカニズムを明らかにすることを目指し、社会の現状を批判的に捉えて問題の所在を明らかにすることに注力してきました。これからは一歩進んで、より政策科学に踏み込んだ研究が展開されるべきだと思います。そして教育格差や貧困問題を含む根強い社会問題に着目しつつ、その改善にむけた政策へのフィードバックを行うことはますます積極的になされることが期待されます。

社会の構造が変わることで人が流れ、強制的に変化せざるを得ない部分もあるため、自分が変わったと思っても、それが果たして全体として変わっているのか、社会が本当に変動・変化しているのかは、注意して見る必要があると思います。人種や貧困の問題は長い時間を経てもなお、国を超えて、地域を超えて存在しており、そうやすやすとは良くなるものではありません。だからこそ、世の中を本当の意味で変化させるよう、様々な背景をもち、様々な専門領域にある者が協働し、異なる声をあげることが、未来への可能性を最大化することに通じていくと思います。

おすすめの本

白波瀬佐和子

『生き方の不平等　おたがい様の社会に向けて』

（岩波新書）

誰もがそれぞれの困難を抱えた「当事者」

当事者研究

Tojisha-Kenkyu

熊谷 晋一郎

KUMAGAYA Shinichiro

東京大学 先端科学技術研究センター准教授、東京大学バリアフリー支援室長、小児科医

新生児仮死の後遺症で脳性マヒに、以後車いす生活となる。東京大学医学部医学科卒業後、千葉西病院小児科、埼玉医科大学小児心臓科での勤務、東京大学大学院 医学系研究科博士課程での研究生活を経て現職。専門は小児科学、当事者研究。主な著作に『みんなの当事者研究』(編著、金剛出版、2017年)など。

研究分野は?

自分の悩みや苦労を当事者として追究

日本で「当事者研究」が始まったのは2001年の一つのエピソードがきっかけでした。モノや人を傷つけてしまうという苦労を抱え、どこに行っても支援につながれずにいた、精神障害のある一人の男性が、北海道浦河町にある「べてるの家」という精神障害者らの地域生活拠点にたどり着きました。しかし、その後も暴力的な行動を抑えられず、結局「べてるの家」にいた支援者も、どう支援すればいいのか、誰にも答えがない状況となっていきました。そのような中、一人の担当ソーシャルワーカーが半ば自分の無力を認める形で「この苦労について〝研究〟しようか」と呼びかけたところ、ご本人も「それ、やりたいです」となったそうです。本人も周囲の専門家も、苦労のメカニズムや対処法についての答えをもたないという行き詰まりの状況から、日本固有の「当事者研究」という実践が始まりました。

在野で誕生した当事者研究は、「障害、依存症、貧困、被災、子育て、介護など、様々な困難を抱えた当事者が、自らの困難の解釈や対処を専門家に丸投げするのではなく、自ら引き受けるべき研究対象として捉えなおし、類似した困難を持つ仲間とともに、経験を言語化し、困難の解釈や対処法を探求する取り組み」へと発展しました。きっかけとなった「べてるの家」は、厚生労働省および国立精神・神経センターから日本の精神保健におけるベストプラクティスの一つに選ばれるなど、精神障害者の生活支援・就労支援における有力なモデルの一つとみなされています。「精神病で町おこし」をキャッチフレーズに年商1億円近い売り上げを出し、国内外から毎年2500人以上の研究者・見学者が訪れています。

当事者研究では、進路や人間関係、経済状況や健康など、障害のあるなしにかかわらず苦労に直面し、そのことを自覚している人を広く「当事者」と定義します。つまり、誰しも当事者になり得るわけです。当事者になった時、私たちはどのようにして自分の苦労と向き合っているでしょうか。本や雑誌、インターネットなどを使って、自分の苦労と類似した苦労に直面してきた先人たちの知恵を調べようとするかもしれません。あるいは友人や家族、同僚など、周囲の人々に相談をするかもしれません。こうした相談の場面では、互いに自分が今置かれている状況や思い、過去の経験などを語り、そのことが互いのことをより深く知り合うきっかけになります。経験の解釈、対処法についても一緒に考えることがあります。苦労を出発点に他者に向けてそれを表現し、先行事例を調べ、分かち合い、解釈や対処法をともに考える——この一連の過程こそが当事者研究です。

私自身は2008年以降、主に自閉スペクトラム症の当事者研究を進めてきました。最近では障害などの特定のマイノリティ属性のない人々の間でも、例えば子育ての当事者研究や職場の当事者研究などの形で広がりつつあります。さらに、当事者研究という在野の実践を機軸に、大学の学知と連携する形で共同創造（ニーズを抱えた当事者が主導して、そのニーズを満たす財やサービス、知識を生み出す実践）を推進しています。

最終到達点は？
分野の成り立ちは？

主導権を当事者に、真の共同創造の実現へ

専門知は、マイノリティの生活を豊かにする大きな可能性を秘めています。一方で、障害のある人々は、これまで多数派や専門家が生産した財・サービス・知識を受動的に使用する立場に置かれがちでした。当事者がその固有の経験を活かして財・サービス・知識を生産する側になろうという取り組みを進める共同創造の方向性は、「すべての個人が、出自や属性に関係なく、生産者として経済成長に貢献する機会を持ち、同時に一人ひとりが消費者として、経済成長からの利益の公平な分配を受ける権利を与えられるべき」という、包摂的成長（inclusive growth）の理念と共鳴するものです。

世界の〈身体障害〉の領域に目を向けると、1970年代まで専門家が身体障害者の体を健常者の体に近づけることを目指していましたが、当人たちは「障害者運動」を展開し、建物や道具、

当事者研究者（ユーザー・リサーチャー）が自らの経験をもとに研究計画を立案している様子。聴覚障害の当事者研究者のために音声認識による文字通訳システムを使用。

制度などの社会環境をアクセス可能にすることを望みました。また〈精神障害〉の領域では1970年代まで、専門家は閉鎖的な病院の中で幻覚や妄想といった症状を取り除くことを目指して多量の薬物を処方しましたが、精神障害者たちは「リカバリー運動」を展開し、仮に症状が治まらなくても地域社会に出て、責任ある人間らしい暮らしを営むことを望みました。こうした経緯から、専門家が主導するのではなく、参画している当事者の価値観に基づいて科学技術が推進されるべきとの問題意識が、「研究の共同創造」(co-production of research) というキーワードとともに世界中で共有されるようになりました。2018年10月に雑誌ネイチャーでも特集が組まれたテーマです。全く同じというわけではありませんが、フィンランドの「オープン・ダイアローグ」や英国の「ユーザー・レッド・リサーチ(当事者主導研究)」、そして日本の「当事者研究」は緩やかな共通コンセプトで結びついていると言えます。例えば英国のジェームズ・リンド同盟 (James Lind Alliance : JLA) は、当事者、支援者、臨床家が「優先課題設定パートナーシップ (Priority Setting Partnerships : PSP)」を組み、合議によって重要課題に優先順位をつけることを目的にした団体で、研究資金提供者に情報提供をしています。今では精神医学の分野などでも研究の共同創造が実施されるようになってきています。

しかし、当事者の参画が形式的かつ象徴的なものに留まっているという報告もあり、共同創造の実現方法については今も議論が続いています。多くの当事者は多数派の価値観に適応努力を強いられ続けているために、自らが持つ潜在的なニーズを意識化・言語化しにくいことや、研究者とのコミュニケーションに慣れ親しんでいないために専門家との議論が実現しないことなどが原因として考えられます。共同創造の先進国である英国では方法論を今後どう整備していくか、議論が続いています。そんな中で、真の意味での共同創造に近い取り組みの数少ない実践例だと国際的にも注目されつつあるのが、日本の「当事者研究」です。日常の中から出てきた困りごとを起点に研究したいという素朴な本人のモチベーションが原動力になっていて、既存のアカデミアにのみ込まれないように進められている日本の方法論は、専門家が主導しがちな海外の共同創造と比べても、頭一つ抜けているという印象があります。

当事者研究をはじめとした共同創造の実践は、各国の事情に合わせて展開していかなければなりません。例えば低所得国の自閉スペクトラム症の人はどんな生活をしているでしょうか。コミュニケーションの障害という概念で定義される自閉スペクトラム症は、文化ごとに規範化されたコミュニケーション様式に依存するカテゴリーなので、日本や英国の取り組み方を押し付けては意味がありません。地域差や文化差を意識した診断基準を作るなど、文化の多様性を考慮に入れた自閉スペクトラム症研究には注目が集まっていますが、ここでも、当事者研究は重要な方法になると考えられます。

2030年、2050年は?

「当事者研究」は不要に?

当事者研究は現在、理系・文系の両方の分野との連携が進んでいます。哲学者の信原幸弘は、法則性を探求する理系、歴史性を探求する文系という形で文理を区別しましたが[1]、当事者研究では、自分の身体の法則性を探求するとともに、人生を物語として振り返る作業であり、両方と関連します。セラピーの一種と見られてしまうことがある当事者研究ですが、むしろ自分の身体や

[1] https://scienceportal.jst.go.jp/columns/opinion/20200123_01.html

人生について純粋に知りたいという研究的な好奇心によって進められてきました。当事者研究において生きやすくなるというのは、知ることの副産物のような位置づけです。

医療の現場では、患者さんを診断名というカテゴリーに分けるということをしてきましたが、実際は患者さんにはそれぞれ唯一無二の固有性があります。私は小児科の臨床医として外来を受け持っていますが、この固有性と向き合うと外来自体が当事者研究の実践の場のようになります。まずは目の前の患者さんと同じ診断名をもつ人の経験を膨大なアーカイブの中から探し出して、エピソードを紹介します。すると患者さんの中で編集作業が始まり、自分の体験と合う部分が断片的に引用され、他者の当事者研究を資源に自分の当事者研究が進むということが起きます。ちょうど、論文の引用にも似た形で研究が進み、当事者研究を介した新しいネットワークができていくのを実感しています。

一人ひとりが唯一無二の自分の苦労に向き合うので、当事者研究では「一人一研究」という形で取り組むことになります。例えば遺伝子が全く同じで身体的には変わらない一卵性双生児でも、歩んできた人生の物語は異なるので、それぞれが唯一無二の存在です。そのような中で人の多様性をどのように記述するか。これまでは例えば自閉スペクトラム症かどうかというカテゴリーで分ける方法でしたが、最近はディメンジョン方式で多様性を捉えられないかと真剣に議論されています。ゲノム、タンパク質、神経回路、行動、経験など、多様性を表現する複数の軸がある多次元空間の中で、ある人の今の状況を「この辺り」と記述する方法で、カテゴリー的に思考しない当事者研究と相性のいい方法です。

自閉スペクトラム症の人は一見すると身体的には平均値から大きくは外れていないため、本人も周りも「普通」だと思って頑張って過剰適応してきたという人もいます。多数派のつもりが、なぜだかコミュニケーションがうまく取れなくて、努力が足りないとか、空気が読めないとか、パーソナリティに問題があるなどと考えてしまいがちですが、ディメンション方式で努力によっては変えられないその人の身体的な固有性が記述できるようになれば、過度な自責感から解放されるとともに、必要なサポートが何なのかも理解しやすくなります。

先ほど、苦労を出発点に他者に向けてそれを表現し、先行事例を調べ、分かち合い、解釈や対処法をともに考える一連の過程が当事者研究だと説明しました。その意味では、当事者研究は特別なものではありません。しかし、世の中には、分かち合い困難な「病理」と見なされる苦労が存在します。そうした苦労に対しては、専門家が研究を進めて過度に還元的な生物学的解釈を与えるために、当事者は自分の人生という文脈の中で与えられる意味を奪われることさえありました。浦河べてるの家が長年挑戦し続けてきたのは、実は日常の中で常に私たちが行っている当たり前の取り組みを、当事者の手に取り戻すという極めてシンプルなことでした。しかし、多くの人が享受している当たり前のことを、少数派も享受できるような当たり前の社会を実現しようとするや否や、異なる知覚や信念体系、思考や行動のパターンへの不寛容さや、病気や障害に対するスティグマなど、たくさんの障壁がそれを阻むような社会に私たちは生きています。だからこそ、ことさらに当事者研究という言葉を使って宣言する必要があったのです。２０３０年か２０５０年、当たり前の当事者研究を、すべての人が脅かされることなく行えるインクルーシブな社会が実現していれば、もはやこの概念はなくなっているかもしれません。そんな未来を期待したいです。

未来社会との接点は？

全員が「当事者」意識、いがみ合いを解きほぐす

障害がある人の就労支援は、機会均等のために進められてきましたが、一方で支援を受けられない人からは「私たちだって苦労しているのにずるい」と受け止められることもあります。見えやすい体の障害のある人がいる一方で、見えにくい障害や苦労もあり、いわゆる「マジョリティ」の中にもそういう苦労を抱えている人がいます。こうして、一部の可視化された苦労を持つ障害当事者にだけ支援を提供することが、むしろ就労を妨げる一因になる場合もあり、これまでの方法を見直すような動きも出てきています。

カテゴリーの中心と周縁、内と外のいがみ合いは様々なところで起きています。グローバル化が進み、多様な人が一緒に働くような職場では、「違いを探しゲーム」で互いを攻撃したり、得意分野でのマウンティングをしたりしてしまうと、そこでの人間関係が空中分解してしまいます。トラブルや失敗が起きたときに、誰かを責めるのではなく、組織全体が学習できる好機として捉えるような方向へと組織を変えるために、全員を当事者とみなし、弱さや傷つき、苦労をオープンにしてみんなで考える当事者研究は活用できるでしょう。全員が当事者だとする見方は、多くの人が共存しやすい組織を実現するための手掛かりになるはずです。

当事者概念を普遍化し、見えにくい経験を可視化し共有可能にする新しい「言葉」や、その解釈・予測・対処を可能にする「知識」の産出過程をインクルーシブなものにする当事者研究の試みは、包摂的な社会や、それを支える言葉や知識を、当事者とともに協創する未来社会を実現しうると考えています。

おすすめの本

熊谷晋一郎
『当事者研究
—等身大の〈わたし〉の発見と回復』
（岩波書店）

一人ひとりの「違い」こそ、人間と社会の価値

国際精神保健・人権政策

Global Mental Health and Human Rights Policy

井筒 節
IZUTSU Takashi
東京大学総合文化研究科・教養学部教養教育高度化機構特任准教授(医学系研究科兼担)

東京大学医学系研究科博士課程修了(保健学博士)、東京芸術大学音楽研究科博士課程単位取得退学。国立精神・神経センター精神保健研究所研究員、国連人口基金専門分析官、国連事務局精神保健・障害チーフ、世界銀行上級知識管理官を経て、2015年より現職。第3回国連世界防災会議障害包摂フォーラム議長、国連障害と開発報告書共同議長、ディズニー作品等の翻訳・解説も担当。

研究分野は?

周辺化された人々の声と気持ちを政策に結び付ける

私の専門は国際精神保健・人権政策です。ＳＤＧｓの主文２０３０アジェンダにも脆弱な立場に追い込まれやすい人々としてあげられている、「子供、若者、障害者、ＨＩＶ／エイズと共に生きる人々、高齢者、先住民、難民、国内避難民、移民」、そして**LGBTI**❶などの生活の現状やニーズを把握し、文化的側面に注目しながら、精神的ウェルビーイングの在り方と、人権に関連する政策を分析し、向上を目指す研究です。中でも、開発途上国に住む人々の精神保健や障害のある人の権利を中心に研究しています。また、実務においてはＳＤＧｓの精神保健・障害に関

❶性的マイノリティの総称。レズビアン(L)、ゲイ(G)、バイセクシャル(B)、トランスジェンダー(T)。インターセックス(I)は生まれつき男女両方の身体的特徴を持つ人。LGBTQAI等の表記もあり、クエスチョニング(Q)は自分の(心の)性がわからない、意図的に決めていない、または決まっていない人、アセクシュアル(A)は誰に対しても恋愛感情や性的欲求を抱かない人。

わる部分の策定に携わった経験から、国連や開発途上国への技術支援も行っています。

ＳＤＧｓの主原則は「誰一人取り残さない」ことです。そして、目標３のターゲット３・４には「精神保健とウェルビーイングの促進」が含まれ、障害については五つの目標に含まれました。しかし、今も格差や差別は社会の多くの側面で大きな問題となっています。

たとえば、世界人口の約15％、また高齢者の約半分に障害があるとされています。そして、災害時の障害者の死亡率は、障害のない人の２～４倍です。ですが、開発途上国では、人的・資金的リソースが少ないこともあり、政策策定や実践面での課題が多い一方、研究も少ないのが現状です。当事者の声に耳を傾けた研究を行い、政策と実践を強化していくことが重要です。

また障害者やＬＧＢＴＩをめぐる社会状況を理解するためには、文化や宗教についての理解も欠かせません。例えば、障害のある人は前世で悪事を働いたという誤った考え方や、同性間の性的関係を持つことが死刑になる国があるように、宗教を含む文化が差別や格差の要因の一つとなってきました。一方で、お寺や教会が障害者を含む周辺化されやすい人々への支援を提供してきた歴史もあります。宗教指導者や文化セクターと協力して、差別解消とエンパワーメントの取組みを進めることが重要だと思います。

当事者の思いに耳を傾ける際には、直接声を聞くことはもちろん、現地の文化・芸術を媒体にする手法も取り入れています。人々は、芸術作品を通して自身の苦しみや思いを表現する場合も多いためです。また、映画を見たり音楽を聞いたりすることで、ストレスを解消したり、精神保健を促進できることもあります。さらに、開発途上国においてはラジオ劇などが大きな影響力を持ち、その中で子供たちはロールモデルを見つけたり、偏見や差別対策について学んだりもします。しかし、精神的ウェルビーイングや人権をめぐる政策・実践における文化・芸術の視点の統合はまだ進んでいません。ポストSDGsでは文化・芸術の側面を強化できると良いと考えています。

最終到達点は？

他者との違いを「脅威」ではなく「価値」と考える社会を目指す

まさにSDGsが目指している「誰一人取り残さない」ことと「最も遅れているところに第一に手を伸ばす」ことを通し、最も苦しい立場に置かれた人々の生活上の障壁や心の痛みを減らしていくことが一つのゴールと言えると思います。

UNESCO憲章には「戦争は人の心の中で生まれるものであるから、人の心の中に平和のとりでを築かねばならない」とあります。政治・経済・軍事の視点も大切ですが、戦争や格差を含む社会の諸問題の多くは、不安・恐怖・怒りといった人間の心・感情に起源があり、負の感情は他者との「違い」を脅威と捉えるところから始まることが多いように思います。そして、それは負の連鎖を生みがちです。

しかし、私たちは元々一人ひとりが「違う」存在です。日本でも60歳以上の高齢者が人口の34%、障害者が14%、LGBTIが8・9%、移民が1・8%とされる多様性のある社会になっています。今後は他者との違いを脅威ではなく「価値」だと気づく社会を目指す必要があると考えています。そのためには、多数主義に基づく画一的社会を脱却して、大きな声のみに基づいて決定するのではなく、多様性を前提とした様々なオプションから選択できる社会構造を構築していく必要があると思います。そうでないと、差別や格差は辛さや憤りにつながり、やがて社会の分断など様々な社会問題にもつながりうるからです。

その土台の一つとして、心のケアも重要です。しかし、各国における精神保健予算や精神保健人材は大変少なく、心のケアを望んだ場合も精神保健サービスへのアクセスがない人が多いのが現状です。結果として、世界の自殺死亡数は年間80万人にのぼり、特に若者の間では死因の第2位になっています。また、私たちの心のウェルビーイングに欠かせない文化・芸術についてはSDGsにおいても言及が少ないこともあり、各国における予算・政策も脆弱なままです。

今後は経済・生産性・死亡率といった指標に加え、幸福度というよりは、心の痛みが続いていないかどうかをめぐる「人々の心のウェルビーイング」を国際指標の一つとすることを目指しています。

分野の成り立ちは?

障害研究が福祉・医学分野から多様性をめぐる学際分野へと広がる

精神的ウェルビーイングの研究は精神医学や心理学において、人権は法学や当事者研究などを通してそれぞれ研究されてきました。近年で特に大きな出来事は、2006年に国連総会で採択された障害者権利条約と2015年に示されたSDGsの二つです。

まず障害者権利条約ですが、簡単に言うと、この条約によって障害の概念が医学モデルから社会モデルに大きく変わりました。それまでは「目が視えない、耳が聴こえない」などのコンディションがあることが障害だと認識されてきました。ですが、この条約によって例えば「スロープやエレベーターが無い場合の段差が障害を生む」と捉えるようになり、社会側の障壁を取り除いていくことが大切だという考え方になりました。さらに、テクノロジーの進展もあって工学的な視点も加わり、また、人が人をステレオタイプで見て差別する心理面でのバリアも障壁として明示されるようになりました。この条約を機に、世界的に、障害についての研究が福祉や医学の分野から学際分野へと広がったと言えます。

もう一つはＳＤＧｓです。前身である**ＭＤＧｓ**❷では心や障害の側面が入っていませんでしたが、ＳＤＧｓで初めて精神保健とウェルビーイング、そして障害が入り、国際社会が心と多様性の側面に目を向けるように動き出しました。障害者を含む周辺化された人々にフォーカスし、最も遅れているところに第一に手を伸ばすべく努力するというＳＤＧｓは、学術的にも大きな変化をもたらしてきていると思います。

国連や開発途上国の現場では、学際的な視点と実務的視点の両方が欠かせません。特に、国際政治、心の側面、文化・芸術、そして周辺化されやすい人々の生活の実情は、目に見えにくく、また明文化・言語化されない部分が多いため現場での経験と当事者の知見は不可欠です。

中でも、心の側面や障害は人の命にかかわりうることなので、**ランダム化比較試験（ＲＣＴ）**❸などを用いたエビデンスが欠かせません。一方で、数の調査では取りこぼされてしまう声を反映するためには、文系的な研究手法も織り交ぜていくことも大切です。

このように理系と文系のアプローチをつなぐとともに、実務と研究、当事者とアカデミアと政策決定者と実務家とをつないでいくことも更に重要になってきています。たとえば、医学研究には当事者を入れなければ論文が採択されない潮流が生まれつつありますし、社会実装の視点も重

❷ ミレニアム開発目標（Millennium Development Goals: MDGs）は開発分野における国際社会共通の目標。2000年9月にニューヨークで開催された国連ミレニアム・サミットで採択された国連ミレニアム宣言を基にまとめられた。2015年までに達成すべき八つの目標を掲げ、その内容は2030年に向けた新たな開発目標であるSDGsに継承された。

❸ 対象の集団を無作為に複数の群（介入群と対照群など）に分け、特定の試験的操作の影響・効果を測定する比較研究

視されるようになってきています。

今後は、より学際的な連携、そして学問と実務の連携、更には従来の枠を超え、人の心の側面に目を配る新分野をめぐる研究がしやすい環境が整うと良いと思います。

２０３０年、２０５０年は？

違い・心・文化が国際社会の優先事項になる

第２次世界大戦後の国際社会では、まずは死亡率を減らすこと、次に経済発展、女性や子供の権利の保護・促進、環境破壊を止めることなどが優先事項とされ、死亡率と経済と環境が中心的な指標となって進んできました。今後は「違い・心・文化」がキーワードになっていくと考えています。例えば２０１８年には精神保健をめぐる初の閣僚級サミットがロンドンで開かれ、２０２１年の**ダボス会議**❹では、**ＥＳＧ**❺のアジェンダの拡張として障害を起点とする多様性が取り上げられる予定です。

２０３０年はＳＤＧｓの目標年であり、もうすぐＳＤＧｓ後の国際目標をめぐる議論が始まるでしょう。ポストＳＤＧｓの枠組みの中に、違い・心・文化という新しいプライオリティをどのように組み込んでいくかは、未来社会の在り方に大きく影響を与えます。

ｗｉｔｈコロナ社会では医療と経済を一緒に議論しつつ、感染者やその家族への差別、高齢者や障害のある人、外国から訪れる人をめぐる側面や、自殺をはじめとする精神保健面も議論されていきます。同様に、今までの資本主義社会パラダイムを率いてきた経済学などと、心と文化の側面に注目する学問とが学際的に協力しながら指標を運用し、それが実際に活用されているような

❹ スイス・ジュネーブに本拠を置く非営利財団世界経済フォーラムが通常毎年1月に、スイス・ダボスで開催する年次総会。毎年、世界各国の首脳や経営者らが一堂に集まり、世界経済や環境問題など世界が直面する重大な問題について議論が交わされる。

❺ ESGとは、環境（Environment）、社会（Social）、ガバナンス（Governance）の頭文字を取って作られた言葉。企業の長期的な成長のためにはこの三つの観点が必要だという考え方。

時代が2030年であってほしいです。

指標の作成には実態把握が不可欠なため、国連や自治体とも協力し、当事者にも参加してもらいながら、普段直面することが多い生活上の困難を心理面も含めてリスト化するなどしはじめています。それに基づき、政策・実務・当事者と協働しながら、2030年以降のポストSDGsの時代に盛り込めるように取り組んでいます。

その先の2050年となると、現在、人口減少傾向にある日本とは逆に、世界では人口100億人を超えると予測されています。その中で多様性を守り、格差をなくしていくためには、環境問題と並んで、今から戦略を立てておくことが必要です。

たとえば、技術が進歩して長く生きられるようになると、より多くの人が障害と共に生き、さらに多様性も増すようになるでしょう。世界中の人々の往来や多様な価値観・生き方もより深化し、社会問題も複雑化していくはずです。既存の学術分野だけでは対応が難しい課題も増え、多様性や心をめぐる新しい研究分野は益々重要性を増すと思います。一方で芸術・文化分野は、多様性を保つための工夫が益々必要となるようになるはずです。それらをめぐる国際的な意思決定に、日本のアカデミアや若者も積極的に参加し、新しい世界とそのルールの構築をリードしていくことが大切だと思います。

未来社会との接点は？

「違い」を尊重することで平和のとりでとウェルビーイングを築く

生産性を上げたり、同じものを大量に作ったりすることは、AIなどのテクノロジーが、より

多様性をテーマに渋谷ヒカリエ 8/ で開催した「“Defence/Difference” Komaba Film Festival 2020」
（写真：堤敦朗）

進展させてくれるものと思います。しかし、生身の人間のインタラクションの重要性もハイライトされるようになってくるはずです。その特長の一つになるのは、生産性や同一性などと異なりテクノロジーが担えない部分、すなわち一人ひとりの「違い」や人々の揺れる感情であり、その表現としての文化・芸術の重要性だと思います。

すでに若者たちはＳＮＳやテクノロジーを活用して日常的に自分の個性や他者との違いを表現するようになっています。これまで脅威と考えられていた「違い」は、彼らにとってはむしろ「価値」になりつつあるわけです。

その意味でも若者は私たち世代とは違う発想や力を持っていると感じます。私が担当する授業では、障害やＬＧＢＴＩ、ＨＩＶをめぐる当事者を招いて「精神障害のある人のアクセシビリティはどうしたら向上

国連ニューヨーク本部にて、マゼンタ・スターについて発表する学生（医学部4年飯山智史）

するか」について議論したことがあります。熱心に取り組んでくれ、クラス終了後も有志の学生が自主的に活動して、協力者がカミングアウトするためのシンボル・マーク「マゼンタ・スター」を考え出しました。

日本ではヘルプマークやマタニティマークなど当事者側が提示するマークが広く知られています。「マゼンタ・スター」は逆の発想に立ち、協力者側が「必要であれば声をかけて下さい」という意思を示す点が特徴です。また、このプロジェクトは、属性に関係なく、その場のニーズをめぐって協力をするもので、協力する側とされる側はいつでも入れ替わり得ます。例えば、大きな荷物を持った外国人旅行者が駅構内のエレベーターを見つけられず困っている時、車いすユーザーの方に聞くことができれば、場所を教えてもらえる可能性が高いかもしれません。

当事者の方からは、「一方的にサービスを受ける側だと思われがちだったけれども、簡単に

マゼンタ・スターのマーク

協力者側として活動できることがうれしい」という声もいただきました。現在は、国連や企業とも連携して学生発のムーブメントとして広まりつつあります。

ＡＩ技術でも宇宙開発でも、何か政策を進めていく時には、それが様々な人の生活や気持ちにどういう影響を与えているのかを理解することが大切です。私たちの研究分野はそれらの「違い」が共存する方法を追求していく学問であり、特に人の心の側面に目を向けています。

今は、声の大きい人達が世論を構成し、彼らの意見で政策すら変えられてしまう世の中です。でもそれは、一部の人々の声でしかありません。声を上げない人々、サイレント・マジョリティやサイレント・マイノリティが心の中で感じていることは、声を上げる人たちとは違うかもしれません。声にならない声、そして感情をきちんと吸い上げることは非常に大切だと思います。誰かにとってプラスになることでも、それが誰かのマイナスになるかもしれない。「正しい」かどうかは、みる角度や人や分野によって大きく異なりうることを認識しておくことも大事です。

様々な違いをめぐるバリアは、技術イノベーションにより乗り越えやすくなるはずです。一方で、人々の心の中のバリアはどうでしょうか。これについても、積極的に取組みを行う必要があると思います。人間は心の生き物ですから、一人ひとりの違い・心・文化をそれぞれ尊重することが、平和と安全、開発、人権を守り、共生・共創していく上での鍵となり、人々のウェルビーイングを高めていく上での中心的側面となるように思います。

おすすめの本

中村哲
『医者 井戸を掘る
―アフガン旱魃との闘い』
（石風社）

第3部
未来像の整理

1 30の未来像から見えること

第2部では30名の教員による30の未来像を提示しました。第3部ではこれらの未来像から見えてくることを簡単に整理し、それを受けて東京大学の五神真総長と藤原帰一・未来ビジョン研究センター長の対談で締めくくります。

第2部の30の未来像は、玩具のブロックのピースのようなものです。一つだけでも興味深いですが、組み合わせるともっと面白いものが見えてきます。第1部で議論したように一つの正解のような未来はありません。意外な組み合わせを見ると、新たな発見があることでしょう。複数の未来像に共通する点が見えてくるかもしれませんし、また大きな違いについても読み取れるでしょう。

以下は、私たちの読み方の一例です。30の未来像を見渡した上で、共通項や違いについてまとめたものです。すべての未来像を読んだ方にとっては別の読み方として参考になるかもしれませんし、まだすべてをお読みでない方は、意外な共通点やつながりに気づくかもしれません。それをきっかけに自分が日ごろ触れない分野に関するところをお読みいただければ、読者の未来の視野（未来錐、未来のコーン）を広げることに役立つと思います。

デジタル化によって変化する学問

情報技術はスマートフォンに代表されるように生活を便利にしましたが、学問にとっても大きな影響があります。知識やそれに基づく製品やサービスは社会を変えてきましたが、知そのものにも大きな変化をもたらすのです。今後もその影響は続き、「知のDX（digital transformation）」を起こしていくでしょう。あらゆる領域での「データ駆動型学問」の可能性（喜連川優先生）が見えてきています。

自然科学から見てみましょう。生物科学では研究の知見が爆発し一人の人間がついていくことが難しくなる中、「論文の海の中から有用な情報をすくい上げたり、定説にとらわれない新しい（正しい）解釈をAI（人工知能）に任せることができるようになれば生命科学研究は大いに効率化」（尾田正二先生）する可能性があります。もっと現実的に有益なことも考えられます。計算科学がさらに進歩すれば、例えば2050年に「次のコロナウイルスのパンデミックが来たときに、ウイルスに効く可能性のあるワクチン候補をすぐに発見することができる」かもしれません（ローツステット・エリック先生）。なお、研究者側にも変化が要請され、生物学では「これからは数学ができないと研究者として生き残っていけない」（河岡義裕先生）という指摘もありました。

社会科学でも多くの可能性があります。フードシステムについてもビッグデータによって「消費者が何を食べたいかに合わせて小ロットで生産できれば売れ残りもなくなり、廃棄ロスを減らせ」る可能性があり（中嶋康博先生）、倫理的消費につなげていくことができるでしょう。

より興味深いのは、歴史学や思想史などデータと疎遠に見える分野においても、すでにデータが研究方法や研究者の役割を変え、研究を加速することに寄与できる可能性が見えてきていることです。

例えば、本郷和人先生は、理系の分野の進展のおかげで歴史学の手法が発展している面もあると指摘しています。史料編纂所にもコンピューターが導入されてデータベースの構築が始まっており、見たい原史料の画像が世界中のどこにいてもワンクリックで出てくる、という仕組みを目指しているとのことです。

また馬場紀寿先生によれば、仏典テキストが電子化されたことで、仏典の語彙を一気に検索できるようになり、仏教の概念についての用例が瞬時に集まるようになったといいます。データベース整備が仏典テキストだけでなく世界の古代思想の資料に広がり、自動翻訳の助けも借りることができるようになれば、世界の思想史を縦横無尽に読み解くことができ、グローバルな視点での思想史の再編にもつながるかもしれません。

もちろん、デジタル化は研究手法だけでなく研究対象を大きく変える側面ももっています。2019年に注目を集めた「AI美空ひばり」ですが、30年前に亡くなった方が新曲を歌いました。人工知能によって『死』がフィジカルな空間だけでは完結しない社会が生まれつつある」ことも見られ、故人の人権をどう考えるかなど、法学の対象範囲も広がることが指摘されました（宍戸常寿先生）。

なぜ、またどのように他分野や社会と協創するのか

データサイエンスの活用は学際化の一形態とも捉えられますが、データに限らず、実に多くの教員が2030年、2050年を見据えたとき、また未来社会との接点を考えたとき、自身の研究分野において学際性がより高まっていくであろうと語っていました。その理由はジャーナリズム研究に「哲学、芸術、社会学、情報工学などの知見を取り入れた、いっそうの学際性が要求されるようになるの

ではない」か（林香里先生）、「できるだけ幅広く社会に役立つ数学者を育成するため」（ウィロックス・ラルフ先生）、「ロボット研究者はどうしても技術的なハードルを超えることだけに傾注してしまう傾向があ」るため（新山龍馬先生）など様々ですが、各分野の発展にとって、分野の間の壁を取り除いていくことが必要であることがうかがえます。

また、「当事者研究では、自分の身体の法則性を探求するとともに、人生を物語として振り返る作業であり、両方（理系と文系：筆者注）と関連」する（熊谷晋一郎先生）、「開発経済学は実務との接点が強く、多様なものを研究対象として扱うことから学際的なアプローチを取りやすい学問」である（高崎善人先生）など、その学問の性質上、他分野との連携が生まれやすいケースも見られました。

第1部において、30人の選定に当たって「知のピースを組み合わせて総合的な未来を考える」という表現を用いましたが、実際に「知のピース」が組み合わさることで未来が創られていく事例が多々見られるのです。

さらに、学問に閉じず、公衆衛生学では「手をつなぐ相手は大学内に留まらず、アカデミアの他機関や民間企業と幅広くなりそうな予兆もあ」る（橋本英樹先生）、リスク研究に関しては「リスクがもたらす課題に対応するため、慈善事業家、起業家、財団、大学など、社会の様々なステークホルダーとの新たなパートナーシップが生まれてきてい」る（ヘン・イークァン先生）という、社会との連携についての言及も多々ありました。社会学の文脈で「研究で分かったことを限定的な研究者コミュニティのみで分かち合うのではなく、その成果を分かりやすく社会に発信したり提言したりする責任がある」（白波瀬佐和子先生）という意見もありました。

第1部で知の未来を考えるとき、より広く学問を捉える必要性があると述べましたが、このように、

2030年、2050年を見据えた各学問分野の進展において、まさに人文学・社会科学・自然科学といった従来の枠組みを超えた、さらなる学際性と、社会との協業が必要とされていることが読み取れます。そうした分野間の知の協創と社会との協業の可能性を導出する役割を担うべき存在として、東京大学のような総合大学は、その責任が一層求められることになるでしょう。

価値を変えうる学問と価値としての学問

学問の進展が価値観を変える可能性についても、多くの言及が見られました。例えば、「障害」に対する認識です。井筒節先生は、若者たちは自分の個性や他者との違いを肯定的に捉える傾向がみられる点を指摘しており、同時に障害をめぐるバリアが技術イノベーションにより乗り越えやすくなってきた点も述べられています。また池谷裕二先生は、脳研究の発達によって今後10年ぐらいで発達障害に対する社会の受容が変わってくるだろうと述べています。美術史でも中国などの台頭を踏まえて「世界の政治地図が変わって西洋が相対化される」（三浦篤先生）ことによって、西欧中心の考え方から脱却できる可能性について指摘がありました。

価値観ではありませんが、微生物ロドプシンは海洋のエネルギー生産に大きく関わっており、「全貌がより明らかになってくれば、中学校や高等学校の教科書を書き換えるほどのインパクト」（井上圭一先生）があり、科学の進展で基本的な知識も変わっていくかもしれません。

同時に、基礎科学、人文社会科学の先生方からは、学問の追究自体が価値であるという指摘も多数ありました。例えば大栗博司先生は、「より深い基本の法則に迫ろうとする物理学の営みがほかの科学の発展につながり、未来社会では役にも立つ」と述べられています。「今ここにある課題を効率的に解決する研究と、どのように時代が変わろうとも価値のある発見を求める研究の両方が大切」（同教授）であるという点は、どの学問分野にも共通していることなのではないでしょうか。

知の「力」とその「限界」

ＩＴプラットフォームが米国大統領選などの社会の討議のあり方を変えてしまったように、技術の影響は今後も増していくことが予想されます。生物学では「この分野は指数関数的に物事が発展しているので、５年後はある程度予想できますが10年後は予想がつかない。ましてや30年後となれば、全く別の世界になっている」（河岡先生）という指摘もあります。脳科学が人の心への介入を可能にし（池谷先生、ヘンシュ貴雄先生）、再生医学の進歩によって「自宅で肝臓を育てる」ことができるようになるかもしれません（伊藤暢先生）。

同時に進展が「相対的に」遅い領域も多々あります。人工衛星による雲や降水に関する観測については「今まさに２０２９年から２０３１年の間にロケットで打ち上げる衛星にどんな計測器を載せるか、議論しているところ」（高薮縁先生）であり、素粒子物理学の観測装置であるハイパーカミオカンデの研究を進める観点からは「２０３０年が『未来』だという感覚はあまりありません」（早戸良成先生）といった声も聞かれます。人間よりもはるかに寿命の長い火山については「その時々でベストなモデルを考えて、新しい事象が起きたらモデルを更新していくことの繰り返し」（市原美恵先生）になり、新たな発見によって理解が根本的に変わることすらあるかもしれません。社会に関しても２０５０年の中国の経済の状況など、除くことができない不確実性が存在する事象もあります（伊藤亜聖先生）。言い換えれば未来の知識は人間の知識が飛躍的に伸びる領域と、着実に進歩しても未解明な点がある領域が残り続けるのです。進展の速い領域の進歩に目をくらますことなく、人類社会の未来について検討していくことが重要です。

進展が速い領域については、「研究対象が科学技術の進展で大きく変わり、今まで人の手が入っていなかったものにまで手が入り、今以上に『デザイン』されるようになります。そのために一層『らしさ』の構築とその政治性の理解が重要になる」（福永真弓先生）との指摘にあるように、倫理的・社会的・政治的な検討こそ進める必要性があるのでしょう。同時に教育社会学の例にあるように「常にそこに（ネガティブな問題や弊害をもたらすような：筆者注）逆機能はないのかと視野を広げ」（本田由紀先生）、批判的に検討することも重要でしょう。「AI技術でも宇宙開発でも、何か政策を進めていく時には、それが様々な人の生活や気持ちにどういう影響を与えているのかを理解することが大切」（井筒先生）との指摘や、「データを扱う技術に関わる研究者はプライバシーや法律の問題について法の専門家に任せきりにするのではなく、自ら仕組みを提案していかなくてはならない」（川原圭博先生）との指摘の通り、知の可能性が増す中、権力としての側面について自覚的であり、責任をまっとうしていく必要性が出てきます。持続可能で包摂的な成長を達成するには、こうした真摯な態度が求められるのでしょう。

2
対談
インクルーシブ・グロースの時代
——大学が社会変革を駆動する

五神 真
GONOKAMI Makoto
東京大学
総長

1982年東京大学大学院理学系研究科物理学専攻修士課程修了。83年同大学理学部物理学教室助手、90年同大学工学部助教授、98年同大学大学院工学系研究科教授、2010年同大学大学院理学系研究科教授、12年同大学副学長、14年同大学大学院理学系研究科長・理学部長を経て、15年より現職。理学博士。

藤原帰一
FUJIWARA Kiichi
東京大学
未来ビジョン研究センター長

東京大学法学部卒業、同大学大学院博士課程単位取得満期退学。東京大学社会科学研究所助手、千葉大学法経学部助手、同助教授、東京大学社会科学研究所助教授を経て、1999年から東京大学法学政治学研究科教授。2019年よりＩＦＩセンター長。

藤原　東京大学未来ビジョン研究センター（ＩＦＩ）は、未来を見越して未来に関する研究をしなければいけない機関であり、未来を探り未来を作っていくという視点から、本書『未来探究２０５０』をとりまとめました。今回は、総長と対談して議論をさらに明確にしていきたいと思います。

本書では、本学の教員30名にインタビューし、文理さまざまな研究が紹介されています。わかりやすい解説を試みました。学校の教科書などで読むのとまた違う、いまの研究の最先端を俯瞰するためには大変よい本になったのではないかと考えています。

いまの研究といっても最先端ですから、研究を行う方法がいろいろ変わります。理科系の分野ではデータサイエンスの台頭やデジタル化の進行がよく指摘されますが、文科系が立ち遅れているわけではなく、むしろ本書で紹介されている仏教学の研究でもわかるように、文科系でもデジタル化が大きな進歩をもたらしています。デジタル化の進展が、文理両方で研究の新しい機会を作っているのです。

さらに、ほとんど全ての教員が国際的に連携しながら仕事をしています。これは外国から学ぼうとか外国の研究を我々が吸収するということではありません。同時進行で海外の研究者と一緒に仕事をしているということが、当たり前のようになっています。日本の研究がすごいとか、もっと外国に目を開かなければということではなく、むしろ世界的に同時に進むということが、研究のあり方として当たり前になっているということが改めて明らかになりました。

五神先生は、東大の総長として就任されてから今まで、社会の変化の中における大学のあり方についていろいろなかたちでお書きになり、ご発言なさってこられました。東大はどのようなリードをすることができるのかについて、そして日本の学術についていろいろな問題提起をされたと思いますが、まずその点からいかがでしょうか。

「社会変革の駆動」という大学の新たなミッション

五神　21世紀に入って世界全体でものすごくスピーディに物事が変わり始めました。グローバル化も進みましたし、形あるモノが中心だった経済から、無形のものが非常に大きな価値を持つ経済へのパラダイムシフトも進んでいます。モノ中心の経済では、巨額の先行投資をして成長させてまた投資を集めてというビジネスサイクルが標準的でしたが、無形の価値が中心になる経済では、大型の投資をせずとも急成長が可能になり、成長の時間スケールは非常に短くなっています。その一方で、政治や社会の様々なルールが変化に追いついていないように感じます。ビジネスの世界が変化していくわけですから、全体として大きく成長するためには、そうした変化にルールがきちんと追いつく必要があります。実態とルールにずれがあった場合にはそこを突いてくる人たちが富を得たり、急成長で非常にアグレッシブに儲けたいと思う人たちが知恵を絞って日々変化していきます。

その中で、日本には活用可能な資源がたくさんストックされているにもかかわらず、変化への対応が著しく遅く、他国に比べて劣後しているように思います。社会が変わっていかなければいけないときに、変わるための駆動力の役割を誰かがしなければいけない。そう見たときに、日本では大学がそのきっかけを作るべき場所になるのではないかと思ったわけです。

そこで2015年に総長になってすぐに「東京大学ビジョン2020」を公表し、社会変革を能動的に駆動することを大学の新しいミッションとして設定しました。このビジョンの最終年度が2020年度になります。「社会変革を駆動する大学」というビジョンについて、学内で言い過ぎだという人はほとんどいませんでした。一方で、ある経済団体の重鎮の方から、「東大が社会を変革するというのはいくら何でも大風呂敷すぎて違和感がある」と言われたことが記憶に残っています。

ただ、社会変革を駆動する主体になるためには、まず学内の体制を整えなければいけません。そのため、最初の2年は内政重視で財務や人事制度などの見直しに注力しました。

3年目くらいから世界に向けてそうしたビジョンを発信する機会を増やしていったのですが、そこで気づいたのは、「社会変革を駆動する大学」というビジョンは、世界的に見ても新鮮なものだということでした。**カブリ財団**❶のロバート・コン理事長（当時）は、そんなことを考える大学人は初めてだと感動してくださり、カブリIPMUへのさらなる支援に積極的に協力してくださいました。スタンフォード大学で経営戦略を担った経験があるリチャード・ダッシャー教授からも、その考えは非常に斬新だと言われました。スタンフォード大学の周りにはGAFAをはじめシリコンバレーがありますから、新しい知をどんどん創り出しながら産業を変えていく環境が外側にあるのです。それに対して、日本は従来型の企業が依然最優秀層の人材を集めていながら、そこでの意思決定は非常に遅い。そこを変えなければ、これまで育ててきた優秀な学生たちが存分に活躍できないと思ったのです。これは、私が東大総長をやろうと

❶ 米国ロサンゼルスに本部を置く、科学の進歩と公衆の理解の向上を支援し、科学者とその研究に対する援助を行う財団。2000年12月にノルウェー出身の企業家であるフレッド・カブリ氏により創設された。米国、ヨーロッパ、アジアの大学で研究機関の設立に積極的に関わっている。

思ったきっかけでもありました。

私は30代のはじめに理学部から工学部に移り、20年以上工学部で研究室を持ちました。私の研究室で指導した学生100人ほどのうち、70%くらいは産業界に進んでいます。マンツーマンで何百時間も指導しますので、彼ら彼女らがどんな能力を持っていて、どういう潜在力があるかはよくわかっているつもりです。その人たちが卒業した後も親しくいろいろな相談に乗ったり、話をしたりする中で、どうも彼らが活躍しづらい状況になってきているのではないかと、十数年ほど前から感じていました。国際的に研究を展開する中で海外の若者と接する機会も多いわけですが、どう考えてもその人たちと遜色ない能力を持っている、自分が指導した優秀な人たちが、やや不本意な状況に追い込まれている例が増えてきたのではないかと思ったのです。

藤原　潜在力のある人の力が十分生かされていないということですね。

五神　はい。転職する人が増えてきたというのもその表れではないかと思いました。そうした閉塞的な状況を一斉に変えていかないと、このスピーディな変化には追いついていけない。それを誰がやるべきかといったときに、大学の仕事だと考えたのです。

変化のスピードはどんどん速くなっています。20世紀の中盤から後半のように、18歳の優秀な人を集めて学部卒の22歳、あるいは修士卒の24歳にして産業界に送り出して、あとは「行ってらっしゃい、がんばれよ」で済む時代は終わったのです。現下の激しい変化に対応していくためには、すでに送り出した人たちも含めて一緒に変えていかなければ間に合わない。若い人たちはよりアグレッシブに新しいものを求めるかたちにしていかなければいけない。社会に刺激を与えるためにも、東大がかなり際立った行動をとることが、潜在力はあるのに動いていないこの閉塞的な状況を変えるには効果的ではないかと考えました。そういう中で出てきたフレーズが「社会変革を駆動する」だったわけです。

デジタル化に対応できなかった日本

社会がどのように変わっていくのか、それにどのように対応しなければならないかを考えたと

きに、変化を駆動するものの一つがテクノロジーであることはまず間違いないでしょう。20世紀の終わりころにWindows95が発売され、21世紀に入ってインターネットが爆発的に広まり、サイバー空間上で様々なサービスを提供することが経済的にも大きなウエートを占めるようになりました。投資サイクルが短くなり、サイバー空間上で新しいサービスを試し、定着させ、広げるというサイクルに対して、日本の文化や法制度は必ずしも適応できていなかったかもしれません。2000年ころには気がつきませんでしたが、いまから振り返るとそうだったのではないかと思います。

例えばAppleが大成功を収めた、ネット上で音楽を配信するというアイデアは、ソニーの研究者もAppleの発表以前に同じことを考えていたのですが、日本の法制度の関係で日の目を見なかったという話を聞きました。

法学の厳密な議論が必要だと思いますが、私から見ると日本的な**ハードロー**[2]の文化と、英米を中心とした**ソフトロー**[3]の文化の違いが影響しているように思われます。他方で、同じくハードロー中心のドイツが比較的うまく適応しているように見えることを考えると、無形のものに価値の中心が移り、大きな経済が動いていく21世紀の経済成長の中で、行政のあり方が不都合だったのかもしれません。ドイツは、グローバルな状況も見ながらうまく立ち回ってきたようにも見えます。そういう中で、グローバルな観点も踏まえて新しい価値のあり方に対応し、さらには新たな価値を形成していくという点で、大学が果たせる役割は大きい。そういう機能を持っている以上、東大にはその役割を果たし、社会が変革するきっかけ作りをする責任があると感じたのです。

一方で、テクノロジーの進化に社会の仕組みがついていかない事例としては、BREXITや

[2] 法律など、明文で定められた規則。

[3] 判例や民間団体の規則、社会規範、慣習など、法令ではないが一定の拘束力を持つ決まり。

2016年の米大統領選に情報操作の影響を与えたといわれるケンブリッジ・アナリティカのような例もありました。

デジタル革新は日本だけで起きていることではありません。コンピューターの性能は指数関数的に向上してきましたし、カメラはフィルムからデジカメ、さらにスマホになって、人が一生に撮る写真の枚数は桁違いに増えました。情報のやりとりも、動画での情報交換が一般的になり、サイバー空間上を行き来するデータの数もまた指数関数的に伸び続けています。それによってコミュニケーションのとり方も相当変わってきました。

社会実装されるディープラーニング

もう一つ、総長になってからの6年間で明確な進歩があったものとして、ディープラーニング・AI技術が挙げられます。サイバー空間上にデジタル化されたデータは溜まっていく一方です。データの入る箱が決まっていてそこから追い出されていくわけではなく、どんどん積み上がっていくのです。こうして得られたビッグデータを効率的に解析する技術として機械学習、さらにはディープラーニングがいろいろなところで活用されるようになりました。私が総長になった2015年はその兆候が見えはじめたころでしたが、1、2年のうちにそれがリアルだということになっていきました。最初は画像処理のような特定の分野で変化が起こり、次第に一見関係ないような分野でも変化が起きていきました。いまやそれを使うのが普通になっていて、私たちが意識しないところでもAIを使ったサービスが提供されています。

例えばWebメールで、返事の例文が出てきますよね。あるいは自動翻訳も、ここ数年で非常に精度が上がりました。

このように変化が加速する中で大きな問題も解決しないまま顕在化しています。その一つが気候変動です。体感としては、巨大な台風が毎年のように日本列島に接近してくるようになりました。個々の異常気象が人の活動と関係しているかどうかはまだ議論が分かれるところかもしれませんが、例えば平均気温の上昇など、計測データから人間活動の影響が明らかと言えるものもあります。

そういう中で新型コロナウイルス感染症の拡大という危機が起きました。コロナ禍への対応でもまさにデータをどう活用するか、そしてそれをいかに人々の行動にフィードバックできるか、そのときのルールはどうするのかが総合的に問われている状況です。グローバルなルールが確立しているわけではないので、各国がそれぞれの試行を重ねる中で様々な対応をしてきたわけです。

例えば韓国、中国、台湾のようにデータを活用して政府が徹底的に制御すれば、感染が広がるのを防げます。一方、政府にあらゆるデータを渡すことを受け入れることができるかどうかという問題もあります。あるいは日本の場合、個人情報の扱いが自治体ごとに違っており、パンデミックが県境を越えてどんどん広がるなかで、データを有効活用できないという状況になっています。日本が進んでいる部分もあれば非常に遅れている部分もあって、まさにデジタルトランスフォーメーション（DX）を活かしながら、よりよい社会を作るために使えるのだろうかという問題が具体化してきたということです。

未来社会協創の試み――データガバナンスとサステナビリティ

そういう急激な変化の中で、東大が社会変革を駆動すると言ったわけですが、何のためにどちらに向かうのかということが共有されていないと共感が広がりません。ビジョン2020策定の際に、構成員個々の興味関心は活かしつつ、大学全体を統合できるようなテーマ設定を考えていたところで、国連がSDGsを発表しました。我々が考えていたものと同様のもので、しかも国際通用性があるということで、これを活用することにしたのです。まず、総長直下に未来社会協創推進本部（Future Society Initiative）を設置し、社会変革の駆動に向けた全学の取り組みをスピーディに進められるようにしました。さらに、学問が多様化し、文系、理系といった区分けの意味が薄れる中で、文理融合で進めていくときの司令塔あるいはマネジメントするための全学的なセンターが必要です。そこで、政策ビジョン研究センター（PARI）と国際高等研究所サステイナビリティ学連携研究機構（IR3S）の両部局を発展的に統合してIFIとし、全学の多様な知を活かしていくためのプラットフォーム機能を持たせるようにしました。その結果、データガバナンスやサステナビリティといったテーマについてIFIの存在が重要になってきたわけです。

さらにIFIのプラットフォーム機能を学内に限らず広げていく象徴的なものとして**グローバル・コモンズ・センター**[4]も設置しました。

コロナ禍による様々な問題は、文理を超えて科学や医学だけではなく社会システムや経済メカニズムも含め、総合的な問題解決を図り、人々の行動変容につなげていく必要があります。

[4] 地球を人類の共有財産、すなわちグローバル・コモンズと捉え、それを科学に基づいて保全する国際的な枠組みと実践的な意思決定ツールの提供を目指すセンター。2020年に未来ビジョン研究センターの持続可能な開発目標（SDGs）研究部門に開設された。

サステナビリティもパリ協定の目標である2050年に向かってどうしようかと考えたときに、エネルギーミックスをどうするかというようなことだけをいくら議論しても解は出ません。たしかに原発をどうするかも重要なことですが、より本質的なこととして、エネルギーは作る側だけでなく、使う側との関係で物事が決まるので、やはり人々の行動変容が重要になってきます。ピーク電力を抑えるための人々の行動が経済的に有利になったり、あるいはそう行動することが心地よいという状況を実現するために、まさに文理を超えた活動が必要なのです。DXによって提供された新しい技術を見ると、非常に便利になる一方で、必ずしもエコとは限らず、一人当たりの消費電力は、むしろどんどん増えているのです。

その問題を解決するためには、先端半導体技術が不可欠です。これを日本の産業にどう取り込むかを考えたときに、半導体のファウンドリーとの連携が必要と考え、台湾TSMCとの包括連携を進めたのです。

セキュリティの問題も重要です。サイバー空間が非常に荒れ果てていて無防備な空間だと、簡単な情報をやりとりするにしても複雑な暗号化が必要になり、その分電力を消費します。現在はそういう状況になっているわけです。低消費電力でセキュアな技術、量子暗号なども大事なのですが、本質的にはサイバー空間自身をパブリックなものとしてどう育てていくかをきちんと考えないと、エネルギー問題は解決しないし、むしろSociety5.0の中心であるデジタル技術の活用がサステナビリティから見ると逆行してしまうことになります。その全体を俯瞰的に見ながら進めていけるかどうかの力量が問われるところだと思います。

このように広く東大の総合力を活かすプラットフォームづくりと、その運営というミッションが急激に大きくなりました。これは自分の技術を社会に実装しようとしてプッシュだけしていくタイプの社会実装モデルでは実現できません。経済、法律あるいは人は何を好むのかといったことまで含め、幅広く捉えられる枠組みで進めていく必要があります。当然国境はない話なので、グローバルに進めていく必要があります。

藤原　未来をどう作るかというお話ですね。デジタル革新が進展した最中に総長に就任され、総長をお務めの間にさらにそれが拡大したわけです。デジタル革新はたしかに機会を提供する、暮らしはよくなる、それから経済的にも収益を上げる機会にもなる。平たく言えば商売になるわけですから、当然ながらインセンティブも働きます。ただそこで残る問題も多く、いろいろなギャップを広げます。もともと所得の格差があるところにデジタル・デバイドがかぶさり、また物事の意味づけの小さな空間がたくさんできて、自分たちの思いつきあるいは偏見がサポートするような意味の空間が大量にできてしまったわけです。

現代世界は多種多様なリスクを抱えている。そのなかで、機会に飛びついていくときにはリスクマネジメントがどうしても後手後手になります。今回のパンデミックがいい例ですし、地球温暖化問題は前から指摘されていたのですが、温暖化が進んで実際に台風、サイクロン、ハリケーンが大規模になり、山火事が起きたりすると、現実にどう対処するかというところまでリスクが広がっています。パンデミックもエボラ出血熱のような発展途上国で主に流行するものとは限らないと、コロナ禍が起きる前からビル・ゲイツ氏らも注意喚起していたことですが、先進国を直撃するものが起こってしまいました。

そして日本にとって大きな課題ですが、制度が対応していないのではないかという点です。日本は、それなりに経済は豊かで技術力もあり、所得も教育も高いところですから、このまま何とかやっていけると考えてしまいがちです。専門用語では経路依存といいますが、やり方を大きく変えなくても何とかやっていけるという期待ができてしまうわけです。その一例として先ほど挙げられたソニーの例があります。かつての日本はいわゆる弱電、通信・制御・情報分野で卓越した優位を持ち、そのなかでもソニーが大きな力を持っていた。弱電王国の中核といわれるぐらいの技術力をもっていました。iＰｏｄを開発する際、スティーブ・ジョブズも最初はソニーにアプローチしたそうです。しかしそれには結局乗りませんでした。そこには制度の問題があります。

国際情勢を見ると、リベラルな世界の一元化どころか対立や権力闘争が激しい時代になってきますし、リスクマネジメントは後追いとならざるを得ない。そして、デジタル革新は大きな機会であるからこそ逆にいえばジャングルな法曹界を支配するような、ルールがどれだけあるのかという世界になりかねないわけです。

未来を真面目に語る

そのような中で共有できる未来を作っていくという作業があるわけです。正直に告白しますと、未来社会協創構想において「未来」という言葉を総長がお使いになったとき、これは大丈夫かという思いもありました。だいたい「未来」という名前がつくと、いいかげんなものを売りつけられるのが世の習いだという疑いも私は持っておりました。しかし、考えてみたら、学者は未来を考えなければいけない。総長のおっしゃるとおりかもしれないと思ったのです。リスクマネジメントは言ってみれば起こってくるリスクの後追いです。山火事やパンデミックの後追いをせざるを得ないわけですが、未来という柱を立てると、将来つくるべきものの絵を描かなくてはいけない。そして将来何を実現できるのかということから逆に現在の選択、制度の構築を考え、技術が活かされる機会を作り、あえて言えば一人ひとりの才能が、活かされるところを創っていく。予測、フォアキャスティングではなく、バックキャスティングですね。

大学は、普通は教育だけで手いっぱいですから、「社会変革を駆動する大学」というのは独特な発想だと思います。いい学生を集めましょうとかそういう次元の問題ではない。いま大学が世の中でどういう意味を持っているのか、世界で大学が持っている意味を考えるという視点もあったのだろうと思います。それでも「未来」という切り口は、最初はためらうところがありました。

五神　そのあたりは理系のほうが能天気で、こだわりは少ないですね。

藤原　「藤原さん、とうとう『未来』なんて言い始めたの」と、周りから言われたりもしたので、「そうなんだよ。君は考えてないのか」と切り返したりしました。（笑）

それで本書を作ったわけですが、皆さんまさにデジタル革新の中で研究のあり方が大きく変わってしまったことがわかりました。

インクルーシブな未来へ

五神　デジタル革新やＤＸに私が惹かれた一つの理由は、たくさんのデータをうまく使うことによって、個の多様性に即応するようなサービスを生み出す可能性が出てきたと思ったからです。

もちろんデータ独占やデジタル・デバイドのような、むしろ格差が広がる危険性も大いにあるのでそうならないよう注意する必要はありますが、多様性を尊重する社会を作るツールになる可能性を持っているというのは、ＤＸの非常に魅力的で、ポジティブな部分です。

例えば３Ｄプリンタはデジタル化されたデータを使ってものを作る装置ですが、これはオンデマンドで欲しいものをその場で作るというもので、大量生産とは全く違う方向です。単品生産というのは、昔はとてもコストがかかりました。例えばクルマ１台を単品で作ったら何億円かかるかわかりません。しかし、ＤＸの技術を活用してみると、きめ細かなチューニングができるけれどもコストは低廉でクオリティもいい。

同じようなことにスマート農業があります。未来投資会議にスマート農業をやっている方が来てお話をされたのですが、彼の農地は10アールくらいの小さい農地が分散しているのだそうです。一般的には農地を大規模化しないと生産性は上がりませんが、気象データを取りながら地中にいろいろなセンサーを入れるなどで畑の状況をデータ化し、様々な作業や収穫の時期を全部マネージすると、ばらばらの土地でも非常に生産性が上がるそうです。同様に、データを活用して緻密な制御を行うことで

多様性に対応できる社会ができるかもしれないのです。オンデマンド医療やリモート診療もそうです。ＤＸはそういう可能性を持っています。

実際に、パンデミックでデジタル技術は社会を支える命綱になりました。拡張主義的な成長からインクルーシブネスを追求しながらの成長に切り替わらなければならない中で、ＤＸがそのソリューションを与える可能性があります。しかし、放っておいてもそういう社会が育つわけではありません。むしろ放っておいたらデータ独占など、悪い方向に向かうでしょう。私たちがそれに気がついて、よい社会を選びとることが大事だと言い出してから3年くらい経ちますが、この間、必ずしもよい方向に向かっているとも限りません。しかし、いずれにしてもデジタル革新、ＤＸはどんどん進んでいくので、よい社会を選びとる取り組みを継続していくことが重要です。

多様性と卓越性の相互連環

「東京大学ビジョン２０２０」をまとめた際に、「多様性と卓越性の相互連環」という表現を引き出しました。大学の活動は個々の構成員がおもしろいと思うキュリオシティ（好奇心）ドリブンなところが原動力なので、多様性を否定するようなことはまずい。一方で卓越性も非常に重要です。多様性と卓越性が絡まりあって両方があるところが東大の特徴で強みというわけです。

ＤＸの中でよい社会を選びとるために行動する資源を東大はたくさん持っています。だからこそ一律ではなく、選択と集中でもなく、多様なものを出していかなければいけないと考えています。

精神論としてそれが間違いないということはみんな納得していたと思いますが、現実問題としてコロナ禍への対応は思ったよりも難しいことがわかってきました。さらに2050年のゼロ・エミッション実現のように、避けることのできない、しかし非常に難しい問題もあります。すでに手元にある技術の中から、選択と集中で伸ばしていくだけでは実現不可能ですので、無から有を創り出すことがまさに本気で問われている。多様性と卓越性の相互連環という考え方は、いままさに求められているわけです。

拡張主義的な成長にはゴールはないことが明らかな中で、全体としてインクルーシブネスを追求する方向に人々の経済活動の方向性を転換しなければならないことは明らかです。一方、私たちとしてはリベラルで民主的な社会は維持したいので、個の自由な発想をエンカレッジしながら社会が進化して成長していくというかたちは捨てられません。インクルーシブネスを追求することが個々の活動としても充実感が得られる喜びであり、社会を調和的に進化させるためにも必要であるはずですが、現状はまだそこには遠く及ばない状況にあり、伸びしろは大きいのです。経済の成長をインクルーシブな方向に再定義することで、社会の向かう方向を再定義することが非常に重要になっていきます。

そのときに必要なのは、ない知恵をうまく絞り出すということで、その本領を発揮すべきは大学です。コロナ禍の問題とグリーンリカバリーの問題がより具体的になってみんなが意識している状況の中で、今こそ大学の出番だという、私たちが6年間ずっと言い続けてきたシナリオの価値が際立ってきています。IFIはまさに東大におけるその役割を示す象徴であり、同時に実働を支えるところです。

藤原　ＩＦＩが担うべきはハブとしての役割だと考えています。本書の中でもいろいろな先生方が大学で活動している、その先生方のお仕事がさらに活きるようなかたちでの連携を作っていかなければなりません。学内の連携だけではなく、あるいはそれ以上に、国際的な連携のなかで活動しなければならない。その中で、選択と集中だけを考えていたら、これまでよりも仕事を狭め、いわば縮小再生産になる可能性がある。それをしないこと、大学のできることを広げてゆくことが第一に必要ですね。また、多様性に開かれていなければならない。インクルーシブという言葉は、そのままですと性別とか国籍とか民族とかが違う人に機会を与えるという社会福祉の延長みたいに響くこともありますが、それは違う。むしろ、社会規範に縛られることでこれまでは活かされることのなかった潜在力を開放する、力がある人の力が活かせない状態だったものを活かす機会を作っていくというモデルなのだろうと思います。

多様な社会に広げようとすればリアクションもあります。マジョリティにとってはマイノリティに追い抜かれるのはいやだということで、既得権を防衛するためにマイノリティをはじいていくというシナリオは出てくるわけで、トランプ政権の下の米国は4年間それを経験したわけです。それとは対照的にバイデン大統領は、アフリカ系だから、ヒスパニックだから、女性だからという理由よりもむしろ、この人を入れなかったらいけないだろうというような適任者を選んでいます。例えば、前ＦＲＢ議長のジャネット・イエレンは初の女性財務長官となりますが、イエレン以上に適任者がいますかという問いかけなんですね。

そういう意味では、東京大学でいう多様性というのは組織がばらばらで組織の求心力が乏しいという意味にもなりかねないのですが、それとはまた別の問題として、インクルーシブな大学として力を活かしきっていないかもしれない。そこに向けた変化というのは大きいと思います。なにぶん、IFIは一つのセンターにすぎませんから、学内での研究者との連携や、ミッションを提起することがなければ、そもそも存在する意味がなくなってしまいます。おかげさまでこのセンターが発足し、いろいろなリアクションもあると思いますが、東京大学がいまどういう役割を果たしているのかということを一人ひとりの先生方が考えていただく機会をつくることができた。それはとてもいいことだと思います。

五神　東京大学の中で多様な学問があるわけですが、それぞれが孤独に深掘りしているのではなくて、それぞれを究めている人たちが個々の分野を超えたつながりを求めているわけです。だからこそ、ハブがあれば深さと広さが両立するボリュームを出せるのではないかという期待があります。

本書で取り上げている研究者の方々のように、自分の学問分野でひたすら学問的な興味を突き詰めていった人はやはりすごい潜在力を持っていると思います。本書で取り上げた30人は一例でしかないわけですが、もしいまのような形でハブができて自由につなぐことができたときに東京大学として何が出せるのか。その規模はまさに十分世界を変革するという期待が持てるのだというメッ

セージが本書には込められていると思います。

藤原　その通りです。しかも東大は国外からはそれなりに期待も信頼もされている大学だと思います。

五神　私が**ＩＡＲＵ（国際研究型大学連合）**[5]の議長を務めている中で今回のパンデミックが起き、東大に対する期待と信頼ということを改めて感じました。世界中のトップ大学が持っている悩みは我々にとっても共通するものもあるし、彼らが気づかない部分のソリューションを一緒に考えて助言したり協働したりでき、相互に信頼できる仲間がいることを実感しました。東大の価値というか、日本の学術の価値は世界にとってもかけがえのないものだと確信し、これが地球から消えてはいけないものだと気を引き締めました。だからこそ、日本の社会の中で過小評価されて消えてしまうのがいちばん残念でまずいことで、そうではないということはきちんと主張していかなければいけないと思います。

その意味で**東京フォーラム**[6]や**東京カレッジ**[7]といった取り組みを象徴的に始めて、世界から見た日本の学術の価値を際立たせる活動に取り組んでいるわけですが、これは非常に重要だと考えています。先日行われた東京フォーラムでは、グローバル・コモンズ・センターの活動の意味合いを世界に向けて発信するようなかたちになりましたが、非常にタイムリーで象徴的かもしれないですね。

市場から歓迎された大学債

❺ ２００６年設立。世界トップクラスの11研究大学による、教育研究における連携推進を目的とした大学連合。

❻ 東京大学が韓国の学術振興財団Chey Institute for Advanced Studies と共同で、２０１９年よりスタートさせた国際会議。世界各地から研究者、政策決定者、経営者や実業家、ＮＰＯ法人代表者など、異なる背景をもった多様な人々が一堂に会し、そこで、現代世界が直面している課題解決と、未来の地球と人類社会のあり方について、自由に情報と意見を交換できる場となることを目指している。

❼ ①東京大学が地球と人類社会の未来に貢献する『知の協創の世界拠点』となること、②東京大学、さらには日本が、学術の分野において国際求心力を高めること、という二つの大きな目標を実現するために、２０１９年に設立された新しい組織。学術の卓越性の向上および研究環境の国際化を推進する全学組織である東京大学国際高等研究所の下に置かれている。

東京大学は大学債を200億円発行しましたが、これに対して後代に借金を押しつけるようなものではないかという批判もありました。余裕金をじっとためていけば、将来世代が使えるお金になる、債券発行はそれを先食いするのでよく考えなければいけないのではないかという発想です。

そういった考え方にはデフレマインドが染みついてしまっています。社会を変革して、いい社会を選びとっていかなければいけないときに、ネガティブで縮小ありきではソリューションは見つかりません。積極展開して、結果的に成果を出せない不幸なパターンがないとは言わないけれども、ネガティブありきでは最初から成長はあり得ないのです。もちろん無駄遣いをしてはいけませんが、成長のためには正しい先行投資をしながら全体のパイを大きくしていくことを続けなければいけません。経済というのはそういうもので、そうでないとリベラルで民主的な社会はサステイナブルにならないのです。このいちばんベースの部分を忘れてしまっていては話のスタート地点が狂ってしまいます。

藤原　借金をしなければいいというのは実は組織防衛なのだと思います。組織防衛をしていまあるものを守ろうとしているときに、何を守っているのかということをあまり考えない。

五神　いまの状態にもすばらしく守る価値があるのですが、変えなければいけないこともあります。大学債発行というのは、守るべきものはきちんと守りつつ、必要な変化を起こすために、きちんと知恵を出そうという話なのです。無理して変える必要はないんじゃないかと考えてしまうと知恵の出ないまま、縮小一辺倒になってしまいます。かなり丁寧に説明を続けてきたつもりなのですが、先に挙げたような批判が出てくるので、引き続き粘り強く理解を得ていきたいと思っています。

藤原　東大がこういうことをする場所になるのだ、そして東大というところで仕事をして考えて勉強して論文を発表してということが具体的にこのような変化につながっているのだという手応えが強まることは、人を集める役にも立ちますし、社会の役に立つことにももちろんなります。さらに言えばこれだけ低金利ですから、資金調達に適した機会であるわけです。

五神　そのとおりです。だから40年のスパンで見たときに、使い方はゆっくり議論して考えるにしても、いまお金を集めておくのは、東大が将来にわたって成長し続けるためには正しい経営判断だったと考えています。

無駄遣いを始めたのであれば、それを批判するのは当然だと思うのですが、集めること自身がおかしいとか、集めることで無駄遣いしてしまうという心配は、行き過ぎではないかと思います。未来に対する投資をきちんとみんなで考えて、しっかりやっていきましょうということが眼目です。

財投機関債と同等の非常によい条件で大学債を発行できたということは、東大ならできそうだと市場が判断して、大学債の発行を大歓迎してくれたということです。私たちは、その応援に勇気をもらって頑張っていかなければなりません。そのことをもっと伝えていく必要があると感じ

ました。

藤原　理解を深めてもらうにはある程度時間がかかるのでしょう。とはいえ、東京大学は、これまでの蓄積のおかげで、国際的にそれなりにまだレピュテーションがあり、あえて言えばまだ市場からも信認されている。その時を活かして、次の新しい姿を作ることができれば我々にとっても社会にとっても貢献になると思います。

五神　何に対して知恵を使わなければいけないかが、これほど明確になっているタイミングはないと思います。2050年にゼロ・エミッションを実現するために何をしなければいけないか。今あるものでは何が足りなくて、これからどういう新しい知恵が必要かということもかなり見えてきています。あとはもうやるだけだという感じになっていて、しかも市場はそれをウェルカムだと応援してくれている。その状況が確認できたので、いまはラッキーだと、みんなが感じるだろうと思っていたのですが、先ほど紹介したような批判もあり、私ほど楽観的な人はそこまで多くなかったのかもしれないと思いました。

藤原　やはり理解を深めてもらうには時間がかかるということなのだと思います。

未来に向けた投資を引き出す

五神　ある程度楽観的にやっていかない限り成長もないし、東大にはやれるだけの力があるということは6年近く総長をやっていて学びました。それまで知らなかった学問にもずいぶん触れる機会があり、その都度びっくりし、おもしろさを感じました。この分野で、この先生たちがどうしてこんなにこだわってずっと研究しているのかがようやくわかったということもしばしば経験しました。私の経験は一部でしかありませんが、東大全体で見たときは相当すごいものがあるはずです。個々人がやることは違っていても、大きな高い目標が共有できれば相当なシナジー効果が出ると思います。

ＩＦＩを作ったことでそれを形にする仕掛けもできてきました。みんなを集めてそこで実際にやりましょうというよりは、シナジーを出す仕掛けを提供するところという存在ですね。当面は2050年ゼロ・エミッション実現のために何をしなければいけないかをアピールするために、自分たちのキャンパスもサステイナブルにしなければいけない。新技術としては、たまたま現在の研究テーマがおもしろいから、それをエネルギーに役に立つとこじつけるのではなくて、本質的にどこを狙うべきかをよく考えて、特に若い人はそこにまっすぐ挑戦することが必要です。そういうことを総合的にやっていけば、非常にいいかたちで社会に貢献できると思います。

東大は挑戦するに足る資源はたくさん持っていて、それは本書を読んでいただければおわかりになると思います。先生たちの話をゆっくり聞いてみると、毎回なるほどと思わされます。

入学式や卒業式の式辞・告辞で百数十年のスパンで東大の先生のいろいろな研究を紹介してき

ました。東大の広さと深さを理解するために、自分の勉強のためにもいろいろなものを紹介しようとしたので、結果的に人文系の話を紹介することが多かったのですが、私の専門の物理学の研究から得られる興奮とほとんど同種の興奮を感じました。言語の研究であっても社会学の研究であっても、新しい視点を自分が思いつくという感動が必ず入っていて、そこに理系も文系も区別はないという、ある種のすごさを実感できました。東大にはほとんどの分野において第一線で活躍する研究者がいて、総長が聞くと、みんなすぐに、真摯に答えてくれるのです。なかなかそんな特権を持っているポジションはないですよね。これは非常にありがたかったです。ぜいたくな6年だったと言って任期を終えようと思っています。

藤原　知ることによって自由になるという点では、理系も文系も違いはない。知らないことを知るというのはそれだけでも喜びですね。

五神　藤原先生と話していてもなるほどと思うことがたくさんあります。自分の研究している論文を書くのに役に立つかどうかということとは関係のない知的な興奮で、その刺激を受け続けられる場所というのは非常に大事です。単に興奮して気持ちいいというだけではなくて、それが50年スケールの課題にどうつながっていくか、１００年スケールの課題でどうなっているのか、総長として考えることにもつながります。

その点でいうと、今回発行した大学債の40年という償還期限はぴったりなんです。40年後というのは、先のことをまじめに考えるという意味で、まさに私たちが責任を持って行うべき期間です。

社会変革を駆動すると言っても、どうやって駆動するのかという方法論がないと説得力はありません。今回の大学債は、アベノミクスの財政金融緩和で、巷にあふれているお金が、未来に向けた投資として動いていないという大きな問題を解決する力がありました。東大は未来に向けてお金を使います、だから債券を買ってくれませんかと言ったところ、多くの方にお金を使ってほしいと思ってもらえたのです。これは新しい資金循環の市場を作ったわけですから、明らかに社会変革を駆動しています。ほかの大学も同じように考えながら債券を発行し、資金が回っていけば、宝の持ち腐れになっていたお金が意味のある形で未来に向けて形になっていく。それによる経済効果も含め、非常によい流れになるはずです。

大学債で得られた資金を実際にどうするか、具体的に何をやるかはみんなで考えるべきであって、総長が一人で決めるという話ではありません。会社の社長ではないので何をするかまで決めてしまうわけにもいかないし、何でもかんでもわかっている人なんかいないわけですから、大学のマネジメントはいまくらいのところで止めて、あとはみんなでやろうというくらいが適切ではないでしょうか。

藤原　フレームワークを作ったということですね。その後は、何か必要なことが起きた時に、お金がないからできないという言い訳ができなくなる。

五神　そうなんです。いままでは赤字国債を発行して運営費交付金を出してもらっていて、それを増やしてもらえないから困るというところで立ち止まってしまっていたわけです。債券発行によって、そこに違う活路を作りました。借金には違いないですけれども、東大の自己責任でやる部分が増えたことはたしかです。リスクは取りましたが、やりたいことをやるためにリスクを取るのは当たり前ではないでしょうか。「ぼくはそんなリスクは取りたくないから参加したくない」という人がマジョリティだと成り立たなくなってしまうのですが、考え得る限り非常によいスキームになっていると思います。

藤原　私も賛成です。ただ、大学の財政のあり方としては大きな変化ですから、その意味がすぐにのみ込めない方が学内にいることには驚きはありません。

五神　それも普通ですよね。

藤原　土台ができて、「あ、こういうことが東大でできるようになったんだ」という手応えが出てきたら変わると思います。

五神　どういうものに投資して形を作っていくかが、とても楽しみなところです。何をすべきかの課題が深刻化したということは、投資先が明確になったということでもありますから、そんなに迷いなくできるのではないか

と思っています。

アカデミアがインクルーシブ・グロースの新たな担い手となる

藤原 米国と中国がいろいろなところでぶつかる時代になっても、サステナビリティは相手を潰すための闘争ではなくて、ある目的を実現する上での協創という闘争ですから、性格が違うことになるのでこれは我々も一緒にできる仕事ですね。

五神 相手を巻き込んで一緒にやるフレームを提案していくということになりますね。

藤原 枠組みを提案する力が問われる領域になります。

五神 グローバル・コモンズ・センターの目標も相当大風呂敷ですが、そういうフレームが求められているタイミングだと思います。フレームワークを作って我々自身で提案していきますというのは相当野心的ですが、今はそれが求められています。

藤原 何とか作りましょう。

五神 法律、経済、政治、全てが必要になると思います。

東大としては小宮山宏総長の時代から相当準備をしてきたとも言えるのです。AGS(Alliance for Global Sustainability)でマサチューセッツ工科大学（MIT）やスイス連邦工科大学チューリッヒ校（ETH）と連携したことも、国際的な東大のプレゼンスという意味で信頼のベースになっています。ハーバード大学のローレンス・バコウ学長が以前MITにいたときに、サステナビリティの面で東大との連携のカウンターパートでした。ですからバコウ学長とお会いしたときに、東大がどういう活動をして、どういう実力を持っているかということについて、ものすごく信頼してくださっていて、とても話しやすかったです。いま米国の大学とも深い連携をしないといけないイシューはたくさんあります。

6年後はこれがどう進化していくか。かなり現実的な形で進んでいくでしょう。ゼロ・エミッションが単なるお題目ではなくて、本当に切実な問題として、すみやかに実装していかなければいけないというところまで追い込まれていきます。

藤原　私は資金移動も起こると思います。サステナビリティの重要性が自覚されるというだけではなくて、簡単に言えば投資の機会になる。資金の大きな移動があって、それがエネルギー関係の、公的な資金のこれまでの流れ方と全く違った民間の投資を誘導しながら目的を実現していくということになっていくでしょう。エネルギーは昔からの政府と企業がくっついた公共投資の世界で動きやすいところなのですが、それを上回る資金量が展開することになるだろうと思います。

五神　20世紀後半の拡張主義的な経済成長のモデルではなくて、みんながインクルーシブ・グロースを真剣に求める、大きな世界的な資金循環ができ、大学もその中にはまっていくということになると考えています。

藤原　その中では知的所有権をめぐるルールの問題がこれまで以上に貿易体制の中心的な課題になると思います。それが安全保障とおそらくオーバーラップします。ただ関税で相手を圧迫するという単純で乱暴なやり方だと、マーケット自体を壊してしまいます。制度の中での議論、国際体制の中での議論になるので、対立はあるけれども戦争の脅威とはちょっと違った話になります。そこの切り分けがきちんとできるかどうかが決定的に重要ではないでしょうか。

五神　いまのマーケットを相手に産業界だけがプレーヤーとして駆動力となるのには限界があって、それとは違ったパスが必要だと考えています。アカデミアが、東大がいま目指しているような新しいタイプの市場への参入プレーヤーになるというのは非常に革命的なのではないかと思ったのです。

藤原　私もそう思います。こうした話は、日の丸で防衛するとかいうことではなく、グローバルに協働しつつ、そこでどれだけリーダーシップをとれるのかということだと思います。

五神　いろいろなところが同時に変わっていくので知恵が必要になりますが、モノ中心の経済の延長であった市場原理主義をどう変えていくかということを常に意識して、大学があえてその経済の中に入っていくことになります。

米国などでは、既存の資本主義の中で儲けようという市場化が先行した大学のコマーシャリズムも進んでいました。しかし、それは今回のコロナ禍で苦境を迎えています。高い授業料で学生を集めて成長の原資にするという、非常に市場化が進んだ大学は、キャッシュフローが滞って倒産しかけているのです。そういう市場化はよくなかったのではないか、ではどういうかたちの自立的な経営を目指すべきか、モデルの大幅修正が求められているというのが米国や英国の状況です。私たちは、大学の市場化の動きには乗れなかったというか乗り遅れたわけですが、違う形の自立化を模索してきました。公共性の高い経済体として、市場の中での利益追求とは違った形で、しかし存在感のある経済活動をする実体になるにはどうしたらいいかを考えてきました。その一つの手法として、大学債というものが我々の目指すものと整合するかたちで実現できました。米国モデル一辺倒に染まっていなくて助かったというところもあります。

藤原　これは市場原理主義とは逆ですからね。むしろ、市場の失敗をどのように回避するのかという意味での経済との関わりです。

五神　最終的には新しい市場のあり方を根本から、債券の償還期限である40年間をかけて作っていきましょうという話になります。

若い世代の「生意気」は大歓迎

改めてインタビューを振り返ると、学問にはそれぞれおもしろい分野がありますね。小宮山宏総長のときに「学問の扉」という企画で、様々な分野のすごい研究をたくさん紹介していました。それらをつなげてみたらどうなるか、新しい構図がどうなっていくかというところで今回の書籍化のプロジェクトはさらに掘り下げていると思います。

学問を徹底的に深掘りすると、その先にあるものは狭くなくて広かったというものをみんなに感じてもらえるような形になればいいなと思っています。30人の研究者のトピックスがあって、具体的に2050年に向けてやらなければならない問題を聞くと、多くの皆さんが同じようにグリーンリカバリーといったことを言うわけです。それは学問的にものすごく難しいのと同時にワクワクするほどおもしろい。

私はいま30歳だったらよかったのになと思っているのです。いまからもう1回研究室を始めなおしていたら、いままでの30年よりもっと貢献できるのではないかと思うわけです。一方、いま研究室がスタートしている人たちもいるので、そういう人たちをけしかけて、「君は本当にラッ

キーな世代に生まれたんだ、やらなければいけないこといっぱいあるでしょ、おもしろい問題だらけだよね」と言っています。「この学問はこの中に入っていなければ行儀が悪い」というような話ももうなくなっているから、若い研究者は何をやってもいいわけです。しかも、それができるような場が東大にはきちんと用意されています。

学生たちは若手教員よりもさらに若い世代ですけれども、野心を持って興味を持ってくれている人たちがたくさんいるので、非常にありがたいことですね。

藤原　この本を読んで私もやってみたいと思ってくれるといいですね。

五神　そうですね。この先生はここまでかもしれないけれども、自分ならもっとすごいことができると思ってもらうのが、おそらく一番いい姿です。

実際、東大にはそういう非常に生意気な学生がけっこういます。

藤原　東大に限らず若い人たちのそういう生意気は大歓迎ですね。

（了）

あとがき

未来に関する本としてお手に取った方は、本書を読んで意外だと感じたかもしれません。未来について学んだというよりも学問分野の今までの発展を読んだ感覚になっているかもしれません。未来を知るということは、過去や現在を理解することにつながっているのでしょう。

本書では30の知の未来像を提示しましたが、未来社会像やそのビジョンは提示しませんでした。というのも、私たちは、未来ビジョンは研究者だけが考えるのではなく、社会でともに作っていくもの、協創するものだと考えているからです。本書をとって未来研究や未来像の作り方に興味を持った方は、是非センターにお声がけいただければと思います。学生さん、ビジネスや政策に携わっている方、NGOの方、研究者の方など、様々な方々と協創できることを楽しみにしています。

謝辞

この本が誕生するきっかけは、2019年1月に開催された東京大学未来社会協創推進本部第1回アドバイザリーボードにおける委員の皆様からのご提案でした。アドバイザリーボードの委員・関係者の皆様に、心より御礼申し上げます。

2020年2月8日に湘南国際村にて開催されたIFI（未来ビジョン研究センター）リトリート研究会においてご発表、ご議論いただいた岸本充生先生、原圭史郎先生、山口富子先生におかれましては、本書の出発点となる大変重要なご示唆を頂戴しました。MLPの図については木村宰先生にご提供いただきました。ここに厚く御礼申し上げます。第2部のインタビューをお引き受けいただいた30名の先生方におかれましては、それぞれご多忙の中、本企画をご快諾くださったことに深謝申し上げます。また、インタビューを読みやすい記事にまとめてくださったライターの江口絵理様、鴻知佳子様、佐原勉様、柴田祐子様にも、改めて御礼申し上げます。株式会社日経BP日本経済新聞出版本部の平井修一様には、30名の先生方へのインタビューをはじめ、本書の執筆・編集全般にわたり、大変お世話になりました。ありがとうございました。総長秘書室の皆様には、五神総長と藤原センター長の対談に関し、様々なご尽力をいただいたことに感謝申し上げます。そして、IFI事務局の中村綾子様には、インタビュイーの先生方との連絡・調整等を行っていただきました。ありがとうございました。

執筆体制

第1部

第1、2章：杉山昌広・城山英明・梶川裕矢・華井和代・江間有沙
第3章：杉山昌広・江間有沙・梶川裕矢・菊池康紀・佐々木一・仲浩史・華井和代・武藤淳

第2部

編集：杉山昌広・江間有沙・佐々木一・華井和代

ライター分担体制

江口絵理：池谷裕二先生、井上圭一先生、大栗博司先生、河岡義裕先生、川原圭博先生、喜連川優先生、宍戸常寿先生、新山龍馬先生、早戸良成先生、ヘンシュ貴雄先生

鴻知佳子：市原美恵先生、伊藤暢先生、尾田正二先生、熊谷晋一郎先生、高薮縁先生、中嶋康博先生、橋本英樹先生、馬場紀寿先生、林香里先生、福永真弓先生、本郷和人先生、三浦篤先生

佐原勉：ウィロックス・ラルフ先生、ローツステテット・エリック先生

柴田祐子：井筒節先生、伊藤亜聖先生、白波瀬佐和子先生、高崎善人先生、ヘン・イークァン先生、本田由紀先生

第3部

第1章：杉山昌広・武藤淳
第2章：五神真・藤原帰一

未来探究2050
東大30人の知性が読み解く世界

2021年3月18日　第1版第1刷発行

編　者	東京大学未来ビジョン研究センター ©The University of Tokyo Institute for Future Initiatives, 2021
発行者	白石 賢
発　行	日経BP 日本経済新聞出版本部
発　売	日経BPマーケティング 〒105-8308　東京都港区虎ノ門4-3-12
装丁・レイアウト	中川 英祐(トリプルライン)
DTP	トリプルライン
印刷・製本	シナノ印刷

ISBN 978-4-532-35878-5
Printed in Japan